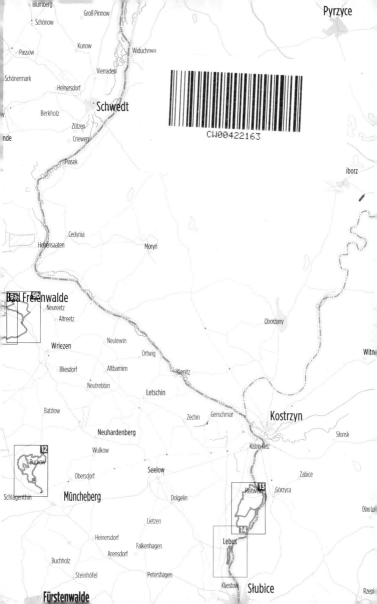

Hikeline®-Wanderführer Rund um Berlin
© 2011-2015, Verlag Esterbauer GmbH
A-3751 Rodingersdorf, Hauptstr. 31
Tel.: +43/2983/28982-0, Fax: -500
E-Mail: hikeline@esterbauer.com
www.esterbauer.com

3., überarbeitete Auflage, Herbst 2015
ISBN: 978-3-85000-534-0

Bitte geben Sie bei jeder Korrespondenz
die Auflage und die ISBN an!

Dank an alle, die uns bei der Erstellung dieses Buches tatkräftig unterstützt haben. Besonderen Dank an M. E. Klews, Berlin; A. von Blomberg, Berlin.

Das *Hikeline*-Team: Birgit Albrecht-Walzer, Beatrix Bauer, Michael Bernhard, Michael Binder, Veronika Bock, Petra Bruckmüller, Roland Esterbauer, Dagmar Güldenpfennig, Martina Kreindl, Eveline Müllauer, Gregor Münch, Karin Neichsner, Carmen Paradeiser, Sabrina Pusch, Claudia Retzer, Christian Schlechte, Carina Windberger, Martin Wischin, Wolfgang Zangerl

Umschlagbild: Gregor Münch

Bildnachweis: Amt Lebus: S. 88; André Emmerich/Tourismusverein Scharmützelsee e. V.: S. 105; © ArTo - fotolia.com: S. 191, S. 192; © babelsberger - fotolia.com: S. 225; Bad Freienwalde Tourismus GmbH: S. 64; Boettcher/TMB-Fotoarchiv: S. 50, S. 52, S. 54, S. 147; Dagmar Güldenpfennig: S. 9, S. 12, S. 15, S. 17, S. 28, S. 30, S. 34, S. 36, S. 38, S. 40, S. 42, S. 43, S. 46, S. 47, S. 67, S. 70, S. 73, S. 76, S. 79, S. 81, S. 82, S. 93, S. 94, S. 97, S. 108, S. 109, S. 110, S. 112, S. 120, S. 160, S. 162, S. 163, S. 167, S. 168, S. 170, S. 171, S. 172, S. 174, S. 176, S. 179, S. 181, S. 210, S. 214, S. 216, S. 218, S. 220; Gregor Münch: S. 11, S. 14, S. 58, S. 63, S. 65, S. 84, S. 86, S. 87, S. 90, S. 91, S. 129, S. 130, S. 133, S. 137, S. 182, S. 223; Hirsch/TMB-Fotoarchiv: S. 8, S. 222; Kur und Freizeit Bad Belzig GmbH, Fotoatelier Straubel, Ihn. Ines Block: S. 193; Markus Belz: S. 99, S. 103, S. 121, S. 144, S. 148, S. 150, S. 152, S. 153; Nadine Dittmann: S. 20; Schlaubetal-Information: S. 138; Stadt- und Touristinformation Strausberg: S. 74; Tourismusverein Scharmützelsee e. V.: S. 118, S. 122, S. 124, S. 125; TV Dahme-Seen e. V.: S. 142; Wolfgang Zangerl: S. 13, S. 19, S. 21, S. 23, S. 26, S. 183, S. 185, S. 186, S. 187, S. 189, S. 190, S. 196, S. 197, S. 198, S. 200, S. 202, S. 204, S. 206, S. 208, S. 224, S. 230, S. 232, S. 234, S. 236, S. 237

Kartografie erstellt mit *axpand* (www.axes-systems.com)

Vorwort

Ja, es geht! Nahe der Metropole Berlin können Sie in der Mark Brandenburg schöne und eindrucksvolle Wanderungen unternehmen, auch ohne hohe Berge und Alpenkulisse. Bereits Theodor Fontane hat vor über hundert Jahren mit kritischem Blick wandernd das Brandenburger Land „erobert" und ist angesichts der landschaftlichen und kulturellen Schätze ins Schwärmen geraten. Die von der Eiszeit geprägte Natur ist voller Vielfalt: immer wieder Seen, manchmal einsam und still oder auch von scheinbar unendlicher Weite, plätschernde Fließgewässer, Heidelandschaften und viel Wald. Ob Romantische Dorfanger, historische Biergärten, Feldsteinkirchen, Aussichtstürme oder Schlösser und Gärten, wir führen Sie hin und versprechen Ihnen, dass so manch erlebnisreicher Tagesausflug in Gedanken wie ein kleiner Urlaub nachschwingen wird.

Präzise Karten, genaue Streckenbeschreibungen, zahlreiche Stadt- und Ortspläne und Hinweise auf das kulturelle und touristische Angebot der Region – in diesem Buch finden Sie alles, was Sie zu einer Wanderung in der Mark Brandenburg brauchen – außer gutem Wetter, das können wir Ihnen nur wünschen.

Updates GPS-Track

Updates und GPS-Tracks zu diesem Buch erhalten Sie nach Registrierung im Internet unter:

www.esterbauer.com

Produktcode: 534-0356-L96E

Kartenlegende

··········	**Wanderweg auf Hartbelag** z. B.: befestigter Fußweg • ruhige Anliegerstraße	𝑖	Tourist-Information
▬▬▬▬	**Wanderweg** breiter oder gut begehbarer Weg z. B.: Wald- und Forstweg	🛏 🏠	Hotel, Pension; Jugendherberge
		🅰 🅰	Campingplatz; Zeltplatz
		🍽	Gasthaus
		🛒 🍢	Einkaufsmöglichkeit; Kiosk
▬ ▬ ▬	**Wandersteig, Pfad** schmaler Weg/Pfad • Wiesenweg	**Erlach**	sehenswerter Ort
		(𝑖🛒🅰)	Einrichtung im Ort vorhanden
		🟦	sonstige Sehenswürdigkeit
▪▪▪▪▪▪	**Klettersteig, Kletterstelle** • schwierige Stelle • Trittsicherheit erforderlich • Leiter	🛉 🛉	sehenswerte Kirche; Kapelle
		🛉	sehenswertes Kloster
		🛉 🛉	sehenswerte Synagoge; Moschee
		🛉	sehenswerte/s Schloss, Burg
●●●●●●	**Verkehrsreicher Abschnitt** Strecke auf oder direkt an Straße mit starker Verkehrsbelastung	🛉	sehenswerte Ruine
		🔲 🕆	sehenswertes Denkmal; Wegkreuz
▬▬▬▬ ▬▬▬▬ ▪▪▪▪▪ ●●●●●	**Variante, Alternativstrecke** z. B.: Ausflüge • Abkürzungen • Ein- oder Ausstiege • alternative Hauptroute	⛏ 🔲	sehenswerte/s Bergwerk; Höhle
		🛉 🛉	sehenswerter Turm; Leuchtturm
		🛉 🛉	sehenswerte Wassermühle; Windmühle
▬▬▬▬	**Sonstige Wanderwege** • kreuzende Touren • nachträgliche, von uns nicht geprüfte Wege	🛉 ✈	sehenswertes/r Kraftwerk; Flughafen
		🏛	Museum
○○○○○○	**Wanderweg geplant**	🔲 🔲	Ausgrabung; Römische Objekte
✕✕✕✕✕	**Wanderweg gesperrt**	🔲 𝑖	Tierpark; Naturpark-Information
▭▭▭▭	**Tunnelstrecke, Unterführung**	🔲 🟦	Naturpark; sonstige Natursehenswürdigkeit
○○●─●─●	**Fährverbindung; Lift**	🔆	Aussichtspunkt
⌐ ¬ └ ┘	**Stadt-/Ortsplan**	🔲 🏠	Rastplatz; Unterstand
⟫ ⑤	**Routenverlauf; Wegpunkt**	🏠 🔥	Schutzhütte; Grillplatz
⚠ ⚠	**Gefahrenstelle; Text beachten**	🅿	Wanderparkplatz
▬ ▬	**Treppe**	🔲	Brunnen*
◉	**Etappenanfang, -ende** (nur bei Mehrtagestouren)	🔲 🔲	Freibad, Badestelle; Hallenbad
		Ⓗ	Bushaltestelle*

Maßstab 1 : 50.000

1 cm ≙ 500 m   1 km ≙ 2 cm

```
4 ┕0_____1_____2_____3_____4 km
```

ᛜ ⚲ Kirche; Kapelle	Wald; Wiese, Weide
⚲ Kloster	Nassfläche, Sumpf, Moor; Heide
ᛜ ᛜ Synagoge; Moschee	Weinbau; Garten
ᛜ Schloss, Burg	Friedhof; Sand, Düne
♂ Ruine	Steinbruch, Tagebau; Gletscher
𝒷 Denkmal	Fels; Schutt
✝ Wegkreuz	Gebäude; Siedlungsfläche
✕ Bergwerk	öffentl. Gebäude; Industriegebiet
⌓ Höhle	See/Staumauer/Fluss
⬛ historischer Grenzstein, Römerstein	Autobahn
⚱ Grabanlage, Hügelgrab	Schnellverkehrsstraße
ᛜ ᛜ Turm; Leuchtturm	Fernverkehrsstraße
✳ ᛜ Wassermühle; Windmühle	Hauptstraße
ᛜ Funk-, Sendeanlage	untergeordnete Hauptstraße / Pass
ᛜ Kraftwerk	Nebenstraße / Höhenpunkt
⚡ Umspannwerk, Trafostation	Fahrweg; Weg
ᛜ Windkraftanlage	Pfad; Fähre
⬭ Sportplatz, Stadion	Eisenbahn / Bahnhof; S-Bahnhof
⚐ ⚐ Golfplatz; Tennisplatz	Eisenbahn stillgelegt; Nebenbahn
✈ ✈ Flughafen; Landeplatz	Straßenbahn / Haltepunkt; Bergbahn
ᛜ Quelle	Materialseilbahn; Sessellift
〜 Kläranlage	Staatsgrenze / Grenzübergang
⛴ ⛵ Schiffsanleger; Schleuse	Landesgrenze
	Kreisgrenze, Bezirksgrenze

Pass (820 m)

550

🄰13

B12

B236

Nur in Ortsplänen
P	Parkplatz
P	Parkhaus/Tiefgarage
✉	Post*
A	Apotheke*
H	Krankenhaus
F	Feuerwehr
U	Polizei
🎭	Theater*

Damm

Stadtmauer, Mauer

Kanal

Naturpark, Nationalpark

Truppenübungsplatz, Sperrgebiet

Höhenlinie 100m
Höhenlinie 25m

Kilometerraster
    mit UTM-Koordinaten

Inhalt

Fontanedenkmal in Neuruppin

Rund um Berlin

Das gewässer- und waldreiche Umland von Berlin wurde von der letzten Eiszeit geprägt. Die geringe Besiedlungsdichte sowie die sehr abwechslungsreiche Landschaft und die artenreiche Tier- und Pflanzenwelt sind fast eine Garantie für vielfältige Naturerlebnisse. Die meisten der in diesem Buch beschriebenen Wanderungen führen in Natur-Oasen, die Ruhe und Erholung bieten. Bei der Auswahl der Touren wurde zugleich darauf Wert gelegt, dem Wanderer kulturelle Schätze näherzubringen, die in der Mark Brandenburg in großer Zahl zu finden sind. Neben klassischen Ausflugszielen werden auch weniger bekannte, geschichtsträchtige und interessante Orte aufgesucht.

Nicht zuletzt sind es die kulinarischen Genüsse, die einen Wandertag krönen. Dieser Wanderführer enthält eine Bandbreite an Informationen, von Anreisemöglichkeiten bis zu Hinweisen auf Landgasthöfe und idyllische Biergärten. Möge dieses Buch Ihnen ein wertvoller Begleiter auf vielen erlebnisreichen Touren sein!

Streckencharakteristik

Tourenlänge

Die 40 Wandertouren, die in diesem Buch beschrieben werden, sind überwiegend zwischen 8 und 20 Kilometer lang und für durchschnittliche Wanderer gut zu bewältigen. Bei vielen Wanderungen besteht die Möglichkeit, sie in ihrer Länge den individuellen Vorlieben anzupassen. Außerdem kann ausreichend Zeit für Sehenswürdigkeiten am Wegesrand oder für kleine Abstecher eingeplant werden. Alle Touren zusammen haben eine Gesamtlänge von 550 Kilometern.

Höhenmeter

Im recht flachen Berliner Umland weisen die Touren keine größeren Steigungen auf, sie verlaufen meist auf einer Höhe zwischen 40 und 90 Metern. Die einzigen nennenswerten Steigungen erfolgen in Tour 20 in den Rauener Bergen und in Tour 23 auf den Wehlaberg. Die 200-Meter-Marke wird jedoch nicht überschritten. Tour 9 im Märkisch Oderland, Tour 12 in der Märkischen Schweiz sowie die Touren 21 und 22 im Schlaubetal führen durch eine leicht hügelige Landschaft, sodass hier jeweils fast 400 Aufstiegsmeter zu bewältigen sind.

Wegweisung

Die meisten der Touren sind markiert, wobei die Beschilderung aber in ihrer Qualität sehr unterschiedlich ist. Neben Rund- oder Streckentouren mit einheitlicher

Beschilderung am Großen Däbersee

und zuverlässiger Markierung gibt es Routen, die eine wechselnde regionale Wegweisung haben. Nur wenige Wanderungen – zumeist zu speziellen Ausflugszielen – weisen gar keine Markierung auf. Hinweise zur Beschilderung der jeweiligen Tour finden Sie auf der Toureninfo-Seite und im Routentext.

Anforderungen

Der Großteil der Routen verläuft auf breiten, gut begehbaren Wanderwegen. Nur in wenigen Touren kommen kurze Abschnitte vor, die etwas verwachsen sein können oder bei Nässe schwieriger begehbar sind, darauf wird im Text aber gesondert hingewiesen. Vor allem im Sommer gibt es auch kurze sandige Bereiche. Empfehlenswert ist speziell für die etwas längeren Routen die Benutzung von Wanderschuhen. Tour 13, 17 und 36 weisen einen hohen Anteil an Asphaltbelag auf. Entlang der meisten Routen bieten immer wieder Raststellen Gelegenheit zur ausgiebigen Pause, oft auch mit schönem Blick auf einen See oder eine offene Landschaft. Vor allem auf den Wanderungen zu beliebten Ausflugszielen gibt es ausreichend Möglichkeiten, unterwegs einzukehren.

Tourenplanung

Infostellen

TMB Tourismus-Marketing Brandenburg GmbH, Am Neuen Markt 1, 14467 Potsdam, ☎ 0331/29873-0, Fax: -73, tmb@reiseland-brandenburg.de, www.reiseland-brandenburg.de

Tourismusverband Ruppiner Land e. V., Fischbänkenstr. 8, 16816 Neuruppin, ☎ 03391/659630, Fax: 03391/357909, info@ruppiner-reiseland.de, www.ruppiner-reiseland.de

tmu – Tourismus Marketing Ucker-mark GmbH, Grabowstr. 6, 17291 Prenzlau, ☏ 03984/8358-83, Fax: -85, info@tourismus-uckermark.de, www.tourismus-uckermark.de

Tourismusverein Naturpark Bar-nim e. V., Prenzlauer Chaussee 157, 16348 Wandlitz, ☏ 033397/661-31, Fax: -68, info@barnim-tourismus.de, www.barnim-tourismus.de

Tourismusverband Seenland Oder-Spree e. V., Ulmenstr. 15, 15526 Bad Saarow, ☏ 033631/868-100, Fax: -102, info@seenland-os.de, www.seenland-os.de

Tourismusverband Fläming, Küstergasse 4, 14547 Beelitz, ☏ 033204/6287-0, Fax: -61, info@reiseregion-flaeming.de, www.reiseregion-flaeming.de

Tourismusverband Spreewald, Lindenstr. 1, Raddusch, 03326 Vet-schau/Spreewald, ☏ 035433/72299, reiseservice@spreewald.de, www.spreewald.de

Rastplatz am Hammersee

An- und Abreise mit dem Öffentlichen Personennahverkehr

Infostellen

Deutsche Bahn AG, www.bahn.de, **Reise-Service**, ☏ 0180/5996633 (€ 0,14/Minute aus dem Festnetz, Tarif bei Mobilfunk abweichend), Mo-So 0-24 Uhr, Auskünfte über Zugverbindungen, Fahrpreise im In- und Ausland, Buchung von Tickets und Reservierungen.

Automatische DB-Fahrplanauskunft ☏ 0800/1507090 (gebührenfrei aus dem Festnetz)

Verkehrsverbund Berlin-Brandenburg, VBB, ☏ 030/25414141, www.vbb-fahrinfo.de

Ostprignitz-Ruppiner Personennahverkehrsgesellschaft mbH ORP, Perle-berger Str. 64, 16866 Kyritz, ☏ 033971/30860, info@orp-busse.de, www.orp-busse.de

Ostdeutsche Eisenbahn GmbH, ODEG, Bahnhof 1, 19370 Parchim,
✆ 03871/606930, Fax: 03871/6069333, info@odeg.info, www.odeg.info
Havelbus Verkehrsgesellschaft mbH, Johannsenstr. 12-17, 14482 Potsdam,
✆ 0331/7491-30, Fax: -61, mail@havelbus.de, www.havelbus.de

Das Berliner Umland ist sehr gut mit dem Nahverkehr erschlossen. Von den 40 Touren sind 34 – zumindest in der Saison von Mai bis September – bestens mit dem ÖPNV zu erreichen. Die Information zur An- und Abreise finden Sie auf den Toureninfo-Seiten. Die dort genannte Fahrzeit bezieht sich auf die Fahrt mit dem Öffentlichen Nahverkehr aus dem Zentrum Berlins zum Zielort bzw. zurück. Bitte beachten Sie, dass sich aufgrund von Baumaßnahmen oder Fahrplanänderungen die Bedingungen für An- und Abreise verändern können und erkundigen Sie sich vor Tourenbeginn über die aktuellen Fahrpläne.

An- und Abreise mit dem Auto

25 der insgesamt 40 Wanderungen sind Rundtouren, die sich für eine Anreise mit dem Auto bestens eignen. Bei einigen Streckentouren besteht am Endpunkt oder entlang der Route die Möglichkeit, mit Bahn, Bus oder Schiff zum Ausgangspunkt der Tour zurückzufahren, sodass die Anreise hier ebenfalls mit dem Auto erfolgen kann. Außerdem können Sie natürlich jede Streckentour auch als Hin- und Rückweg laufen, um zum Auto zurückzugelangen.

Bei Rüdnitz

Beste Wanderzeit

Frühling und Herbst sind ideal für Wanderungen. Die meisten der in diesem Buch vorgestellten Touren können Sie aber zu jeder Jahreszeit wandern. Viele Routen verlaufen durch dichte Wälder und vorbei an Badeseen, sodass sie auch bestens für heiße Sommertage zu empfehlen sind. Beachten Sie jedoch, dass die Uferwege an Badeseen im direkten Berliner Umland an den Wochenenden oft recht überlaufen sind. Die Tour 13 entlang der Oder und die Tour 24 im Spreewald sind aufgrund der vielen unbeschatteten Wege für heiße Sonnentage nicht geeignet. Im zeitigen Frühjahr sind die Frühblüher in so manchem Vorgarten zu bewundern, und während der Baumblüte beeindrucken die Blicke auf Obstplantagen. In dieser Zeit können allerdings einige Wanderwege – beispielsweise an der Oder und im Spreewald – aufgrund des hohen Wasserstands nicht oder nur beschwerlich begehbar sein. Der Herbst bietet oft ein beeindruckendes Farbspiel in den Wäldern, auch die Blicke über die Seen sind häufig faszinierend, wenn sich das bunte Laub im Wasser spiegelt. Im Spätherbst sollten Sie beachten, dass einige wurzelüberzogene Wege und Pfade bei anhaltender Nässe sehr rutschig sind, hier

Auf dem Kunstwanderweg bei Wiesenburg

ist Vorsicht geboten. Ganz besonders reizvoll können Winterwanderungen sein, wenn die Landschaft mit Schnee überzogen ist. Bis auf die Touren 12 und 24, bei denen die kurzen Treppenabschnitte bzw. Brückenstufen bei Frost und Glätte etwas gefährlich sind, lassen sich die Wanderungen auch bei winterlicher Kälte laufen. Wählen Sie für diese Zeit möglichst nicht zu lange Wandertouren oder planen Sie zur Sicherheit die Möglichkeit eines vorzeitigen Abbruchs der Tour ein.

Bekleidung, Ausrüstung

Für eine gelungene Wanderung ist die Ausrüstung ein wichtiger Faktor. Der Markt für Outdoorbekleidung ist mittlerweile unübersehbar, deswegen hier nur einige Grundregeln:

Der wichtigste Ausrüstungsgegenstand sind Schuhe mit Profilsohle. Die Passform sollte man vor einer längeren Unternehmung unbedingt auf Tagestouren überprüfen!

Für die Kleidung gilt das „Zwiebelprinzip": Mehrere Schichten erfüllen verschiedene Funktionen und lassen sich separat tragen und vielfältig kombinieren. Die unterste Schicht soll Schweiß vom Körper weg führen, darüber folgen bei Bedarf eine wärmende Schicht und zuletzt die äußerste Hülle, die Wind und Regen abhalten, trotzdem aber dampfdurchlässig sein soll.

Als Materialien kommen entweder Kunstfasern – leicht, wenig Feuchtigkeitsaufnahme, leider manchmal starke Geruchsbildung – oder hochwertige Wolle – etwas schwerer, wärmt aber auch im nassen Zustand und nimmt

Märkisches Dorf Sonnenburg

Am Hellsee

kaum Geruch an – in Frage. Baumwolle ist für anspruchsvolle Touren weniger geeignet, denn sie nimmt viel Feuchtigkeit auf und braucht sehr lange zum Trocknen.

Für Tagestouren benötigt man einen Regenschutz, eine Trinkflasche, Sonnenschutz, ein kleines Erste-Hilfe-Set und etwas Verpflegung für unterwegs.

Zu diesem Buch

Dieser **Hikeline-Wanderführer** enthält alle Informationen, die Sie für Ihre Wanderung benötigen: exakte Karten, eine detaillierte Wegbeschreibung und die wichtigsten Informationen zu touristischen Attraktionen und Sehenswürdigkeiten.

Und das alles mit der **Hikeline-Garantie**: Die Routen in unseren Büchern sind von unserem professionellen Redaktionsteam vor Ort geprüft worden. Um höchste Aktualität zu gewährleisten, nehmen wir nach der Erhebung Korrekturen von Lesern bzw. offiziellen Stellen bis Redaktionsschluss entgegen, die dann jedoch teilweise nicht mehr an Ort und Stelle verifiziert werden können.

Konzept

Am Beginn jeder Tour finden Sie grundlegende Informationen wie Start- und Zielort, die Länge, die zu bewältigenden Höhenmeter im Auf- und Abstieg, die Gesamtschwierigkeit, die durchschnittliche Wegzeit in normalem Gehtempo, ein Höhenprofil und die Anteile an Asphaltwegen, Wanderwegen und -pfaden. Zusätzlich finden Sie dort auch eine kurze Charakteristik der Tour sowie Informationen über Beschilderung, Abkürzungsmöglichkeiten, An- und Abreise und Parkplätze. Die Gehzeiten und die Gesamtschwierigkeit werden bei allen Touren nach einem einheitlichen Prinzip ermittelt, somit sind Abweichungen von der Beschilderung vor Ort – bei der z. B. die Gehzeit oft von Gemeinde zu Gemeinde unterschiedlich berechnet wird – möglich.

Schwierigkeitsgrade der Touren

LEICHT

Angenehme Familienwanderung, insgesamt nur geringe Höhenunterschiede und keine starken Steigungen und Gefälle, wenige kurze steilere Abschnitte sind aber möglich. Die Tour verläuft meist auf breiten und gefahrlos zu begehenden Wegen, sie kann (fast) bei jeder Witterung begangen werden. Die Wanderung stellt keine großen Anforderungen an Ausrüstung, Erfahrung und Kondition.

MITTEL

Die Wanderung erfordert normale Kondition und etwas Ausdauer. Längere Steilabschnitte und schmale, steinige Pfade oder schwierig zu begehende Bereiche sind möglich, Trittsicherheit ist teilweise erforderlich. Im Gebirge können gesicherte Kletter- und Gehpassagen sowie Leitern vorkommen, die Hände werden – wenn überhaupt – nur auf wenigen Metern zur Fortbewegung benötigt. Die Wege können witterungsbedingt schwieriger begehbar und rutschig sein.

Karten

Eine Übersicht über die geografische Lage der Routen im Berliner Umland gibt Ihnen die Übersichtskarte auf der vorderen inneren Umschlagseite.
Die Detailkarten sind im Maßstab 1:50.000 erstellt. Dies bedeutet, dass 1 Zentimeter auf der Karte einer Strecke von 500 Metern in der Natur entspricht. Zusätzlich zum genauen Routenverlauf informieren die Karten auch über die Beschaffenheit des Bodenbelags bzw. über die Art des Weges sowie über kulturelle und gastronomische Einrichtungen entlang der Strecke. Die Höhenlinien haben einen Abstand von 20 Metern.

Allerdings können selbst die genauesten Karten den Blick auf die Wegbeschreibung nicht ersetzen. Stellen mit schwieriger Wegfindung werden in der Karte mit dem Symbol ⚠ gekennzeichnet, im Text finden Sie das gleiche Zeichen zur Markierung der betreffenden Stelle wieder, manchmal ergänzt durch ein Foto.

Die beschriebene Haupttour wird immer in Blau, Varianten oder Abstecher in Grün dargestellt. Die genaue Bedeutung der einzelnen Symbole wird in der Zeichenerklärung auf den Seiten 4 und 5 erläutert.

Textteil

Der Textteil besteht im Wesentlichen aus der genauen Routenbeschreibung. Manche besonders markante oder wichtige Punkte auf der Strecke sind als Wegpunkte **1**, **2**, **3**, ... durchnummeriert und – zur besseren Orientierung – mit dem selben Symbol in den Karten und im Höhenprofil wieder zu finden. Bei Varianten wird das selbe System angewendet, allerdings mit Großbuchstaben **A**, **B**, **C**,...

Die Kilometerangaben, im Text hochgestellt, zeigen Ihnen die schon zurückgelegte Strecke seit dem Tourstart an, sie sind auf hundert Meter gerundet. Der Wegpunkt **7** ^{9,1} ist also 9,1 Kilometer vom Ausgangspunkt der Tour entfernt.

Ferner sind alle wichtigen **Orte** zur besseren Orientierung aus dem Text hervorgehoben. Die Symbole Ortsanfang 🏘 und Ortsende 🏘 kennzeichnen ein größeres, geschlossenes Siedlungsgebiet. Gibt es interessante Sehens-

Am Langen See, Berlin

würdigkeiten in einem Ort, so finden Sie unter dem Ortsbalken die jeweiligen Adressen, Telefonnummern und Öffnungszeiten.

Die Beschreibung der einzelnen Orte sowie historisch, kulturell oder natur- kundlich interessanter Gegebenheiten entlang der Route tragen zu einem abgerundeten Reiseerlebnis bei. Diese Textblöcke sind kursiv gesetzt und unterscheiden sich dadurch auch optisch von der Streckenbeschreibung.

Absätze in grüner Farbe behandeln Varianten und Ausflüge.

TIPP Textabschnitte in Blau heben Stellen hervor, an denen Sie auf den wei- teren Wegeverlauf und auf mögliche Varianten hingewiesen werden. Sie geben auch Empfehlungen und Erläuterungen zu Sehenswürdigkeiten oder Freizeitaktivitäten etwas abseits der Route.

GPS-Navigation

GPS (Global Positioning System) erlaubt eine präzise Positionsbestimmung mittels Navigationssatelliten und einem Empfangsgerät, dem GPS-Emp- fänger. Die Navigation basiert auf dem UTM-System (Universal Transversal Mercatorprojection). Das UTM-Gitternetz unterteilt die Erde in 60 Zonen von je 6 Grad Breite. Die Positionsangabe setzt sich aus dem „East"- oder Rechtswert und dem „North"- oder Hochwert zusammen. Der „East"- Wert (E) gibt den Abstand zum jeweiligen Bezugsmeridian in Kilometern plus 500 Kilometer zur Vermeidung negativer Zahlen an. Der „North"- Wert (N) gibt den Abstand zum Äquator in Kilometern an.

GPS-Navigation in der Karte

Das Gebiet dieser Karten liegt in der Zone 33 und hat den Bezugsmeridian 15 Grad Ost. Um zu navigieren ist der GPS-Empfänger auf WGS 84 (World Geodetic System 1984) und UTM-Projektion einzustellen. Die Koordinaten (East und North) sind in der Karte in Kilometern, auf dem GPS-Empfänger in Metern angegeben. Für die GPS-Navigation ist auf den Karten ein grau gepunktetes Gitter mit einer Maschenweite von 1 Kilometer vorhanden. Da einige Karteninhalte hervorgehoben oder generalisiert dargestellt werden, ist eine absolute Lagegenauigkeit nicht immer garantiert.

Badestelle am Gleuensee

Uckermark

Die im Nordosten Berlins gelegene Uckermark erstreckt sich über ein Gebiet von mehr als 3.000 Quadratkilometern und gehört zu den am dünnsten besiedelten Regionen Deutschlands. Die Landschaft ist in der letzten Eiszeit vor 15.000 Jahren geprägt worden. Mit den ca. 400 Seen, ausgedehnten Wäldern, Flussläufen, Wiesen und Feldern bietet die Uckermark beste Bedingungen für Erholung und Entspannung mitten in einer scheinbar unberührten Natur – der gern zitierte Vergleich als „Toscana des Nordens" lässt sich speziell im Sommer sehr gut nachvollziehen. Auf dem Gebiet der Uckermark liegen drei Naturschutzgebiete, ferner der einzigartige Nationalpark Unteres Odertal, das Biosphärenreservat Schorfheide-Chorin und der Naturpark Uckermärkische Seen.

Naturpark Uckermärkische Seen

Das Wappentier des Naturparks ist der Fischadler, denn hier hat dieser Vogel die größte Brutdichte Europas. Seen, Bäche, Moore, Kleingewässer – das Wasser ist charakterisisch für diesen Naturpark. Eine geologische Besonderheit ist im Süden des Naturparks zu finden. Bei Tangersdorf und bei Brüsenwalde gibt es ausgedehnte Binnendünen. Der Naturpark bietet vor allem für den Aktivurlaub ideale Bedingungen. Das Wanderwegenetz umfasst 600 Kilometer. Durch das über 100 Kilometer lange Netz an Wasserwanderwegen ist die Region auch bei Wasserwanderern sehr beliebt.

Infos : Naturpark Uckermärkische Seen, Zehdenicker Str.1, 17279 Lychen, ☎ 039888/64530

Templin

PLZ: 17268; Vorwahl: 03987

🛈 **Tourist-Information**, Historisches Rathaus, Am Markt 19, ☎ 2631, www.templin.de

⛴ **Fahrgastschiff „Uckermark"**, Seestraße, ☎ 202718 od. 0171/3755367

⛴ **Fahrgastschiff „Uckerperle"**, Am Kanalwall/Mühlentor, ☎ 0172/7841801

🏛 **Museum für Stadtgeschichte**, Prenzlauer Tor, ☎ 2000526, ÖZ: Di-Fr 9-12 Uhr und 13-17 Uhr, 1.-3. Sa, So im Monat 13-17 Uhr, Okt.-April nur bis 16 Uhr

🔯 **St.-Maria-Magdalenen-Kirche**. An diesem Ort gab es schon im Mittelalter eine Kirche, die 1492 bei einem Stadtbrand vernichtet worden war; auch die neue Kirche wurde 1735 Opfer der Flammen, sie wurde wieder aufgebaut.

🔯 **St.-Georgen-Kapelle**. Die gotische Backsteinkapelle aus dem 14. Jh. gehört zu den ältesten Gebäuden der Stadt.

❂ **Stadtmauer**. Die vollständig erhaltene Stadtmauer aus Feldsteinen ist das älteste und bedeutendste Bauwerk der Stadt. Sie ist 1.735 m lang und bis zu 7 m hoch.

❂ **Berliner Tor – Ausstellung „Lebensräume Templin"**, Berliner Straße, ☎ 3275. Die Ausstellung ist momentan noch im Tor befindlich und wird außerdem vom Verein Interessengemeinschaft Altes Handwerk genutzt (Weben, Stricken).

❂ **Mühlentor**

❂ **Prenzlauer Tor**, Prenzlauer Allee, jüngstes Tor der Stadtbefestigungsanlage

❂ **Neues Gymnasium** (1994-96), architektonisch interessanter Bau mit Feldsteinturm und Glaskuppel.

❂ **Multikulturelles Centrum**, Prenzlauer Allee 6, ☎ 53130, Veranstaltungszentrum für Konzerte, Theater, Kino etc.

St.-Maria-Magdalenen-Kirche

❂ **Fahrrad-Draisine Fürstenberg-Lychen-Templin**, Infos und Buchung bei der Tourist-Information ☎ 2631

❂ **Westernstadt „El Dorado Templin"**, Am Röddelinsee 1, ☎ 20840. Originalgetreue Nachbildung einer Westernstadt mit zahlreichen Veranstaltungen etc.

❂ **Bootsvermietung: Bootsverleih-Firma Fröhnel**, Am Eichwerder und Stadthafen, ☎ 53661; **El Dorado Templin** ☎ 20840; **Biberburg Tour**, (Kanu) ☎ 0171/9304137; **Bootsverleih am Lübbesee**, Touristik GbR, ☎ 409550

❂ **Kart-Bahn**, Templiner Ring, ☎ 409960

🏖 **Strandbad Templin mit Bootsverleih**, Prenzlauer All. 26, ☎ 2514

♨ **NaturThermeTemplin**, Dargersdorfer Str. 121, ☎ 201200, ÖZ: 9-21 Uhr. Thermalsolebadelandschaft, Grottengang, Wellenbecken, Kinderparadies, Rutschen, Sauna etc.

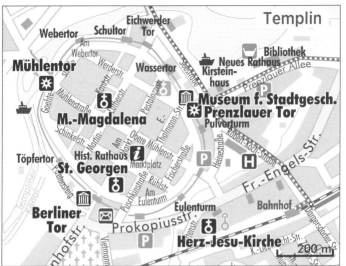

Templin

Webertor · Schultor · Eichwerder Tor
Mühlentor · Wassertor · Bibliothek · Neues Rathaus · Kirsteinhaus
M.-Magdalena · Museum f. Stadtgesch. · Prenzlauer Tor · Pulverturm
Töpfertor · Hist. Rathaus · St. Georgen · Marktplatz
Berliner Tor · Eulenturm · Bahnhof · Prokopiusstr. · Herz-Jesu-Kirche

200 m

Der Name der Stadt Templin weist darauf hin, dass dieses Gebiet schon seit Jahrtausenden besiedelt war: Vom germanischen „timpen, tempen" leitet sich die erste Wortsilbe ab, die soviel wie „spitzer Hügel" bedeutet.

Die slawischen Völker, die sich später hier niederließen, übernahmen diesen Teil und hängten ihre Endung „lin" dran, was „am Wasser gelegen" bedeutet. Diese Lage auf einer kleinen Anhöhe zwischen dem Röddelinsee und dem Templiner Stadtsee schätzten auch die askanischen Markgrafen, die hier eine Stadt ansiedelten. Vor allem die günstige Lage an den Handelsstraßen nach Stettin und Hamburg machten Templin zu Beginn des 14. Jahrhunderts zu einer wohlhabenden Stadt.

Gegen Ende des 19. Jahrhunderts wurde der Templiner Kanal ausgebaut, was den Schiffsverkehr förderte. Zudem entwickelte sich der Tourismus immer mehr zu einer wichtigen Einnahmequelle der Stadt.

Am Templiner Stadtsee

21

6-Seen-Rundweg in der Uckermark

Start/Ziel: Templin, Bahnhof Templin Stadt

Gehzeit: 6 - 7 Std.

Aufstieg: 250 m

Abstieg: 250 m

Hartbelag: 17 %

Wanderwege: 61 %

Wanderpfade: 22 %

Charakteristik: Das Thermalsoleheilbad Templin mit dem historischen Stadtkern und der mittelalterlichen Stadtmauer liegt ca. 80 Kilometer nördlich von Berlin. Diese Stadt, übrigens auch die Heimatstadt von Angela Merkel, ist Ausgangspunkt der Wanderung. Sie lernen sechs der östlich von Templin gelegenen Seen kennen: reizvolle Uferpfade mit Blick auf glitzerndes Blau, breite Schilf-gürtel, stille Kiefern- und Buchen-wälder, aber auch freie Blicke über Wiesen und Felder. Es erwartet Sie eine abwechslungsreiche Tour mit Bade- und Einkehrmöglichkeiten.

Tipp: Verbinden Sie Wandervergnü-gen mit Wellness – die NaturTherme Templin verspricht Entspannung und Badevergnügen.

Abkürzung: Wenn Sie die Runde um den Gleuensee auslassen, reduziert sich die Gesamtstrecke um 5 Kilo-meter. Sie können auch vom 3. See ab Fährkrug auf direktem Weg zu-rück nach Templin laufen.

Markierung: grüner Strich

Anreise/Abreise: Stündliche Verbin-dungen ab/bis Berlin-Lichtenberg, 1½ Std. Fahrzeit ab Berlin-Mitte.

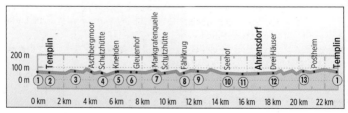

Blick auf den Zaarsee

Parkplätze: In Templin können Sie u. a. am P+R am Bhf. Templin Stadt und in der Prenzlauer Allee parken.

Templin

1 0,0 Sie lassen den **Bahnhof** Templin Stadt hinter sich und gehen zur **Robert-Koch-Straße**, dieser folgen Sie nach links ∼ über die Kreuzung geradeaus ∼ nach gut 300 m die Prenzlauer Allee überqueren und auf der **Seestraße** bergab ∼ am Stadthafen und der **Feuerwehr** vorbei.

2 0,9 Auf der Holzbrücke – der **Pionierbrücke** – über den **Templiner Kanal** ∼ an der Kreuzung rechts in die **Weinbergstraße** ∼ 📷 in der leichten Linkskurve der Straße nach rechts auf den sandigen Weg ∼ es geht kurz bergab, an der folgenden Gabelung links halten ∼ geradeaus auf den Uferweg, dem Sie nun folgen ∼ der sehr schöne Weg führt zwischen den Häusern und dem See entlang und ist mit vielen Rastbänken ausgestattet.

3 2,9 Nach den letzten Häusern durch den Wald ∼ später am Rand der Wiese entlang auf einem schmalen Pfad, im Spätsommer weiden hier manchmal Heidschnucken auf dem hügeligen Trockenrasen.

AUSFLUG Links gelangen Sie zum Aschbergmoor. In diesem Kesselmoor ist eine reiche Tier- und Pflanzenwelt zu finden.

Im Linksbogen geht es hinauf zum Forstweg.

4 5,0 An der Wegkreuzung nahe der Brücke links ∼ auf dem ehemaligen Bahndamm Richtung Knehden.

Wollen Sie die Tour abkürzen, können Sie hier nach rechts über die Brücke gehen und die Umrundung des Gleuensees auslassen.

Sie sehen rechts hinter den Bäumen den **Gleuensee** 〜 der Wanderweg führt für kurze Zeit parallel zu einer wenig befahrenen Straße.

Knehden

An den Häusern von **Knehden** vorbei, danach bergab in den Wald hinein 〜 an der folgenden Gabelung links und über eine Brücke mit Blick auf eine kleine Klamm.

5 [6,3] An der folgenden Kreuzung rechts 〜 auf dem breiten, etwas sandigen Weg zwischen den Hügeln entlang.

6 [7,2] Nach 900 m rechts und vorbei an der Schutzhütte durch die Pforte aufs Gelände des **Campingplatzes** 〜 Sie halten sich rechts und kommen an der **Badestelle** vorbei 〜 an der Engstelle das Gelände des Campingplatzes verlassen, nun auf dem Uferweg weiter 〜 am nördlichen Rand des Sees geradeaus auf den Schotterweg 〜 an der **Landesstraße L 21** rechts 〜 nach knapp 400 m zweigt in der Linkskurve der Straße rechts der Wanderweg Richtung Templin ab – entweder steigen Sie über die Schutzplanke, oder Sie laufen noch ein paar Meter weiter um die Planke herum 〜 auf dem Fußweg bei dem Rastplatz wieder an das Ufer des Gleuensees heran 〜 auf herrlichem Pfad entlang des Ufers.

7 [9,4] Sie erreichen die **Markgrafenquelle** 〜 noch vor dem Schild führen rechts Stufen zum See hinab, dort hinter der Steinmauer liegt die Quelle – wenn man ganz ruhig ist, hört man sie leise plätschern.

Markgrafenquelle

Sie folgen weiter dem Uferweg 〜 an der Lichtung beim Steg unterhalb des Forsthauses geradeaus 〜 in einem Rechtsbogen hinauf zum ehemaligen Bahndamm 〜 oben an der Kreuzung bei der **Schutzhütte** und der **Gleuenbrücke** links Richtung Fährkrug 〜 hinter der Gartenkolonie entlang 〜 an der Straße rechts 〜 ⚠ für fast 700 m müssen Sie nun entlang der schnell befahrenen Straße weitergehen 〜 an der Kreuzung nach rechts 〜 über die Brücke.

8 [11,5] In der Rechtskurve der Straße nach links auf den Parkplatz der Gaststätte Fährkrug.

Fährkrug

◎ ▭ **Fährkrug**, Hotel und Restaurant, ✆ 03987/480, ÖZ: tägl. 11-21 Uhr, mit Sonnenterrasse und Blockhaussauna am Fährsee

Sollten Sie schon jetzt nach Templin zurückkehren wollen, dann bleiben Sie noch kurz auf der Straße. Nach der Unterquerung der alten Bahnbrücke biegen Sie rechts ab und folgen der Wandermarkierung mit dem grünen Schrägstrich am Ufer des Bruch- und des Stadtsees entlang nach Templin.

Für die Fortsetzung der Route rechts am Haus und auch am Bootsverleih vorbei 〜 am Ende des Parkplatzes geradeaus 〜 an der Schranke vorbei

Gleuenhof

Netzow

Netzowsee

hof

delowshof

Knehden

6

5

Gleuensee

Ehem. Bahntrasse

Markgrafenquelle
7

Aschbergmoor

4

Schmidtshof

Bruchsee

1b

3

Fährkrug

8

9

B109

Stadtsee

Multikulturelles Centrum

Mühlentor
2

St.-M.-Magdalenen-Kirche

St. Georgen

Herz-Jesu-Kirche

Templin

1

Templin Stadt

13

Postheim

Waldhof

Neues Gymnasium

Templin

Lübbesee

Kuckucksheim

Kart-Bahn

Ludwigshof

Natur Therme Templin

und durch das Gelände des **Camping-platzes** am Ufer des Fährsees entlang 〜 Sie halten sich links.

9 12,6 Am Ende des Campingplatzes an der Schutzhütte geradeaus weiter und an der Schranke vorbei 〜 an der Gabelung im Wald rechts; der Weg nach links führt zu einer Rastbank am Ufer des Sees 〜 bei der nächsten Gabelung links und weiter auf dem ufernahen Weg 〜 kurz bergauf, dann an der T-Kreuzung links 〜 an dem **Hochspannungsmast** und dem Hoch-sitz vorbei 〜 am Rand des Waldstrei-fens laufen Sie weiter nach Seehof.

Seehof

🚌 **Bus nach Templin**, mehrmals täglich

10 14,9 Auf den Fahrweg und im Links-bogen um die Häusergruppe herum.

TIPP Geradeaus können Sie die Route etwas abkürzen, dann verpassen Sie aber den Zaarsee.

Sie gehen an der Schranke vorbei und folgen dem Weg am Acker 〜 am Zaun entlang weiter 〜 am Waldrand rechts auf den Wiesenweg 〜 wenn

Maria-Magdalenen-Kirche

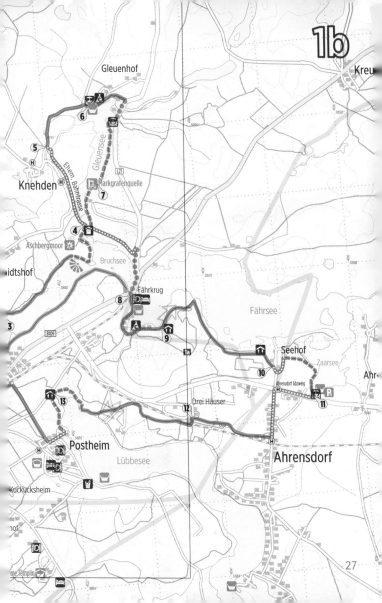

Kreu

Gleuenhof

6

5 H

Knehden

H

Gleuensee

L21

Markgrafenquelle
7

Ehem. Bahntrasse

4

Aschbergmoor

idtshof

Bruchsee

3

B109

Fährkrug
8

9

Fährsee

1a

Seehof

10

Zaarsee

Ahrensdorf Abzweig

11
P

Ahr

13

Drei Häuser

12

H

H

Postheim

Lübbesee

Ahrensdorf

Kuckucksheim

of

me.Templin

der breitere Weg nach rechts zum Hochsitz führt, laufen Sie geradeaus auf den schmalen Pfad ∼ nach wenigen Metern ist links der **Zaarsee** zu sehen ∼ am Ufer des Sees entlang.

11 16,0 An der öffentlichen **Badestelle** mit Rastplatz hinauf zur Straße und hier rechts ∼ auf dem Gehweg neben der **Milmersdorfer Chaussee** ∼ an der Kreuzung bei der Kirche

können Sie den **Lübbesee** durch den Wald glitzern sehen ∼ rechts auf den Uferweg ∼ in einem Rechtsbogen entfernt sich der Weg vom Ufer ∼ an der Gabelung links Richtung Templin über Postheim.

13 20,9 An der nächsten Gabelung bei der **Schutzhütte An der alten Fischerhütte** halten Sie sich links ∼ vorbei an Ferienhäusern ∼ am breiten

links in die **Petersdorfer Straße** ∼ vor dem Bahnübergang rechts ∼ auf dem Feldweg zwischen dem Acker und den Bahngleisen entlang ∼ im Rechtsbogen von den Gleisen weg und danach im Linksbogen in den Wald hinein.

Drei Häuser

🚍 Bus nach Templin, mehrmals täglich

12 18,5 An der Gabelung in der kleinen Siedlung **Drei Häuser** links ∼ über die Bahngleise und gleich danach rechts ∼ an der Kreuzung im Wald geradeaus weiter auf dem besseren, markierten Weg ∼ kurz an die Gleise heran und dann links in den breiteren Weg ∼ an der ersten Gabelung rechts ∼ an der folgenden Gabelung bei den Häusern halten Sie sich rechts ∼ am Zaun bei den Häusern entlang weiter ∼ wieder in den Wald hinein, links

Weg – links liegt ein Bootsverleih – nach rechts und auf dem Plattenweg in das Wohngebiet Postheim.

> **TIPP** Wenn Sie dem Ufer des Lübbesees folgen, kommen Sie bald zu einer großzügigen Badestelle.

Postheim

PLZ: 17268; Vorwahl: 03987

🏨 Am Lübbesee, ☎ 409550

🏨 AHORN Seehotel Templin, ☎ 4900

Kurz vor dem kleinen Haus und dem Gewächshaus rechts in die Sackgasse ∼ am Waldrand an der Schranke vorbei ∼ noch vor den Gleisen links auf den schmalen Fußweg Richtung Stadtbahnhof ∼ 🚃 nach gut 1 km an der Straße rechts.

1 23,2 Auf der linken Straßenseite zum **Bahnhof Templin Stadt**.

Templin

Zum Liepnitzsee

Start/Ziel: **Wandlitz, Bahnhof Wandlitzsee**
Gehzeit: **3½ Std.**

Aufstieg: **200 m**
Abstieg: **200 m**
Hartbelag: **38 %**
Wanderwege: **52 %**
Wanderpfade: **10 %**

Charakteristik: **Die Runde um den in- mitten von Buchenwald gelegenen Liepnitzsee ist unter den Wande- rungen im Barnim ein Klassiker. Im nördlichen Bereich können Sie vom schönen Hochuferweg herrlich über das Wasser und auf die Insel blicken. Auf der gesamten Tour haben Sie immer wieder Gelegenheit zum Bad in dem kristallklaren Wasser.**

Markierung: **Ab Wandlitz und am Nordufer des Sees als 66-Seen-Weg mit blauem Punkt markiert, der ge- samte Uferweg auch mit gelbem Punkt.**

Anreise/Abreise: **Stündliche Verbin- dungen mit RB 27 Heidekrautbahn ab/bis Berlin-Karow, ca. 1 Std. Fahr- zeit ab Berlin-Mitte.**

Parkplätze: **Sie können an der B 273 und in Wandlitz parken.**

Wandlitz   s. S. 31

1 0,0 Am **Bahnhof Wandlitzsee** vom Bahnsteig über die Schienen 〰 links in die Straße einbiegen 〰 rechts in die Straße **An der Bogenheide** 〰 wieder rechts in die Straße **An den Pfühlen** 〰 📷 am Ende der Straße geradeaus in den Wanderweg Richtung Ützdorf.

2 1,8 An der Kreuzung rechts auf den breiteren Querweg 〰 kurz danach 300 m dem asphaltierten Weg fol- gen, dann links in den Waldweg 〰 100 m später an der **Bank** nach links 〰 am idyllischen **Regenbogensee** entlang 〰 am Ende des schmalen Weges nach rechts bergauf.

3 3,2 Oben haben Sie einen schönen Blick auf den **Liepnitzsee** 〰 hier links abbiegen und immer in Seenähe blei- ben 〰 Sie passieren die Anlegestelle der **Personenfähre** Liepnitzsee.

Liepnitzsee

⛴ **Fähre** zur Insel auf dem Liepnitzsee und zum anderen Ufer, ☎ 0172/3609775, Fährzeiten: April-Okt., Mo-Do 10- 18 Uhr, Fr-So, Fei 10-19 Uhr. Auf der Insel ist eine Einkehr möglich.

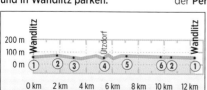

Abendstimmung am Liepnitzsee

📧 **Waldbad am Liepnitzsee**, ☎ 033397/81915, ÖZ: Mai-Sept., Mo-Fr 9-19 Uhr und Sa, So 9-20 Uhr

Mit seinem kristallklaren Wasser und einer Tiefe von 25 Metern ist der See inmitten von herrlichen alten Buchenwäldern schon immer beliebter Anziehungspunkt für Naturliebhaber und Wochenendausflügler.

Dem Wegverlauf folgend wenden Sie sich vom Seeufer ab ∿ an der schmalen Straße rechts, der Straße bis nach Ützdorf folgen.

Ützdorf

🏨 **Jägerheim**, ☎ 033397/7530

4 ⁵,³ Am **Hotel Jägerheim** vorbei ∿ hinter der zweiten Brücke beim Parkplatz rechts ∿ in den ersten Weg nach rechts, danach an der Gabelung

wieder rechts ∿ Sie kommen hinunter zum Wasser und haben wieder Gelegenheit zum Bad, es gibt mehrere kleine Naturbadestellen.

5 ⁷,³ Vorbei am **Fähranleger**, Sie folgen immer dem Seeufer, der Weg ist mit gelbem Punkt markiert ∿ am **Rastplatz** vorbei ∿ Sie erreichen das westliche Ende des Sees.

6 ⁹,⁸ Sie stoßen auf den Asphaltweg, hier kurz links und in den nächsten Weg nach rechts, auch ein Asphaltweg.

VARIANTE Wenn Sie gleich rechts dem Asphaltweg folgen, kommen Sie zum Freibad und zum Imbiss.

Im Rechtsbogen des Asphaltwegs laufen Sie geradeaus auf den unbefestigten Weg.

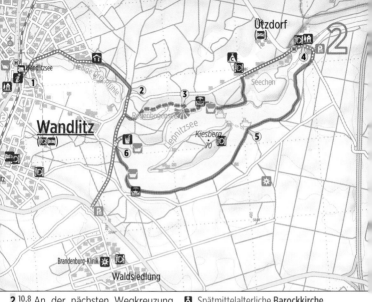

2 ^{10,8} An der nächsten Wegkreuzung links ∿ an der Weggabelung links ∿ 🚉 kurz danach erreichen Sie die ersten Häuser von Wandlitz ∿ an der Querstraße links, dann noch einmal links halten.
1 ^{12,5} Sie kommen direkt zum **Bahnhof Wandlitzsee**.

Wandlitz

PLZ: 16348; Vorwahl: 033397

🛈 **Tourist-Information**, Bahnhofspl. 2 (im Bahnhofsgebäude), ☎ 67277

🏛 🛈 **Barnim-Panorama Naturparkzentrum**, Breitscheidstr. 8-9, ☎ 681920, ÖZ: Sa-Do 10-18 Uhr. Auf einer 2.000 m² großen Ausstellungsfläche wird die größte agrarhistorische Sammlung des Landes Brandenburg gezeigt. Im Sommer finden hier Konzerte unter dem Motto „Musik im Museum" statt.

🏰 Spätmittelalterliche **Barockkirche**

✳ **Bahnhofsensemble Wandlitzsee** im Stil der neuen Sachlichkeit (Bauhaus-Schüler) mit Strandbad und Park

🌳 **Friedenseiche** an der Dorfkirche

🏖 **Strandbad Wandlitzsee**, ☎ 64888, ÖZ: Mai, Juni, Sept. 10-19 Uhr, Aug. und Juli 10-20 Uhr

Von klaren Seen und alten Mischwäldern umrahmt liegt der traditionsreiche Ausflugs- und Erholungsort Wandlitz im Herzen des Naturparks Barnim. Bekannt ist der Ort vor allem dadurch, weil in der Nähe Erich Honecker und die einstige DDR-Prominenz in der „Waldsiedlung" ihr Domizil hatten.

Tour 3   16,9 km

Von Biesenthal nach Wandlitz

Start: Biesenthal, Marktplatz
Ziel: Wandlitz, Bahnhof Wandlitzsee
Gehzeit: 5 Std.

Aufstieg: 335 m
Abstieg: 330 m
Hartbelag: 21 %
Wanderwege: 57 %
Wanderpfade: 22 %

Charakteristik: Diese Wanderung mitten im Naturpark Barnim bietet so einige Highlights. Das Hellmühler Fließ – für Brandenburger Verhältnisse schon fast eine Schlucht –, weite Blicke übers Wasser von den Uferwegen am Hellsee, Obersee und Liepnitzsee, stille Buchen- und Kiefernwälder, der Lenné-Park in Lanke und immer wieder kleine Naturbadestellen, all dies können Sie unmittelbar vor den Toren Berlins genießen.
Markierung: Bis zum Liepnitzsee als 66-Seen-Weg mit blauem Punkt, danach mit gelbem Punkt.

Anreise: Mit der S 2 nach Bernau, ab dort Mo-Fr stündliche Verbindungen mit Bus 896 nach Biesenthal, Fahrzeit ca. 1 Std. ab Berlin-Mitte; am WE ab Bernau mit Bus 903 im 2-Stunden-Takt.
Abreise: Stündliche Verbindungen mit der RB 27 Heidekrautbahn nach Berlin-Karow, Fahrzeit nach Berlin-Mitte ca. 1 Std.

Biesenthal s. S. 47

1 0,0 Von der alten Eiche auf dem **Marktplatz** rechts vorbei am Rathaus 〰 hinter der Brücke rechts in den Weg **Heideberg** 〰 in den nächsten Weg nach links 〰 an der Gabelung geradeaus 〰 über die Brücke, danach leicht bergauf 〰 an der Gabelung in den **Schweinebuchtenbergen** rechts 〰 am nächsten Querweg links 〰 auf diesem Weg immer geradeaus, Sie kommen an einem Feuchtgebiet vorbei.
2 2,2 Beim Fließ rechts über eine kleine **Holzbrücke** 〰

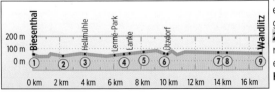

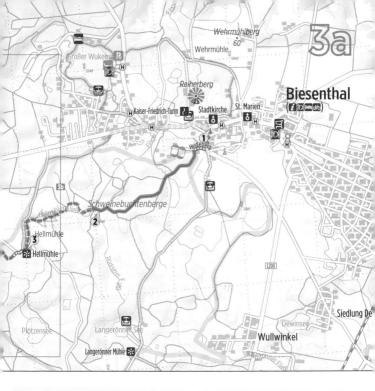

Naturpark Barnim

Der Naturpark Barnim umfasst den Westbarnim, Teile des Eberswalder Urstromtals und der Havelniederung. Als länderübergreifendes Großschutzgebiet von Berlin und Brandenburg liegt er zwischen der nördlichen Stadtgrenze Berlins und der Schorfheide. Von der 750 Quadratkilometer großen Gesamtfläche des Naturparks Barnim liegen 5,4 Prozent in Berlin.

Über die Hälfte des Naturparks ist bewaldet. Aufgrund des recht sandigen Bodens sind vor allem Kiefernwälder vorzufinden. Es gibt jedoch auch andere natürlich vorkommende Baumarten, so ist der Liepnitzsee von Buchenwald umgeben und im Briesetal sind Erlenbruchwälder heimisch.

Charakteristisch für den Barnim sind die vielen eiszeitlichen Seen, Fließe und vermoorten Senken.

nach der nächsten Holzbrücke links ~ an der Gabelung links ~ wieder über eine Holzbrücke und dann am **Wanderbriefkasten** vorbei ~ der recht schmale Weg führt landschaftlich sehr reizvoll parallel zum **Hellmühler Fließ** durch die Buchenschlucht, mit viel Glück können Sie einen Eisvogel entdecken, der hier im Tal seine Bruthöhlen hat ~ am Ende des Fließes bergauf und auf dem nun breiten Weg zur Straße.

Hellmühle

❏ Die **Hellmühle**, ursprünglich eine Wasser-, Mahl- und Schneidemühle, wurde nach dem Zweiten Weltkrieg als Jugendherberge genutzt. Mittlerweile dient sie als Wohnhaus.

3 ³,⁹ An der Straße rechts ~ nach der Brücke im Rechtsbogen der Straße links abzweigen zum **Hellsee** ~ auf dem teilweise sehr schmalen Uferweg am See entlang, im ersten Bereich gibt es mehrere kleine Naturbadestellen ~ am Ende des Sees auf einem Holzsteg, danach an der Gabelung links ~ Sie erreichen nun **Lanke** und laufen durch den **Lenné-Park** ~ über eine kleine Brücke und geradeaus weiter ~ hinter dem kleinen Pfuhl rechts hinauf auf den breiten Weg.

4 ⁶,⁷ An der Straße rechts ~ am Restaurant vorbei, im Rechtsbogen bergab und über die Brücke ~ an der Querstraße links.

Lanke   s. S. 37

▐ Für Geschichtsinteressierte könnte eine Erweiterung über die Siedlung Bogensee interessant sein, s. Tour 4.

In Lanke vor der Brücke rechts an der Badestelle vorbei ~ am Ufer des **Obersees** entlang.

Hellmühler Fließ

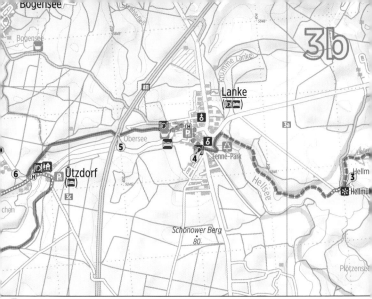

5 **8,1** Unter der **Autobahnbrücke** hindurch ~ auf dem recht sandigen Weg immer geradeaus ~ nach 1 km an der Gabelung links halten, kurz danach erreichen Sie die ersten Häuser von Ützdorf.

Ützdorf

▣ Jägerheim, ✆ 033397/7530

VARIANTE Die weitere Route verläuft am Südufer des Liepnitzsees entlang. Sie können auch am etwas hügeligeren Nordufer laufen. Diese unkommentierte Variante ist als 66-Seen-Weg mit blauem Punkt markiert.

Liepnitzsee

⛴ **Fähre** zur Insel auf dem Liepnitzsee und zum anderen Ufer, ✆ 0172/3609775, Fährzeiten: April-Okt., Mo-Do 10-18 Uhr, Fr-So, Fei 10-

19 Uhr. Auf der Insel ist eine Einkehr möglich.

6 **9,6** An der Straße links und am **Hotel Jägerheim** vorbei ~ hinter der zweiten Brücke beim Parkplatz rechts ~ in den ersten Weg nach rechts, danach an der Gabelung wieder rechts ~ Sie kommen hinunter zum Wasser und haben bereits hier die erste Gelegenheit zum Bad, es gibt mehrere kleine Naturbadestellen ~ vorbei am Fähranleger, Sie folgen immer dem Seeufer, der Weg ist mit gelbem Punkt markiert.

7 **13,5** Am Rastplatz vorbei ~ Sie erreichen das westliche Ende des Sees.

8 **14,2** Sie stoßen auf den Asphaltweg, hier kurz links und in den nächsten Weg nach rechts, auch ein Asphaltweg.

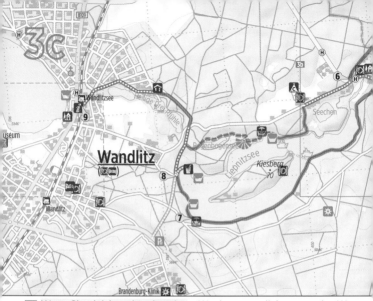

Wenn Sie gleich rechts dem Asphaltweg folgen, dann kommen Sie zum Freibad und zum Imbiss.

✉ **Waldbad am Liepnitzsee,** ☎ 033397/81915, ÖZ: Mai-Sept., Mo-Fr 9-19 Uhr und Sa, So 9-20 Uhr

Im Rechtsbogen das Asphaltwegs laufen Sie geradeaus auf den unbefestigten Weg ∿ an der nächsten Wegkreuzung links ∿ an der Weggabelung links ∿ 🪧 kurz danach erreichen Sie die ersten Häuser von Wandlitz ∿ an der Querstraße links, dann noch einmal links halten.

9 16,9 Sie kommen direkt zum **Bahnhof Wandlitzsee.**

Wandlitz s. S. 31

Am Liepnitzsee

Tour 4   8,2 km

Von Lanke zum Bogensee

Start/Ziel: Lanke, Parkplatz an der L 29   *Aufstieg:*   85 m
Gehzeit: 2 - 2½ Std.   *Abstieg:*   85 m
                                                Hartbelag: 17 %
                                         Wanderwege: 78 %
                                         Wanderpfade: 5 %

Charakteristik: Diese kurze Rundtour zum Landhaus Bogensee regt zu einem kleinen gedanklichen Spaziergang in deutscher Geschichte an. Das ehemalige Landhaus von Propagandaminister Joseph Goebbels und die verlassenen Gebäude der ehemaligen DDR-Kaderschmiede wirken hinsichtlich ihrer Vergangenheit bedrohlich und gespenstisch, die Ausmaße der gesamten Anlage hinterlassen gleichzeitig einen Eindruck von Macht und Größe. Die Wege zum Bogensee verlaufen durch Kiefernwald und sind speziell auf dem Rückweg etwas sandig.
Markierung: Keine einheitliche Markierung.
Anreise/Abreise: Es gibt tägl. mehrere Verbindungen mit der Regionalbahn nach/ab Bernau, ab/bis Bernau mit dem Bus 890 bzw. am WE Bus 903, Fahrzeit ca. 1-1½ Std.
Parkplätze: Parkplatz im Ort, an der L 29

Lanke

PLZ: 16359; Vorwahl: 03337

🍴 Am Obersee, ☎ 3720, mit Imbiss

🍴 Hotel Seeschloss, ☎ 2043, ÖZ: tägl. 11-22 Uhr

🍴 Bellevue, ☎ 450934, ÖZ: tägl. 11.30-20 Uhr

🏰 **Schloss Lanke** (1859), im Stil der französischen Renaissance erbaut. Heute befindet sich das Schloss in Privatbesitz und wird denkmalgerecht saniert.

🏰 neugotische **Backsteinkirche** (1868)

🏞 **Lenné-Park.** Die Parkanlage in der Nähe des Schlosses wurde nach Plänen des Gartenarchitekten Lenné als Landschaftspark gestaltet. Heute ist der Park größtenteils verwildert.

Graf Friedrich Wilhelm von Redern, der spätere Generalintendant der Königlichen Bühnen von Berlin, hat im Jahr 1827 das Gut Lanke mit einigen dazugehörigen Orten gekauft. Er beauftragte den Architekten Eduard von

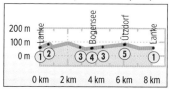

Ehemalige Kaderschmiede am Bogensee

Knoblauch mit dem Umbau und der Erweiterung des Schlosses und ließ durch den Gartenarchitekten Lenné den Schlosspark neu gestalten.

Im Schloss war nach dem Zweiten Weltkrieg ein Krankenhaus untergebracht worden, später wurde es zum Pflegeheim ausgebaut. Seit 1999 steht es leer. Derzeit wird das denkmalgeschützte Schloss restauriert.

1 0,0 Vom **Parkplatz** links und in der leichten Linkskurve der Straße rechts auf den Anliegerweg oder kurz danach die Treppe hinauf ～ oberhalb der Straße an dem Haus vorbei, danach rechts ～ im Zickzack hinauf, an der Mauer entlang kommen Sie zur Straße, hier links ～ an der Schranke vorbei in den Wald.

2 0,7 An der Gabelung rechts ～ unter der **Autobahnbrücke** hindurch und

auf dem sehr breiten Weg immer geradeaus ～ nach 1,5 km über eine Wegkreuzung, kurz danach können Sie den Bogensee durch die Bäume schimmern sehen.

> **VARIANTE** An dieser Kreuzung haben Sie die Möglichkeit, rechts zum Bogensee abzuzweigen. Ein Uferweg führt um den See herum.

3 3,0 Dem Rechtsbogen des Weges folgen, hier zweigt nach links ein Weg ab, auf dem Sie später den Rückweg antreten ～ geradeaus bis zum Zaun, dann rechts.

4 3,8 Vorbei an dem ehemaligen Goebbels-Haus gelangen Sie zum Gebäudekomplex der einstigen FDJ-Kaderschmiede.

Bogensee

✪ **Landhaus Bogensee**, ehemaliger Landsitz des Propagandaministers des Deut-

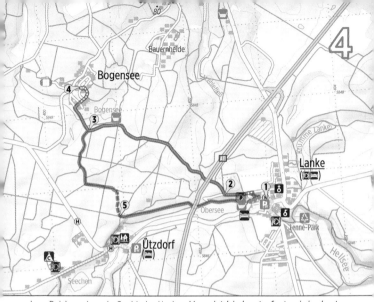

schen Reiches, Joseph Goebbels. Nach 1946 wurde das Gelände der FDJ übergeben, die dort in den 1950er Jahren im Stile des Sozialistischen Realismus eine FDJ-Hochschule errichten ließ.

Graf Friedrich Wilhelm von Redern, der Besitzer vom Gut Lanke, war auch Eigentümer der Ländereien um den Bogensee. 1919 hat er dieses Areal an das Land Berlin verkauft. 1936 bekam der Reichsminister Joseph Goebbels zum 39. Geburtstag vom Land Berlin ein Blockhaus am Bogensee zusammen mit den Nutzungsrechten für die umliegenden Ländereien auf Lebenszeit übertragen. Zwei Jahre später ließ Goebbels ein neues, geräumiges Wohnhaus errichten, in dem er bis 1945 wohnte. Dieses leerstehende Haus ist bis heute fast originalgetreu erhalten.

Die vor dem Haus stehende Skulptur eines Liebespaares stammt aus DDR-Zeiten, als in diesem Haus junge Führungskader ausgebildet wurden. Wenn man sich die Ausmaße des Einflusses Goebbels und seiner Propagandareden für den Krieg bewusst macht, dann mutet dieses verschlungene Liebespaar vor dem ehemaligen Goebbels-Haus irritierend an. Als das Gebäude für die Eliteschule zu klein war, entstand ein gewaltig großer Gebäudekomplex in stalinistischer Baukultur. In der Jugendhochschule „Wilhelm Pieck" wurden bis 1989 jährlich etwa 500 junge Menschen aus der DDR und anderen sozialistischen Staaten unterrichtet.

Die denkmalgeschützten Gebäude stehen seit Jahren leer. Lediglich Nebengebäude des Goebbels-Hauses werden von der Berliner Forstverwaltung genutzt und gegenwärtig saniert. Da bisher keine Nutzungskonzepte vom Land Berlin als Eigentümer akzeptiert werden konnten, ist die Zukunft der Anlage ungewiss.

Auf gleichem Weg wieder zurück zum Abzweig.

3 4,6 Nach rechts vom Hauptweg abzweigen ⌁ an der Gabelung links ⌁ bei der kleinen Lichtung an der nächsten Gabelung wieder links ⌁ am breiten Querweg beim kleinen Hochsitz rechts halten, kurz danach links abzweigen ⌁ geradeaus über den Querweg ⌁ beim nächsten Hochsitz rechts in den sehr grasbewachsenen Weg, Sie laufen wie in einer Schneise durch dichten Wald.

5 6,3 Am breiten Querweg links.

TIPP Wenn Sie hier geradeaus weiter laufen, gelangen Sie bei den Kleingärten rechts Richtung Ützdorf und können noch eine Runde um den Liepnitzsee anschließen, s. Tour 2.

Sie folgen nun dem breiten Weg in Richtung Lanke, bald mit blauem Punkt als 66-Seen-Weg markiert ⌁ an der Gabelung rechts ⌁ auf dem sandigen und hügeligen Weg auf die Autobahn zu ⌁ nach rechts und unter der Autobahnbrücke hindurch ⌁ am Ufer des Obersees entlang und am **Bad** vorbei gelangen Sie wieder nach **Lanke**.

1 8,2 Am **Parkplatz** ist das Ende der Rundtour erreicht.

Lanke

Landhaus Bogensee

Tour 5   6,8 km

Zum Großen Wukensee

Start/Ziel: Biesenthal, Marktplatz

Gehzeit: 2 Std.

Aufstieg: 55 m
Abstieg: 55 m
Hartbelag: 34 %
Wanderwege: 66 %
Wanderpfade: 0 %

Charakteristik: Eine kleine Runde zum Entspannen, reichlich Badevergnügen inklusive. Vom Uferweg am Großen Wukensee bieten kleine Naturbadestellen immer wieder Gelegenheit, ins klare Wasser zu springen. Reizvoll ist auch der Besuch des Strandbades, denn es ist ein ausgesprochen schönes Bad aus den 1920er Jahren.

Tipp: Wenn Sie mit Auto angereist und an keine Fahrzeiten gebunden sind, empfehlen wir Ihnen für Sonnentage, den Sonnenuntergang im Strandbad zu genießen. Die meisten Badegäste sind dann bereits gegangen und in dem schönen Bad entfaltet sich eine bezaubernde Romantik.

Von der Terrasse des Restaurants können Sie über den ganzen See blicken.

Markierung: Es gibt keine einheitliche Markierung.

Anreise/Abreise: S 2 nach Bernau, wochentags zudem stündliche Verbindungen mit dem RE 3 nach Bernau, dort Anschluss an Bus 896, Fahrzeit ab Berlin-Hbf. ca. 50 Min.; am WE nur wenige RE-Verbindungen, Anschluss in Bernau mit Bus 903 im 2-Stunden-Takt, Fahrzeit ca. 1,5 Std. Rückfahrt bis zum frühen Abend analog.

Parkplätze: Im Ort gibt es ausreichend Parkmöglichkeiten.

Biesenthal s. S. 47

1 0,0 Vom **Marktplatz** gehen Sie zur **Stadtkirche** ⤳ vor der Kirche links und rechts um die Kirche herum in die **Schulstraße** ⤳ Sie kommen am Haus Nr. 10 vorbei, dieses Fachwerkhaus mit Schilfrohrdach ist das älteste Haus von Biesenthal ⤳ nach dem Rechtsbogen der Straße links in den **Hegeseeweg** ⤳ geradeaus gelangen

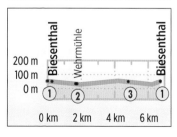

Biesenthal, Hegeseeweg

Sie an Gärten vorbei bergab ∿ an der Gabelung rechts ∿ am Ende der Gärten rechts und am Querweg links.

2 1,7 Am Beginn des Asphalts geradeaus auf den Asphaltweg ∿ Sie laufen über die **Finow** und an der ehemaligen **Wehrmühle** vorbei ∿ an der Querstraße rechts, der Asphalt endet kurz danach ∿ nun folgen Sie bis zum Wukensee der Markierung mit dem gelben Punkt ∿ an der Gabelung links, Sie kommen in einen Kiefernwald, der Weg ist recht sandig ∿ an der nächsten Gabelung rechts ∿ an der Straße links und in den nächsten Weg nach rechts ∿ am Ende des **Parkplatzes** beim Informationsschild in den Weg nach rechts, links erreichen Sie das Strandbad.

Wukensee

🏊 **Strandbad Wukensee**, ☎ 03337/3124, ÖZ: April-Oktl., Di-So 11-22 Uhr, Nov.-März 12-22 Uhr

✉ **Strandbad Wukensee**, ☎ 03337/3124 od. 0162/7712969, ÖZ: Mai, Juni, Sept. 9-19 Uhr und Juli, Aug. 8-20 Uhr. Das sehr schöne Bad wurde 1926 erbaut.

Am Zaun des Strandbads entlang ∿ Sie bleiben immer auf dem Uferweg und umrunden den See.

3 5,0 Vor dem Holzsteg bzw. der Holzbrücke geradeaus auf den Pfad.

> **TIPP** Wenn Sie hier links über die Holzbrücke laufen, gelangen Sie zum Strandbad.

An einem Ausläufer des Sees entlang ∿ an der Straße links ∿ an der Vorfahrtsstraße dann rechts, an der nächsten Straße links.

1 6,8 Dieser Straße folgend erreichen Sie wieder den **Marktplatz** von Biesenthal.

Biesenthal

Wukensee

Tour 6   **13,6 km**

Durch das Biesenthaler Becken

Start: Rüdnitz, Bahnhof
Ziel: Biesenthal, Marktplatz
Gehzeit: 3½ – 4 Std Std.

Aufstieg: 70 m
Abstieg: 70 m
Hartbelag: 28 %
Wanderwege: 72 %
Wanderpfade: 0 %

Charakteristik: Das Biesenthaler Becken ist ein beliebtes und besonders reizvolles Wandergebiet. Hier ist eine artenreiche Tier- und Pflanzenwelt auf kleinstem Raum zu finden. Die Wanderung führt Sie durch eine leicht hügelige Landschaft, vorbei an Feuchtwiesen, Erlenbruchwäldern und kleinen Fließgewässern.
Tipp: Sie können den zweiten Teil der Route ab Biesenthal auch als Rundtour laufen.
Abkürzung: Der direkte Weg nach Biesenthal ist 6,6 Kilometer lang, die Rundtour von Biesenthal ausgehend über das Hellmühler Fließ 7,6 Kilometer.
Markierung: Ab Langerönner Mühle als Radweg Berlin–Usedom markiert, kurz vor Biesenthal bis Hell-

mühle als 66-Seen-Weg mit blauem Punkt und von Hellmühle bis Biesenthal mit Blau-Strich-Markierung.
Anreise: Stündliche Verbindungen mit der Regionalbahn, Fahrzeit ca. 40 Min.
Abreise: Mo-Fr stündliche Verbindungen mit Bus 896 nach Bernau, dort Anschluss nach Berlin, Fahrzeit ca. 1 Std.; am WE Verbindungen nur im 2-Stunden-Takt (Bus 903) und stündliche Verbindungen vom Bahnhof Biesenthal.

Rüdnitz

1 0,0 Vom **Bahnhof** links auf die **Bahnhofstraße** ～ am Kreisverkehr geradeaus weiter in den **Langerönner Weg**.
2 1,2 📷 Vor dem Wald rechts in die Anliegerstraße, Sie laufen ins Naturschutzgebiet ～ für 1,3 km immer geradeaus zwischen den Feldern hindurch ～ leicht bergab in den Wald hinein ～ links halten und über das **Rüdnitzer Fließ**.

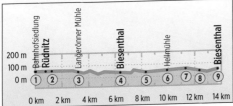

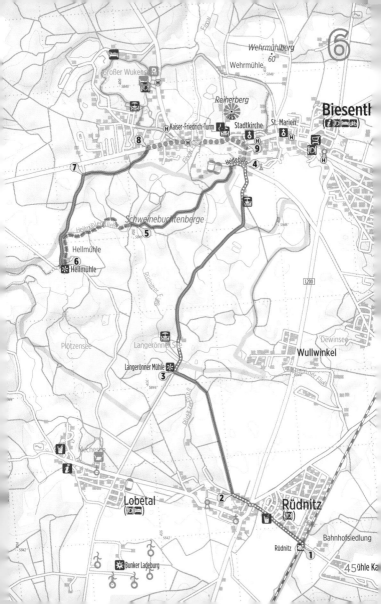

3 3,1 Am Gebäude der **Langerönner Mühle** rechts auf den Asphaltweg, Sie kommen nun in das Naturschutzgebiet Biesenthaler Becken ～ an der Gabelung weiter auf dem Asphaltweg, kurz danach links auf den gesandeten Weg ～ der breite Weg verläuft schön geschwungen, immer wieder durch Waldabschnitte, dann wieder mit freiem Blick; im Frühjahr leuchtet großflächig das Blau der blühenden Lupinen ～ vorbei am Rastplatz, dann geradeaus auf die Vorfahrtsstraße, hier ist der Ortsanfang von **Biesenthal**.

4 6,3 Vor der Brücke links in den Weg **Heideberg** ～ in den nächsten Weg nach links ～ an der Gabelung geradeaus ～ über die Brücke, danach leicht bergauf ～ an der Gabelung in den **Schweinebuchtenbergen** rechts ～ am nächsten Querweg links ～ auf diesem Weg immer geradeaus, Sie kommen an einem Feuchtgebiet vorbei.

5 8,2 Beim **Rüdnitzer Fließ** rechts über eine kleine Holzbrücke ～ nach der nächsten Holzbrücke links ～ an der Gabelung links ～ wieder über eine Holzbrücke und dann am **Wanderbriefkasten** vorbei ～ der recht schmale Weg führt landschaftlich reizvoll parallel zum **Hellmühler Fließ** durch eine Buchenschlucht, mit viel Glück können Sie einen Eisvogel entdecken, der hier im Tal seine Bruthöhlen hat ～ am Ende des Fließes bergauf und auf dem nun breiten Weg zur Straße.

Am Pfauenfließ

Hellmühle

✱ Die **Hellmühle** war ursprünglich eine Wasser-, Mahl- und Schneidemühle und wurde nach dem Zweiten Weltkrieg als Jugendherberge genutzt. Heute wird das Gebäude als Wohnhaus genutzt.

6 9,9 An der Straße rechts 〰 nach der Brücke rechts am Fließ entlang, dieser Weg ist mit blauem Strich markiert 〰 auf dem breiten Forstweg links neben dem **Hellmühler Fließ** 〰 an der Wegkreuzung geradeaus 〰 bald danach können Sie links den Blick über die Felder schweifen lassen.

7 11,2 In den nächsten Weg nach rechts abzweigen 〰 gleichmäßig bergab, Sie laufen immer geradeaus 〰 🖃 an den Häusern vorbei zur Straße, hier rechts.

8 12,3 Nach ca. 100 m fängt rechts ein Fußweg an, entlang der Straße bis ins Ortszentrum.

9 13,6 Am **Marktplatz** bei der Bushaltestelle endet die Tour.

Biesenthal

PLZ: 16359; Vorwahl: 03337

🛈 **Tourist-Information Biesenthal**, Am Markt 1, ✆ 490718

🍽 **Zur alten Eiche**, August-Bebel-Str. 5, ✆ 450100

🍽 **Taverna Mykonos**, ✆ 431677

🏛 **Heimatstube Biesenthal**, Am Markt 1, ✆ 40159

⛪ **Ev. Pfarrkirche** (13. Jh.), Kirchgasse

⛪ **Kath. Kirche St. Marien** (1908-1909), im französischen Barockstil

Pfarrkirche in Biesenthal

✱ **Historischer Marktplatz mit Rathaus** (1768)

🔺 **Jubiläumseiche** auf dem Markt, 1886 aus Anlass des 25. Regierungsjubiläums des Königs von Preußen gepflanzt

Biesenthal erhielt bereits 1315 das Stadtrecht und ist somit eine der ältesten märkischen Städte. Auf dem Höhenzug des Barnim gelegen ist Biesenthal ein beliebter Ausflugsort. Das Biesenthaler Becken gilt als Kleinod unter den Naturschätzen Brandenburgs und bietet mit seinen Sandbergen, Mooren, Fließen und den gut erschlossenen Wanderwegen ein ganz besonders reizvolles Wandererlebnis.

Tour 7 — 12,3 km

In die Schorfheide und nach Chorin

Start: Britz, Bahnhof
Ziel: Chorin, Bahnhof
Gehzeit: 3½ Std.

Aufstieg: 100 m
Abstieg: 95 m
Hartbelag: 45 %
Wanderwege: 42 %
Wanderpfade: 13 %

Charakteristik: Die Wanderung führt durch das Biosphärenreservat Schorfheide-Chorin. Die von zahlreichen Seen, Mooren, Wäldern sowie hügeligen Acker- und Wiesenflächen geprägte Landschaft wurde von den Gletschern der letzten Eiszeit vor etwa 12.000 Jahren geformt. Auf der Wanderung passieren Sie drei schöne Seen: Bachsee, Großer Heiliger See und Amtssee. Ein kleiner Abstecher führt außerdem zum Stadtsee. Eindeutiges Highlight der Wanderung ist das Zisterzienserkloster Chorin. Rund um das Kloster finden Sie mehrere Einkehrmöglichkeiten.
Markierung: Sie folgen der lokalen Wanderwegmarkierung.
Anreise/Abreise: Stündliche Bahnverbindungen, ca. 40 Min. Fahrzeit von/nach Berlin-Mitte.

Britz
1 0,0 Am **Bahnhof Britz** in die parallel zu den Bahngleisen verlaufende **Choriner Straße** einbiegen, Sie orientieren sich an der Markierung mit gelbem Balken ∿ am zweiten Abzweig rechts in die **Ragöser Straße** ∿ links in die **Hans-Ammon-Straße** ∿ 🖼 nach den letzten Häusern rechts ∿ an der Gabelung links in den Waldweg ∿ Sie passieren die forstökologische Versuchsstation.
2 1,5 Am Ende des Zaunes rechts Richtung Neuehütte ∿ an der Gabelung rechts halten ∿ Sie überqueren einen kleinen Bach und kommen in ein idyllisches Wiesental ∿ am Waldrand der Rechtskurve des Weges folgen ∿ kurz darauf links in den Wald ∿ dem kurvenreichen Wegverlauf bergauf folgen ∿ dem Radweg parallel zur Bundesstraße folgen ∿ an der Bushaltestelle die Bundesstraße überqueren ∿ auf dem Fußweg neben der abzweigenden Straße nach Neuehütte, wo sich sehr schön rasten lässt.

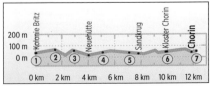

Höhenprofil: Kolonie Britz — Neuehütte — Sandkrug — Kloster Chorin — Chorin
200 m / 100 m / 0 m
① ② ③ ④ ⑤ ⑥ ⑦
0 km 2 km 4 km 6 km 8 km 10 km 12 km

Katzenberg
75

Kröneneiche

Pferdeberg
100

Ehem. Steinbruch

Chorin

Chorin

Hüttenweg

Amtssee

Kloster Chorin

6

Sandkrug

Sandkruger Weg

Großer Heiliger See

5

Ragöser Mühle

2

Britz

1

Britz

Kolonie Britz

3

Großer Stadtsee

Neuehütte

4

Ruheforst Eberswalde

Oder-Havel-Kanal

49

Kahlenberg

Neuehütte

Am Ortsanfang das Ragöser Fließ überqueren ⤳ an der Gabelung in der Ortsmitte des hübschen Weilers geradeaus ⤳ an der T-Kreuzung rechts Richtung Bachsee, ab hier folgen Sie der Markierung mit gelbem Punkt ⤳ an der nächsten Gabelung links Richtung Köhlerei ⤳ nach 100 m schräg links in den Waldweg ⤳ dem Schild „Rundweg Bachsee" rechts bergab folgen ⤳ an der T-Kreuzung links ⤳ an der anschließenden Gabelung rechts Richtung Rastplatz ⤳ auf dem Uferweg am idyllisch gelegenen Bachsee entlang.

4 5,1 Am großen **Rastplatz** an der anderen Seeseite gehen Sie links kurz den Hang hinauf und entsprechend der Markierung rechts, der Weg kann etwas zugewachsen sein ⤳ an der T-Kreuzung links auf den breiten Forstweg ⤳ nach 700 m an der nächsten großen Kreuzung schräg links in den Kopfsteinpflasterweg, bis zum Kloster Chorin folgen Sie der Markierung mit grünem Balken.

5 7,2 Die Bundesstraße überqueren ⤳ kurz vor dem Seehotel Mühlenhaus rechts in den Waldweg.

🏨 **Seehotel Mühlenhaus,** ✆ 033366/52360, ÖZ: tägl. ab 12 Uhr

Auf dem Wanderpfad am Steilufer des Großen Heiligen Sees entlang ⤳ vor dem kleinen Rastplatz links bergab ⤳ an der Gabelung wieder rechts bergauf ⤳ links in die **Seestraße** einbiegen ⤳ dem Verlauf der Seestraße durch die Siedlung Sandkrug folgen.

Sandkrug

An der T-Kreuzung links in die **Golzower Straße** ⤳ 80 m später schräg rechts in den asphaltierten Waldweg ⤳ an der T-Kreuzung rechts in den Kopfsteinpflasterweg ⤳ kurz nach dem Beginn des Asphalts links abbiegen ⤳ Sie wandern auf der Allee direkt auf die Westfassade des **Klos-**

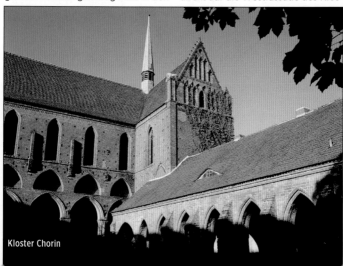

Kloster Chorin

ters **Chorin** zu ~ am Kloster rechts ~ kurz vor der Straße erreichen Sie den Haupteingang zum Kloster.

Kloster Chorin

🏛 **Kloster Chorin**, Amt 11, ☏ 033366/70377, ÖZ: April-Okt. 9-18 Uhr und Nov.-März 10-16 Uhr. Die Klosteranlage Chorin (1273-1334) ist das bedeutendste Bauwerk in der Mark Brandenburg in frühgotischer Backsteinbauweise. Besondere Anziehungskraft übt die Klosterruine durch die Konzerte des Choriner Musiksommers aus, die von Juni bis Sept. im Innenhof stattfinden. Mit **Kloster-Café** (ÖZ: 10-18 Uhr).

Das Kloster wurde im 13. Jahrhundert als Mönchskloster des Zisterzienserordens gegründet. Nachdem es im Dreißigjährigen Krieg teilweise zerstört war, verfiel es zunehmend. Im 19. Jahrhundert hat Karl Friedrich Schinkel die romantische Ruine restauriert.

6 10,2 An der Straße nach links.

> **TIPP**
> Auf der anderen Straßenseite beginnt der Geologie-Lehrpfad Holo-Geo-Natural, der Erläuterungen zu eiszeitlichen Zusammenhängen in dieser Endmoränenlandschaft gibt.

An der Bushaltestelle die Straße nach links verlassen ~ an der anschließenden Gabelung geradeaus.

> **VARIANTE**
> Wenn Sie hier rechts in den Kopfsteinpflasterweg einbiegen, können Sie an der Alten Klosterschänke vorbei den Amtssee umrunden. Die Wanderung verlängert sich damit um 1,1 km.

 Alte Klosterschänke, ☏ 033366/530100, ÖZ: tägl. ab 12 Uhr (außerhalb der Saison Ruhetage)

Auf der Hauptroute geradeaus weiter am Kloster entlang ~ am Ende der Klosteranlage rechts in den **Rundweg Amtsee** ~ auf einer kleinen Holzbrücke überqueren Sie den **Nettelgraben**, der im 13. Jahrhundert von Mönchen zur Entwässerung des damals sumpfigen Gebietes angelegt wurde ~ an der anschließenden Gabelung schräg rechts bergauf.

> **TIPP**
> Ab hier bis nach Chorin folgen Sie wieder der Markierung mit gelbem Balken.

Geradeaus auf die kleine Asphaltstraße, weiter oberhalb befinden sich das **Waldseehotel** Frenz und das **Seehotel** Neue Klosterschänke ~ nach der **Minigolfanlage** links ~ wieder links an der **Immenstube** entlang.

🏛 **Immenstube**, ☏ 033366/500, ÖZ: tägl. ab 12 Uhr, im Winter nur Do-Di

Über den **Spielplatz** ~ dem Wanderpfad in den Wald folgen ~ an der T-Kreuzung rechts ~ weiter auf dem teilweise recht schmalen Waldweg, an allen Abzweigungen geradeaus ~ geradeaus auf den breiten Weg ~ 🚇 an der Asphaltstraße links ~ an der nächsten Gabelung geradeaus ~ an der T-Kreuzung rechts ~ links in die **Bahnhofstraße**.

7 12,3 Tourenende ist am **Bahnhof Chorin**.

Chorin

PLZ: 16230; Vorwahl: 033366

🏛 **Tourist-Information**, im Bahnhof Chorin-Kloster, ☏ 530053, www.schorfheidechorin.info

Morgenstimmung am Finowkanal

Biosphärenreservat Schorfheide-Chorin

Das UNESCO-Biosphärenreservat liegt zwischen der Oberen Havel, der Unteren Oder und dem Barnim, es gehört zu den größten Schutzgebieten Deutschlands. Die ca. 1.300 Quadratkilometer große Fläche ist zur Hälfte von Wald bedeckt. Vor allem die Schorfheide – ein traditionelles Jagdgebiet im Kerngebiet des Biosphärenreservats – stellt ein sehr großes geschlossenes Waldgebiet von ca. 200 Quadratkilometern dar. Ein Großteil des Waldbestands in dem gesamten Reservat sind Nadelwälder, meist Kiefernmonokulturen. Es kommen aber auch Laubwälder bzw. Laub-Nadel-Mischwälder vor. Darunter gibt es uralte Eichenbestände, in denen bis zu 600 Jahre alte Bäume zu finden sind.

Die reich gegliederte Landschaft des Biosphärenreservats wurde von der jüngsten Eiszeit geprägt. Neben den weiten Flächen der recht ebenen Grundmoränen sind die hügeligen Endmoränen, flache Sander und breite Urstromtäler zu finden. Typisch für die Region sind die 230 Seen, viele Teiche, Tümpel und ca 2.000 Moore und vermoorte Sölle. Viele der Moore sind entwässert und sollen renaturiert werden.

Infos:

Biosphärenreservat Schorfheide–Chorin, Hoher Steinweg 5-6, 16278 Angermünde, ☎ 003331/36540, www.schorfheide-chorin.de

Tour 8 — 9,2 km

Von Chorin zur Kroneneiche

Start/Ziel: Chorin/Oderberg
Gehzeit: 3 Std.

Aufstieg: 195 m
Abstieg: 195 m
Hartbelag: 54 %
Wanderwege: 32 %
Wanderpfade: 14 %

Charakteristik: Der Rundwanderweg führt Sie durch die von der Eiszeit geprägte Wald- und Wiesenlandschaft rund um Chorin. Im Nordteil der Wanderung kommen Sie zum Naturdenkmal Kroneneiche. Der über 500 Jahre alte Baum ist leider seit einigen Jahren abgestorben, dennoch in seiner Größe sehr beeindruckend. Im Südteil der Rundtour erreichen Sie das Zisterzienserkloster Chorin, eines der bedeutendsten Bauwerke der norddeutschen Backsteingotik. Im Sommer finden im Innenhof des Klosters Konzerte im Rahmen des Choriner Musiksommers statt.

Abkürzung: Sie können die Tour in Chorin teilen und somit einen Spaziergang nur zur Kroneneiche oder nur zum Kloster unternehmen.

Markierung: Sie folgen der lokalen Wanderwegmarkierung: von Chorin zur Kroneneiche und zurück nach Chorin mit gelbem Punkt und auf dem Weg zum Kloster mit blauem Balken, auf dem Rückweg mit gelbem Balken.

Anreise/Abreise: Stündliche Verbindungen, ca. 40 Min. Fahrzeit von/nach Berlin-Mitte.

Parkplätze: Sie parken in Chorin oder beim Kloster Chorin.

Chorin
PLZ: 16230; Vorwahl: 033366
🛈 Tourist-Information, im Bahnhof Chorin-Kloster, ✆ 530053, www.schorfheidechorin.info

1 0,0 Am **Bahnhof** Chorin links in die **Bahnhofstraße,** die ab dem Bahnübergang aus Betonplatten besteht ⌇ nach 500 m in der Rechtskurve der Straße geradeaus weiter ⌇ an der anschließenden Gabelung links ⌇ über die große Wiese auf den Waldrand zulaufen ⌇ im Buchenwald geradeaus dem schmalen Pfad bergauf folgen ⌇ nach 300 m im Auf und

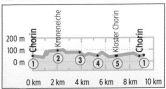

Ab zwischen Gänsemattenberg und Stabhüttenbrüchen hindurch.

Stabhüttenbrüche

Dieser etwas seltsam anmutende Name stammt von den Hütten der Waldarbeiter, die im 18. Jahrhundert die Bäume nach dem Einschlag in sogenannte Stäbe zerlegten. Die schweren Eichenstämme wurden so weit zerkleinert, dass sie sich transportieren ließen. Das Sumpfgebiet wurde nach den hier stehenden Stabhütten benannt.

Sie erreichen schließlich das Naturdenkmal Kroneneiche.

◪ Die **Kroneneiche** ist eine mehr als 500 Jahre alte Traubeneiche. Ihre Höhe beträgt 33,8 m, der Umfang 380 cm und der Durchmesser 121 cm. Die Eiche ist seit 2008 abgestorben und treibt nicht mehr aus. Die Lichtung zu ihren Füßen verfügt über eine ganz eigene, sanfte Mystik.

Kloster Chorin

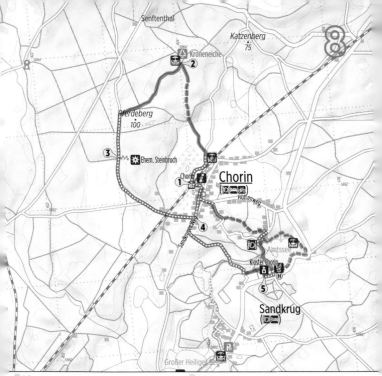

2 **1,9** An der Kroneneiche im spitzen Winkel nach links abbiegen ↝ auf den nächsten 1,2 km dem Forstweg am Fuße des Pferdeberges folgen, alle Abzweigungen ignorieren ↝ schließlich links auf die alte Kopfsteinpflasterstraße einbiegen.

AUSFLUG Kurz vor dem Waldrand zweigt links ein 150 m langer Abstecher zur alten Steingrube ab. In dem heute stark bewachsenen Steinbruch wurden bis 1945 Steine für den Haus- und Straßenbau gefördert.

3 **3,6** Auf der Hauptroute folgen Sie weiterhin der nun asphaltierten Straße ↝ teilweise geht es durch den Wald, aber auch immer wieder an Äckern und Wiesen entlang ↝ 🖅 nach Queren der Bahnlinie ab dem Ortsbeginn von Chorin wieder auf Kopfsteinpflaster.

TIPP Wenn Sie die Tour bereits jetzt beenden wollen, dann laufen Sie an der nächsten Gabelung links und gelangen auf der Dorfstraße zum Bahnhof.

4 **5,1** Weiter Richtung Kloster Chorin folgen Sie jetzt rechts dem mit blauem Balken markierten Weg, dem **Sandkruger Weg** ⌇ an der nächsten Gabelung links in den befestigten Radweg ⌇ diesem Weg folgen Sie auf den nächsten 1,1 km durch eine hügelige, in der letzten Eiszeit geformte Landschaft ⌇ noch bevor Sie auf die Straße stoßen, biegen Sie schließlich links ab ⌇ auf der Allee direkt auf die Westfassade von Kloster Chorin zu, Sie kommen vorbei an den Resten der ehemaligen Klostermühle ⌇ am Kloster rechts ⌇ kurz vor der Straße erreichen Sie den Haupteingang zum Kloster.

Kloster Chorin s. S. 51

5 **6,9** An der Straße nach links ⌇ an der Bushaltestelle die Straße nach links verlassen ⌇ an der anschließenden Gabelung geradeaus.

⎧VARIANTE⎫ Wenn Sie hier rechts in den Kopfsteinpflasterweg einbiegen, können Sie an der Alten Klosterschänke vorbei den Amtssee umrunden. Die Wanderung verlängert sich damit um 1,1 km.

🏛 **Alte Klosterschänke**, ✆ 033366/530100, ÖZ: tägl. ab 12 Uhr (außerhalb der Saison Ruhetage)

Auf der Hauptroute geradeaus weiter am Kloster entlang ⌇ am Ende der Klosteranlage rechts in den Rundweg Amtssee ⌇ auf einer kleinen Holzbrücke überqueren Sie den **Nettelgraben**, der im 13. Jahrhundert von Mönchen zur Entwässerung des damals sumpfigen Gebietes angelegt wurde ⌇ an der anschließenden Gabelung schräg rechts bergauf, von hier bis nach Chorin folgen Sie nun der Markierung mit gelbem Balken ⌇ geradeaus auf die kleine Asphaltstraße, weiter oberhalb befinden sich das **Waldseehotel** Frenz und **Seehotel** Neue Klosterschänke ⌇ nach der **Minigolfanlage** links ⌇ links an der Immenstube entlang.

🏛 **Immenstube**, ✆ 033366/500, ÖZ: tägl. ab 12 Uhr, im Winter nur Do-Di. Die Immenstube ist ein Honig-Spezialitäten-Restaurant, in dem für alle Gerichte Honig verwendet wird.

Über den Spielplatz ⌇ dem Wanderpfad in den Wald folgen ⌇ an der T-Kreuzung rechts ⌇ weiter auf dem teilweise recht schmalen Waldweg, an allen Abzweigungen geradeaus ⌇ geradeaus auf den breiten Weg ⌇ 🖼 an der Asphaltstraße links ⌇ an der nächsten Gabelung geradeaus ⌇ an der T-Kreuzung rechts ⌇ links in die **Bahnhofstraße**.

1 **9,2** Die Tour endet am **Bahnhof Chorin**.

Chorin

Berg- und Taltour
am Rand des Oderbruchs

Start/Ziel: Bad Freienwalde, Bahnhof
Gehzeit: 6 - 6½ Std.

Aufstieg: 360 m
Abstieg: 360 m
Hartbelag: 37 %
Wanderwege: 54 %
Wanderpfade: 9 %

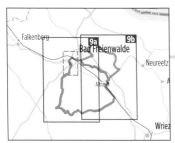

Charakteristik: Auf dieser Runde werden Sie staunen, wie viele verschiedene Landschaftsformen auf einer einzigen Tagestour zu entdecken sind. Vom sehenswerten Städtchen Bad Freienwalde mit seinem mondänen Kurviertel gewinnen Sie entlang des schattigen Brunnentales langsam an Höhe. Gewunden am Hang verlaufende Waldwege bringen Sie zum Baasee mit seiner urigen Waldschänke. Über Sonnenburg mit seinen weiten Wiesen wandern Sie durch eine liebliche Hügellandschaft und später mit weiten Ausblicken über eine sandige Heide ins gemütliche Altranft mit dem Brandenburgischen Freilichtmuseum. Entlang des Landgrabens gelangen Sie dann zurück nach Bad Freienwalde.

Tipp: Sehr empfehlenswert ist die Erweiterung der Route über den Deich der Alten Oder, die Gesamtlänge der Tour liegt dann bei gut 25 km.

Abkürzung: Sie können die Tour auch nach gut 15 km am Bahnhof Altranft beenden.

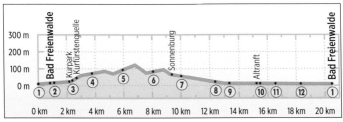

Hutelandschaft Altranft-Sonnenburg

Markierung: Genutzt werden verschiedene Wanderwegmarkierungen, achten Sie bitte auf den Routentext.

Anreise/Abreise: Mo-Fr stündliche Verbindungen mit der RB 60 von Berlin-Gesundbrunnen (Umsteigen in Eberswalde), am WE alle 2 Std., Fahrzeit gut 1½ Std.

Parkplätze: In Bad Freienwalde gibt es Parkplätze am Bahnhof, in der Kanalstraße und in der Tornower Straße. In Altranft können Sie am Bahnhof oder am Freilichtmuseum parken.

Bad Freienwalde   (s. S. 64)

1 0,0 Vom **Bahnhofsvorplatz** gehen Sie rechts vor zur **Bahnhofstraße** und dort links ins Zentrum ↝ über den Freienwalder Landgraben und dann auf der **Karl-Marx-Straße** hinauf ↝ am Ende des **Marktplatzes** vor der Kirche links in die **Königstraße** ↝ vorbei am Fachwerkgebäude St. Georg mit der Konzerthalle ↝ vor dem Parkeck rechts auf Kopfsteinpflaster hinauf zum **Schloss** ↝ hinter dem Schlosstor gleich links in den Weg, am Ende wieder links.

2 1,0 Unten durch die **Unterführung** der B 167 ↝ dahinter geradeaus ↝ links am kleinen Parkdreieck vorbei in die **Gesundbrunnenstraße** ↝ Sie gehen nun durch das **Kurviertel** mit zahlreichen mondänen Stadtvillen ↝ vorbei am Kurtheater und tiefer ins eingeschnittene Tal ↝ in der Linkskurve geradeaus in die **Fontanestraße** und gleich leicht links in die **Brunnenpromenade** oberhalb der Gesundbrunnenstraße ↝ das Tal gestaltet sich zunehmend malerischer ↝ beim Teich am Haus Papenmühle über die Straße und links auf dem Weg in die Parkanlage ↝ links und über ein Holzbrückchen auf die große **Parkwiese**.

3 2,4 Am Ende des Pfades über ein Bächlein und rechts dem **Kurfürstensteig** folgen ↝ vor dem großen Backsteingebäude rechts, links der Informationstafel einige Stufen hinauf in den Wald und oberhalb der Straße kurz diesem Pfad folgen ↝ weiter auf der Straße ins langgestreckte und idyllische **Brunnental**, in dem Sie nun mehrere Kilometer wandern ↝ an der Gabelung halten Sie sich rechts und gehen vorbei am **Barfußpfad**.

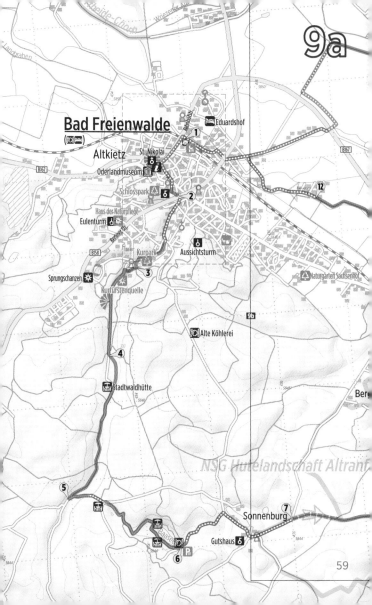

Bad Freienwalde

Altkietz

St. Nikolai

Oderlandmuseum

Schlosspark

Haus der Naturpflege
Eulenturm

Berliner Str.

B158

Kurpark

Aussichtsturm

Sprungschanzen

Kurfürstenquelle

Eduardshof

Bahnhof

B167

12

Naturgarten Sachsenhof

9b

Alte Köhlerei

Stadtwaldhütte

NSG Hutelandschaft Altranf

Sonnenburg

Gutshaus

Ber

5844

59

TIPP Von hier bis zum Baasee können Sie der Markierung mit dem grünen Punkt folgen.

An der folgenden Gabelung links ⤳ vorbei an einem **Findling** mit der Aufschrift Kühnmannweg ⤳ vorbei an zahlreichen Abzweigen immer dem Hauptweg folgen.

4 ³,⁹ Links in den **Deutschmanngrund** abzweigen ⤳ durch einen kleinen Hohlsattel ⤳ bei der **Stadtwaldhütte** wieder auf den Hauptweg zurück ⤳ vorbei an einer Wiesenlichtung.

5 ⁶,⁰ Gut 500 m später zweigt der Weg mit dem grünen Punkt Richtung Baasee scharf nach links ab, es geht leicht bergauf entlang einer Kopfsteinpflasterstraße ⤳ Sie kommen aus dem Brunnental hinaus ⤳ beim Rastplatz mit der **Blockhütte Am Teller** laufen Sie geradeaus hinab Richtung Baasee ⤳ der Weg schlingt sich wunderschön teilweise mit Haarnadelwenden oberhalb des Abhangs entlang ⤳ an der Gabelung links dem grünen Punkt folgen ⤳ durch duftenden Nadelwald weiter hinab ⤳ vorbei an einem **Bruch** und dahinter bei einigen uralten Lebensbäumen rechts abbiegen ⤳ vorbei am **Rastplatz** mit Blick auf den See ⤳ Sie umrunden den See im sanften Linksbogen bis zur **Waldschenke**.

Baasee

🔟 **Waldschenke am Baasee**, Sonnenburg, ✆ 03344/330902, ÖZ: Mi–So 12–18 Uhr, mit großem Biergarten

6 ⁸,² Vorbei an der Waldschenke, am **Parkplatz** entlang und auf der Kopfsteinpflasterstraße nach Sonnenburg hinab, nun der grünen Markierung folgend ⤳ am Ende an der T-Kreuzung rechts und entlang des Sees nach Sonnenburg hinein, dann auf Kopfsteinpflaster.

Sonnenburg

✚ Ein **Gutshaus**, ein zweigeschossiger Putzbau, wird nach und nach von privater Hand saniert. Mit Gutspark.

Im Ort an der T-Kreuzung links Richtung Altranft ⤳ der grün markierte Wanderweg zweigt nach rechts ab, Sie folgen der Straße aus dem Ort.

TIPP Für die nächsten Kilometer gibt es eine Beschilderung mit gelbem Dreieck, die jedoch nur sporadisch auftritt und etwas verwittert ist.

Hinter dem Ortsausgangsschild leicht bergab.

7 ¹⁰,¹ Nach 300 m im Linksbogen der Asphaltstraße leicht versetzt geradeaus in den Wiesenweg ⤳ schattig durch ein Waldstück ⤳ weiter auf dem Wiesenweg, der auf den nächsten 400 m bisweilen etwas zugewachsen ist ⤳ am Ende links auf den Waldweg ⤳ Sie wandern nun durch eine eigentümlich-charmante Hügellandschaft, die Hutelandschaft Altranft-Sonnenburg ⤳ Sie folgen dem Waldrand.

8 ¹²,⁵ Beim Abzweig weiter geradeaus, wenig später schon haben Sie einen weiten Blick bis hinüber nach Polen ⤳ kurz darauf an der Gabelung dem Weg geradeaus folgen ⤳ vor dem kleinen Hügel dem teilweise sehr sandigen Weg links folgen ⤳ im leichten Linksbogen zum Wald, noch immer sehr sandig.

Zuckerfabrik

Herrenwiese

Croustillier

Alte Oder

Alter Oderdeich

Flämmingsau

B167

12

11

Zuckerfabrik

L281

Naturgarten Sachsenhof

10

Schloss

9a

Brandenburgisches Freilichtmuseum

Altranft

Bergthal

Fichtenwerderberg

9

Rathsdorf

Sallberg
60

ndschaft Altranft-Sonnenburg

Hutelandschaft

Storchenmuseum

8

7

burg

Altgaul

Wild

9 [13,6] Am Waldrand treffen Sie auf die blaue Wanderwegmarkierung und folgen dieser nach links entlang der Bahntrasse bis zum Bahnhof Altranft ↝ hinter dem **Bahnhof** rechts über die Gleise ↝ an der **Alten Heerstraße** kurz links und gleich wieder rechts auf die **Von-Hacke-Straße** ↝ vorbei am **Friedhof** und an der T-Kreuzung links in die **Mühlenstraße** ↝ bis zur **Kirche** und direkt hinter dem Kirchvorplatz rechts auf dem **Promenierweg** bis zum Tor des Schlossparks bzw. Freilichtmuseums.

Altranft

PLZ: 16259; Vorwahl: 03344

▢ **Schlosscafé Altranft**, ✆ 414317 od. 0178/7894489, ÖZ: Mi-So 11-17 Uhr, Fei 13-17 Uhr (über den Jahreswechsel geschlossen)

▢ **Brandenburgisches Freilichtmuseum**, Am Anger 27, ✆ 414319, ÖZ: April-Okt., Do-Fr 11-17 Uhr, Sa, So/Fei 11-18 Uhr, Nov.-März, Fr-So 11-17 Uhr. Im Dorf können diverse Gebäude besichtigt werden, z. B. das Schloss, die Kirche, das Wasch- und Backhaus, die Schmiede, das Fischerhaus.

▢ **Kirche**, 1752 geweiht, mit einem Turm von 1901

10 [15,7] Am Tor rechts in die kopfsteingepflasterte Gasse ↝ am Zaun des Schlossparks entlang und auf der **kleinen Brücke** über den Landgraben, dahinter links ↝ über die L 281 und geradeaus in die Sackgasse.

VARIANTE Von hier bietet sich die Option, die Runde um knapp 5 km zu verlängern und wunderschön und verwunschen auf dem alten Deich unweit der Alten Oder zu wandern. Allerdings laufen Sie dabei für gut 1 km entlang der L 281, die jedoch wenig befahren ist.

Variante Entlang der Alten Oder

Gehen Sie an der **L 281** rechts und über die Kreuzung mit der B 167 ↝ entlang der kaum befahrenen Allee nach Zuckerfabrik.

Zuckerfabrik

In der Mitte des 19. Jahrhunderts gab es im Oderbruch 18 Zuckerfabriken. Etwa ab 1830 wurde aus den heimischen Runkelrüben Zucker gewonnen. Zuvor galt der Zucker als Luxusgut, das aus Zuckerrohr gewonnen und aus Übersee eingeführt werden musste.

Unmittelbar nach dem Ortsausgangsschild links auf den alten **Oderdeich** ↝ idyllisch unter kleinen und größeren Bäumen entlang, nach links haben Sie Aussichten zum Höhenzug von Bad Freienwalde, nach rechts ins Tal der Alten Oder ↝ der Deichverlauf folgt dem weiten Bögen des Flusses ↝ einmal ist der Fluss ganz nah, wenig später vorbei an einem kleinen See ↝ ca. 1,5 km später, rechts sind die Häuser von Schiffmühle zu sehen, verlassen Sie den Deich und gehen auf der kleinen Straße in Richtung Bad Freienwalde ↝ vor der B 167 links, etwas später diese unterqueren und dem Verlauf der Straße folgen ↝ an der Kreuzung mit der Straße **Deichhof** treffen Sie wieder auf die Hauptroute.

Auf der Hauptroute der kleinen Straße folgen und unter den **Hochspannungsleitungen** hindurch.

11 ¹⁶,⁸ Kurz vor der B 167 dem Straßenverlauf links folgen ∾ nun mehrere Kilometer kurvig gewunden entlang des Landgrabens ∾ durch eine noch junge Allee.

12 ¹⁸,⁶ Durch eine **Kleingartenanlage**, nun auf Asphalt ∾ vorbei an einem kleinen Teich des Landgrabens ∾ links sehen Sie die Kirche von Bad Freienwalde und den Aussichtsturm auf dem Galgenberg über der Stadt ∾ vorbei an den Häusern von Deichhof

und an der Kreuzung von der Straße Deichhof links abbiegen in die Straße **Alttornower Ausbau** ∾ im Rechtsbogen unter der **Brücke** der B 167 hindurch ∾ an der T-Kreuzung links und gleich wieder rechts ∾ entlang der Bahnhofsanlagen zur **Bahnhofstraße** und dort links über die Gleise.

1 ²⁰,⁶ Am **Bahnhof von Bad Freienwalde** haben Sie das Ende der Wanderung erreicht.
Bad Freienwalde

Kirche in Altranft

Bad Freienwalde

Bad Freienwalde, Schloss

PLZ: 16259; Vorwahl: 03344

🛈 **Tourist-Information**, Uchtenhagenstr. 3, ☎ 150890

🏛 **Oderlandmuseum**, Uchtenhagenstr. 2, ☎ 2056, ÖZ: Di-Sa 11-17 Uhr. Das Museum ist im Loebenschen Freihaus (18. Jh.), einem der schönsten Häuser des Ortes, untergebracht. Thema: Kulturgeschichte des Oderbruchs.

🔯 **St. Nikolai** (13. Jh.), gotische Kirche mit Renaissanceelementen aus dem 13. Jh.

🔯 **Schloss Freienwalde** (1798/99), Rathenaustr. 3, ☎ 3407, ÖZ: April-Okt., Mi-So, Fei 11-17 Uhr und Nov.-März, Mi-So, Fei 11-16 Uhr. Das klassizistische Lustschloss wurde als Sommerwitwensitz für die Königin Friederike Luise von Preußen erbaut. 1909 erwarb Walther Rathenau (1867-1922), Industrieller, Schriftsteller und später Außenminister der Weimarer Republik, das Schlösschen und ließ es restaurieren. Heute befindet sich in dem sanierten Gebäude eine Gedenkstätte für Walther Rathenau.

✴ **Konzerthalle in St. Georg** (17. Jh.), die barocke Fachwerkkirche wird heute als Konzerthalle genutzt.

✴ **Kurviertel** mit Kurhaus (1875) in neoklassizistischem Stil und zahlreichen Villen aus dem 19. Jh.

✴ **Sprungschanze/Sparkassen-Ski-Arena**. Bad Freienwalde ist das nördlichste Wintersportgebiet Deutschlands und verfügt über vier Skisprungschanzen (K10, K20, K40, K60). Der Anlaufturm der K60 kann ganzjährig von Jedermann bestiegen werden und ist einer der vier Türme des „Bad Freienwalder Turm-Diploms". 1929 war die erste Naturschanze erbaut und ein Schanzenrekord von 24 m erzielt.

✴ **Aussichtsturm auf dem Galgenberg** (1879). Der 26 m hohe Turm wurde als

Kriegerdenkmal errichtet. Er ist einer der vier Türme des „Bad Freienwalder Turm-Diploms".

🅰 **Kurpark**, 1822 nach Plänen von Peter Joseph Lenné in einen englischen Garten umgestaltet, mit Kurfürstenquelle

Freienwalde ist als Kaufleutesiedlung im 13. Jahrhundert entstanden.
Bereits im 17. Jahrhundert begann die Entwicklung zum Kurort. Aufgrund der Entdeckung von Heilquellen hatte der Kurfürst Friedrich Wilhelm I. 1684 in Freienwalde den Gesundbrunnen gegründet und war danach selbst häufig Gast im Brunnenbad. Bad Freienwalde ist der älteste Kur- und Badeort der Mark Brandenburg.

Bad Freienwalde

Bad Freienwalde, Haus Papenmühle

20,9 km

Strausberger Seen

Start/Ziel: Strausberg, S-Bahnhof Strausberg Stadt

Gehzeit: 5½ - 6 Std.

Aufstieg: 225 m
Abstieg: 225 m
Hartbelag: 17 %
Wanderwege: 17 %
Wanderpfade: 66 %

Charakteristik: Im ersten Teil der
Route laufen Sie immer wieder auf
wunderschönen Uferwegen und
kommen an mehreren Badestellen
vorbei. Vom Straussee gelangen
Sie auf stillen Waldwegen durch die
Spitzheide zum Fängersee, danach
geht es am Bötzsee entlang, das
Wasser fast immer im Blick. Highlights gegen Ende der Tour sind der
idyllische Herrensee und das Annatal.

Abkürzung: Sie haben diverse Möglichkeiten, die Route abzukürzen und
zu variieren. So kann die Gesamtrunde
auf 12 bzw. 15,5 Kilometer reduziert
werden. Wenn Sie die Tour an der
Straßenbahnhaltestelle enden lassen,
dann können Sie drei der Seen auch

in einer 10-Kilometer-Wanderung auf-
suchen.

Markierung: Von der Wesendahler
Mühle bis zum Bötzsee sowie im Annatal als 66-Seen-Weg mit blauem
Punkt, z. T. auch reg. Wanderwegmarkierung.

Anreise/Abreise: Mit der S-Bahn S 5
nach Strausberg Stadt im 40-Minuten-
Takt, 1 Std. Fahrzeit von/nach Berlin-
Mitte.

Parkplätze: Sie können am S-Bahnhof und im Ort parken.

Strausberg s. S. 71

1 0,0 Vom **S-Bahnhof** Strausberg
Stadt gehen Sie nach rechts und
folgen dem **Josef-Zettler-Ring** im
Linksbogen ∿ dann nach rechts am
Denkmal vorbei in Richtung Altstadt

Am Fängersee

⤳ an der Ampel über die Hegermühlenstraße ⤳ geradeaus gelangen Sie
zur Fähre, die Sie an das andere Ufer
des **Straussees** bringt.

⤶ **Fähre**, verkehrt von Mitte März bis Okt.
halbstündlich, im Winter witterungsabhängig
am WE und den Feiertagen. Die mittels elektrischer Oberleitung betriebene Seilfähre, einzigartig in Europa, legt die 350 m lange Strecke
bis zum anderen Seeufer in nur 7 Min. zurück.

2 ¹,¹ Von der Fähre gehen Sie aufstei-
gend auf dem 66-Seen-Weg Rich-
tung Landstraße.

3 ¹,⁷ ⚠ Über die schnell befahrene
Straße und gegenüber in den Forstweg ⤳ nach ca. 1 km an der zweiten
größeren Wegekreuzung halbrechts,
jetzt ein Stück ohne Markierung.

4 ³,⁵ Am breiten Forstweg links und
bis zum Ufer des Fängersees.

5 ⁴,¹ Vor dem überdachten Rastplatz
rechts ⤳ auf dem schmalen Pfad
hinunter zum Uferweg.

VARIANTE Die Route verläuft auf einem sehr
reizvollen Weg um den See. Sie
können ca. 3,5 km abkürzen, wenn
Sie am Ufer nach links gehen.

Auf der Hauptroute am Uferweg
rechts, Sie laufen zuerst etwas oberhalb des Fängersees ⤳ an einer kleinen Naturbadestelle vorbei ⤳ auf den
breiten Forstweg nach links ⤳ Sie
kommen an einem Bruchwald vorbei,
hier kann der Weg sehr durchfeuchtet
sein.

Wesendahler Mühle

*Die Mühle ist eine der ältesten Was-
sermühlen der Region, erste urkundliche Erwähnungen stammen aus
dem 16. Jahrhundert. Das Wasserrad
ist noch funktionstüchtig, steht aber
seit Schließung des ehemals beliebten
Ausflugslokals im Herbst 2007 still.*

6 ⁵,⁸ Nach der **Wesendahler Mühle**
links ⤳ dem Uferweg folgen ⤳ am
Ende des Sees an der Straße links, ab

hier nun ein Stück auf dem **Fernwanderweg E 11** ⌁ vorbei an der Alten und Neuen Spitzmühle.

Spitzmühle

Hier gab es in jüngerer Zeit noch zwei beliebte Einkehrmöglichkeiten. Das Ausflugslokal „Alte Spitzmühle" existierte immerhin über 300 Jahre, bis die Betreiber vor einigen Jahren in den Ruhestand gingen.

7 8,3 Im Rechtsbogen der Straße treffen Sie auf eine Wanderwegkreuzung, hier nach rechts und auf dem schönen Uferweg am **Bötzsee** entlang ⌁ am Zaun entlang kommen Sie an Kleingärten vorbei ⌁ auf den breiten Fahrweg geradeaus.

8 11,7 Nach der leichten Linkskurve rechts abzweigen.

> **AUSSTIEG** Wenn Sie dem Weg geradeaus folgen, können Sie in 2 km die Straßenbahn und in 4,5 km den Bahnhof Strausberg Stadt erreichen. Sie versäumen allerdings ein sehr schönes Wegstück im Annatal entlang des Herrensees.

Auf dem Fahrweg zwischen den Gärten und später zwischen den Wiesen hindurch, Sie folgen immer dem **Hauptweg**.

9 11,9 Vor der Straße nach links über den Wassergraben und auf dem Waldpfad parallel zur Straße ⌁ an der Gabelung rechts zur Straße.

> **TIPP** Nach starkem Regen können Sie alternativ zu den folgenden Waldwegen auch dem E 11 entlang der Straße folgen.

Auf der Hauptroute über die Straße und gegenüber in den Fahrweg ⌁

durch eine kleine Siedlung ⌁ nach Querung der stark befahrenen Umgehungsstraße **L 303** geradeaus in den schmalen Pfad ⌁ über den Querweg ⌁ am nächsten Querweg leicht rechts versetzt auf dem schmalen Weg weiter ⌁ an der Kreuzung der Pfade links und parallel zu den Straßenbahngleisen ⌁ an einem Zaun entlang zur Straße.

10 13,3 Rechts über die Straßenbahngleise.

> **AUSSTIEG** Bei Bedarf können Sie hier an der Haltestelle Schlagmühle die Wanderung beenden. Mit der Straßenbahn gelangen Sie zum Bahnhof Strausberg bzw. in die Stadt Strausberg.

An der **Ernst-Thälmann-Straße** links ⌁ in die zweite Straße rechts, das ist die **Garzauer Straße** ⌁ auf der linken Straßenseite laufen Sie an den Häusern entlang ⌁ geradeaus auf den Waldweg oberhalb der Straße ⌁ am Querweg rechts die Treppen hinunter und unter der S-Bahnbrücke hindurch.

> **AUSSTIEG** Nach links gelangen Sie zum nahegelegenen S-Bahnhof Hegermühle.

11 14,1 Nach dem Rechtsbogen über die Brücke und gleich danach links in den schmalen Pfad, ab hier folgen Sie wieder der Markierung blauer Punkt ⌁ unterhalb des Ruheforstes am **Annafließ** entlang und an der Brücke vorbei.

Annatal

Das Annatal gehört zu einer Schmelzwasserrinne aus der Eiszeit. Da zwischen dem Straussee im Norden und dem Stienitzsee im Süden ein großer Höhenunter-

Ritter Hof

Kinderbauernhof

Friedrich-Schiller-Höhe

Wesendahler Mühle

Strausberg

Jenseits des Sees

St. Marien

Spitzheide

15

Strausberg Stadt

Spitzmühle

Strausberger Oberleitungs-Fähre

2

Lustgarten

Heimatmuseum

Bötzsee

14

Postbruch

Johanneshof

Fasanen

Freibad am Bötzsee

Collegenberge

Kulturzentrum "Haus Bötzsee"

9

Hegermühle

Herrensee

10

Ernst-Thälmann-Str.

11

Garzauer Str.

12

Eggersdorf

Vorstadt

Herrensee

Bruchwald im Annatal

schied von 31 Metern besteht, ist das Schmelzwassertal zusätzlich durch den schnell fließenden Bach abgetragen worden. Die Wasserkraft wurde lange Zeit genutzt, entlang des Bachs gab es fünf Wassermühlen. Ein Teil des Annatals ist zum Landschaftsschutzgebiet erklärt. Hier ist ein Bachtalwald vorzufinden, charakteristische Bäume sind Esche, Ulme und Schwarzerle.

Am Herrensee halten Sie sich links und laufen bald auf dem Uferweg direkt am See entlang.

12 15,4 An der Gabelung ignorieren Sie den nach links führenden Pfad und entfernen sich vom Seeufer ∽ an dem Sumpfgebiet vorbei ∽ an der Wegkreuzung links auf den breiten Forstweg ∽ über das **Annafließ**, danach können Sie rechts weit ins Annatal blicken ∽ an der folgenden Gabelung rechts und an einem Birkenhain vorbei unter den Hochspannungsleitungen hindurch.

13 17,1 An der Kreuzung, an der Sie vor sich eine Rohrleitung sehen, auf den breiten Weg nach links ∽ gleich danach am Querweg wieder links ∽ unter der Rohrleitung hindurch und über die **S-Bahngleise** ∽ am Querweg rechts ∽ an der **Friedrich-Ebert-Straße** rechts ∽ vor der leichten Rechtskurve links ∽ nach den Häusern die Treppenstufen hinauf ∽ auf dem schmalen Pfad parallel zur Straße ∽ bergab zur Straßenbahnhaltestelle.

14 18,0 Über die Berliner Straße geradeaus in die **Käthe-Kollwitz-Straße**

~ nach den Treppenstufen laufen Sie rechts auf dem Uferweg am **Straussee** ~ rechts am Bad vorbei.

15 20,2 Bei der Fähranlegestelle rechts in die **Karl-Liebknecht-Straße**.

1 20,9 Über die **Wallstraße** und den **Josef-Zettler-Ring** gelangen Sie wieder zum Startpunkt der Route, zum **S-Bahnhof Strausberg Stadt**.

Strausberg

PLZ: 15344; Vorwahl: 03341

🛈 Stadt- und Tourist-Information am Lustgarten, A.-Bebel-Str. 1, ☎ 311066

🚋 Die Strausberger **Straßenbahn** verkehrt an Werktagen alle 20 Min., am Wochenende alle 40 Min. zwischen dem Bahnhof Strausberg und dem Zentrum der Stadt.

🏛 **Heimatmuseum Strausberg**, August-Bebel-Str. 33, ☎ 23655, ÖZ: Di-Do 10-12 Uhr und 13-17 Uhr und nach tel. Vereinb.

🏰 Die **Pfarrkirche St. Marien** (um 1250) ist das älteste und höchste Bauwerk der Stadt. Vom Turm auf der Westseite hat man einen weiten Blick über die Stadt und ihre seenreiche Umgebung.

🏰 Reste der **mittelalterlichen Stadtbefestigung** aus dem 13. Jh., ursprünglich war die Stadtmauer 1,7 km lang.

🏰 **Klassizistisches Rathaus** (1819)

🏰 Ehem. **Landarmen- und Invalidenanstalt** (Ende des 18. Jhs.)

🏊 Die **Badeanstalt** wurde 1925 als Beispiel moderner Architektur eröffnet. Heute wirkt die restaurierte Badeanstalt wie ein Relikt aus der alten Zeit, ☎ 23074.

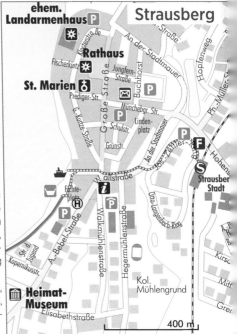

Das Strausberger Stadtgebiet mit seiner Fläche von knapp 70 km² erstreckt sich in Nord-Süd-Richtung über 15 Kilometer und über 12 in Ost-West-Richtung. Die wald- und wasserreiche Umgebung mit ihren einzigartigen Naturschutzgebieten macht die Stadt zu einem beliebten Ausflugsziel. Das Zentrum der Strausberger Altstadt bilden die Kirche St. Marien, das Rathaus und der Marktplatz. Hier befinden sich auch ein historischer Brauhof, eine mittelalterliche Toranlage und der Fischerkietz, der einen herrlichen Blick auf den Straussee ermöglicht.

71

Tour 11 7,1 km

Spaziergang am Straussee

Start/Ziel: **Strausberg, S-Bahnhof Straus-**
berg Stadt

Gehzeit: **2 Std.**

Aufstieg: **100 m**
Abstieg: **100 m**
Hartbelag: **53 %**
Wanderwege: **40 %**
Wanderpfade: **7 %**

Charakteristik: Verbinden Sie einen Ausflug in die Altstadt Strausbergs mit einem Spaziergang auf dem Uferwanderweg entlang des Straussees. Auf Informationstafeln können Sie alte Stadtansichten mit den heutigen Ausblicken vergleichen. Sie werden auch so einiges über die Geschichte Strausbergs und des Tourismus in dieser Region erfahren.

Tipp: Wollen Sie den ganzen See umrunden, wird die Tour 11,5 Kilometer lang.

Anreise/Abreise: Mit der S-Bahn S 5 nach Strausberg Stadt im 40-Minuten-Takt, 1 Std. Fahrzeit von/nach Berlin-Mitte.

Parkplätze: Sie können am S-Bahnhof und im Ort parken.

Strausberg s. S. 71

1 **0,0** Vom **S-Bahnhof** Strausberg Stadt nach rechts, Sie folgen dem **Josef-Zettler-Ring** im Linksbogen 〰 dann nach rechts am Denkmal vorbei in Richtung Altstadt 〰 an der Ampel über die Hegermühlenstraße 〰 in die nächste Straße nach rechts in Richtung **Fischerkietz**.

2 **0,9** Nach links an der **Kirche** vorbei oder über den Markt kommen Sie zum Fischerkietz.

Fischerkietz

Anfang des 13. Jahrhunderts stand am Ostufer des Straussees eine Wettinische Burganlage. Unterhalb der Burg entstand der heutige Fischerkietz, eine Dienstleistungssiedlung für die Versorgung der Burg, die nachts durch die Kietzer Pforte verschlossen war. Nachdem die Burg bei kriegerischen Auseinandersetzungen zerstört worden war, wurde 1252-54 auf einem Teil des ehemaligen Burggeländes ein Dominikanerkloster errichtet. In Die-

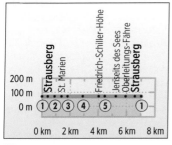

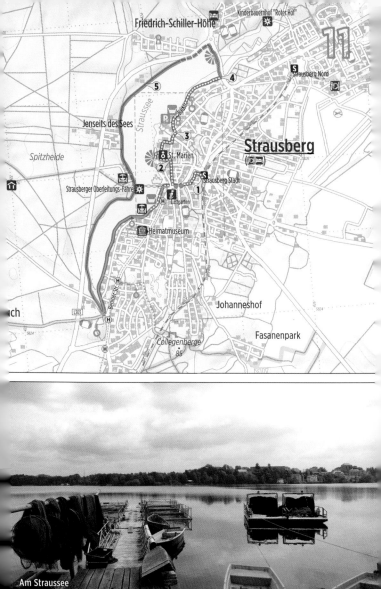

Kinderbauernhof "Roter Hof"

Friedrich-Schiller-Höhe

⑤

④

Ⓢ Strausberg Nord

Jenseits des Sees

Straussee

Spitzheide

Ⓟ

③

St. Marien

② ⛪

Strausberg

Strausberger Oberleitungs-Fähre ✳

Ⓗ ℹ Lustgarten

Ⓢ Strausberg Stadt

①

Heimatmuseum

Johanneshof

Berliner Str.

Ⓗ

L303

Ⓗ

Fasanenpark

Ⓗ

Collegenberge
85

Am Straussee

Blick auf Strausberg

ser Zeit entstand auch die Stadtmauer, die ursprünglich 1.700 Meter lang war und in jüngerer Zeit sorgfältig saniert wurde.

Vom Fischerkietz wieder hinauf zur **Klosterstraße** und auf diese nach links ⮑ nach dem Rechtsbogen links auf den Fußweg der **Großen Straße**.

3 1,9 Hinter der Bushaltestelle links in die **Badstraße** abzweigen ⮑ auf der kleinen Asphaltstraße an der historischen Badestelle und der Liegewiese vorbei.

4 3,0 Vor der Straße links ⮑ nach dem **Kreisverkehr** müssen Sie auf dem Uferweg ein kurzes Stück neben der recht stark befahrenen Straße laufen ⮑ wieder von der Straße weg und auf dem Uferweg weiter.

5 5,5 An den Häusern vorbei, Sie haben vom Uferweg nun einen schönen Blick auf die Strausberger Altstadt ⮑ mit der **Fähre** gelangen Sie auf die andere Uferseite.

> **VARIANTE** Wollen Sie den ganzen Straussee auf dem Uferwanderweg umrunden? Nach weiteren 4,2 km sind Sie dann auf der gegenüberliegenden Seite am Fähranleger.

⚓ **Fähre**, verkehrt von Mitte März bis Okt. halbstdl., im Winter witterungsabhängig Sa, So/Fei. Die mittels elektrischer Oberleitung betriebene Seilfähre, einzigartig in Europa, legt die 350 m lange Strecke bis zum anderen Seeufer in nur 7 Min. zurück.

1 7,1 Den **S-Bahnhof Strausberg Stadt** erreichen Sie auf dem bereits bekannten Weg.

Strausberg

Naturparkroute Märkische Schweiz

Start/Ziel: Waldsieversdorf, Parkplatz am
Volksbad
Gehzeit: 6 - 6½ Std.

Aufstieg:	395 m
Abstieg:	395 m
Hartbelag:	9 %
Wanderwege:	69 %
Wanderpfade:	22 %

Charakteristik: Diese nach den Kriterien des Deutschen Wanderverbands als Qualitätsweg ausgezeichnete Rundtour führt Sie durch den kleinsten Naturpark des Landes Brandenburg. Von dem recht hügeligen Panoramaweg am Schermützelsee eröffnen sich immer wieder weite Blicke über den See. Ganz anders ist der folgende Abschnitt im Stobbertal, in dem Sie Moore, Feuchtwiesen, Bruchwälder und sogar eine Fischtreppe vorfinden. Im letzten Drittel laufen Sie nach der Pritzhagener Mühle auf ruhigen Waldwegen zurück zum Ausgangspunkt. Für diese Tour sollten Sie in jedem Fall festes Schuhwerk tragen, entlang des Stobber kann der Weg durchfeuchtet sein.

Abkürzung: Die Rundtour kann in Buckow abgekürzt oder geteilt werden. Mit dem Bus – im Sommer auch mit der Museumsbahn – gelangen Sie wieder nach Waldsieversdorf oder zum Bahnhof Müncheberg.
Markierung: roter Punkt
Anreise/Abreise: Stündliche Verbindungen mit der Regionalbahn ab Berlin-Lichtenberg bis Müncheberg, dann Bus 928 nach Waldsieversdorf, ca. 1½ Std. Fahrzeit ab/bis Berlin-Mitte. Von Mai-Sept. verkehrt an den Wochenenden und an Feiertagen auch die Buckower Kleinbahn mit Haltepunkten in Waldsieversdorf und Buckow.
Parkplätze: Waldsieversdorf, Dahmsdorfer Straße

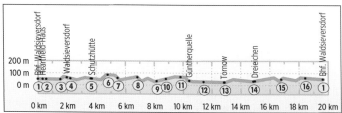

Wenn Sie mit dem Bus bis Waldsieversdorf Dorf fahren, dann beginnen Sie die Route ab Sauerkirschallee nach Wegpunkt 3. Sie können auch direkt ab Bahnhof Müncheberg starten, müssen dann aber noch 2,7 km zusätzlich einplanen.

Von Müncheberg
nach Waldsieversdorf   2,7 km
Müncheberg, Bahnhof

A 0,0 Vom Bahnhof nach links und dann links über den Bahnübergang ~ 500 m danach, bei dem einzeln stehenden Haus, links in die **Münchehofer Straße**.

B 1,0 Über die Kleinbahnschienen und dann links der Schienen auf der Anliegerstraße weiter ~ nach der kleinen Brücke links in Richtung Großer Däbersee, Sie sind nun auf der mit rotem Punkt markierten Route ~ an dem Fließ entlang.

C 2,7 Vor dem **Großen Däbersee** links über die Brücke, jetzt weiter auf der Hauptroute.

Waldsieversdorf

PLZ: 15377; Vorwahl: 033433

🛈 **Tourist-Information**, Wilhelm-Pieck-Str. 23, ✆ 157782

🏠 **Ferienpark am Däbersee**, Dahmsdorfer Str. 59, ✆ 57505

🏠 **Café am Däbersee**, im Volksbad, ✆ 0176/24240829, ÖZ: im Sommer Di-Sa 14-20 Uhr und So 10-20 Uhr

🏠 **Café Tilia**, Dahmsdorfer Str. 27, ✆ 155377, ÖZ: April-Okt., So-Do 14-18 Uhr, Fr, Sa 11-20 Uhr

🏛 **John-Heartfield-Haus**, Schwarzer Weg 12, ✆ 157782. Im ehemaligen Sommerhaus von John Heartfield (1891-1968) ist eine Ausstellung des Meisters der Fotomontage zu sehen.

🏛 **Ausstellungszentrum** WaldKAuTZ, Wilhelm-Pieck-Str. 23, Tourist-Information, Schulmuseum, Heartfield-Ausstellung, Bibliothek, Veranstaltungsort etc.

✱ **Wasserturm**, ÖZ Aussichtsplattform: April-Okt. 9-20 Uhr, Nov.-März 9-16 Uhr. Der 22.000 l fassende Turm versorgte ursprünglich die umliegenden Villen mit Trinkwasser und ist seit 1998 Aussichtsturm.

✱ **Margaretenquelle** und **Altes Wasserwerk**. Das Quellwasser wurde zum 800 m entfernten Wasserturm befördert. Eine Wassermühle diente zum Antrieb der Wasserpumpen. Im Wasserwerk ist heute eine Ausstellung zur Ortsgeschichte untergebracht, Infos über die Tourist-Information, ✆ 157782.

✉ **Volksbad**, mit Bootsverleih und Café

Wasserturm, Waldsieversdorf

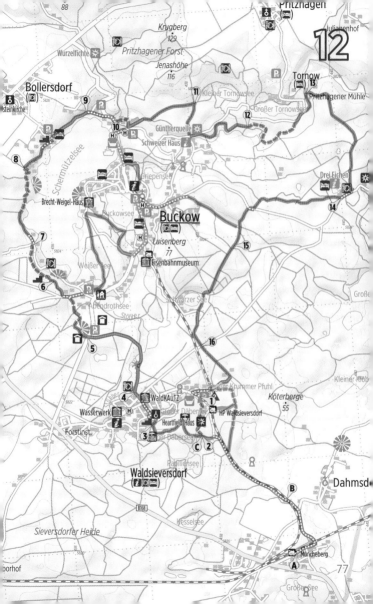

Grenzeiche

Märkische Schweiz

Die Märkische Schweiz ist mit einer Fläche von etwas mehr als 200 Quadratkilometern der kleinste Naturpark Brandenburgs. Das Wort „Schweiz" scheint im ersten Augenblick ein wenig übertrieben für die Landschaft aus bewaldeten Höhen und wildromantischen Schluchten, durchzogen von bezaubernden Bächen und Seen. Die Berge übertreffen kaum die 130-Meter-Marke. Gleichzeitig sind diese Höhenunterschiede für brandenburgische Verhältnisse recht bemerkenswert, und in Verbindung mit der überaus reizvollen Natur stellt die Märkische Schweiz etwas ganz Besonderes dar. Adalbert von Chamisso, Theodor Fontane, Kurt Tucholsky u. a. haben diese Landschaft beschrieben, Bertolt Brecht und Helene Weigel verliebten sich in sie, und auch heute kommen an sonnigen Wochenenden Tausende von Besuchern.

1 0,0 In Waldsieversdorf gehen Sie von der **Dahmsdorfer Straße** beim Ferienpark am Däbersee in den Weg **John-Heartfield-Steig** zum **Großen Däbersee** ⌇ links am Ufer entlang, Sie kommen am ehemaligen Ferienhaus von John Heartfield vorbei.

2 0,7 Beim Schilderbaum rechts über die Brücke, ab hier ist die Route mit rotem Punkt ausgewiesen ⌇ auf dem leicht hügeligen Weg weiter am See entlang ⌇ am nächsten Schilderbaum rechts und an dem großen Rastplatz vorbei.

3 1,7 ⌂ Nach der Brücke auf den Fahrweg nach rechts, Sie sind nun

wieder im Ortsgebiet Waldsieversdorf.

Waldsieversdorf

Nach 80 m links die Stufen hinauf,
Sie laufen auf der „Himmelsleiter"
〰 zwischen den Gärten entlang 〰 an
der **Kindermannstraße** rechts 〰 vor
dem **Wasserturm** links in die **Sauer-
kirschenallee** 〰 über 2 Kreuzungen
geradeaus.

an der Wegkreuzung geradeaus auf
den Wiesenpfad.

Nach links gelangen Sie zum Den-
drologischen Garten, in dem seltene, alte Bäume zu finden sind.

Am Ende der Wiese links auf den
Kopfsteinpflasterweg bergauf 〰 in
den nächsten Weg rechts hinauf.
6 4,6 Beim **Panoramablick** können
Sie eine Verschnaufpause mit Blick

Blick auf den Schermützelsee

4 2,3 〰 Nach dem schönen alten
Feuerwehrgebäude dem Rechtsbogen folgen 〰 vorbei am Friedhof und
danach unten an der Mühle über die
Brücke, Sie queren hier den **Stobber**
〰 bei der Bank an der Gabelung links〰
an der nächsten Gabelung wieder links.
5 3,7 Nach den **Schutzhütten** am
Parkplatz vorbei und geradeaus über
die Straße 〰 auf dem Panoramaweg
weiter 〰 am Ende der Wiese rechts
in den schmalen Pfad bergab〰 hinter
der Schutzhütte und dem Rastplatz

auf den See einlegen 〰 Sie laufen immer am Geländer entlang, an
der Treppe links vorbei 〰 nun über
Treppenstufen bergab und bergauf,
dazwischen immer mal wieder über
eine Brücke – sie können sich nicht
verlaufen, das Geländer begrenzt
den Weg.
7 5,6 An der Asphaltstraße nach links
〰 geradeaus auf den Schotterweg
〰 am Treppenweg vorbei, Sie bleiben
auf dem Uferweg 〰 nach 700 m links
über Stufen bergauf.

8 6,9 Auf den breiten Weg nach rechts und bergab ∿ im Linksbogen erreichen Sie die ersten Häuser der Siedlung Bollersdorf und laufen nun auf Asphalt∿ nach dem Gebäudekomplex des Kinderheims rechts die schmale Treppe hinunter ∿ am Parkplatz und dann am **Hotel-Restaurant** vorbei.

🍴 Johst am See, 𝄞 033433/6390, ÖZ: ab 11 Uhr

9 8,2 Gut 500 m nach dem Gasthaus rechts zur Straße ∿ rechts über die Brücke und danach links auf den grasbewachsenen Weg an den Gärten entlang.

Entlang der Straße erreichen Sie nach 1 km das Ortszentrum von Buckow. Ab Markt fährt der Bus 928 mit regelmäßigen Verbindungen bis zum frühen Abend zum Bahnhof Müncheberg, sodass Sie hier die Tour auch vorzeitig beenden können.

Buckow

PLZ: 15377; Vorwahl: 033433

🛈 **Kultur- u. Tourismusamt Märkische Schweiz**, Sebastian-Kneipp-Weg 1, 𝄞 569-82 und -83, www.maerkischeschweiz.eu

🛈 **Schweizer Haus**, Besucherzentrum des Naturparks Märkische Schweiz, Lindenstr. 33, 𝄞 15841

🛈 **Drei Eichen, Besucherzentrum für Natur und Umwelterziehung**, Königsstr. 62, 𝄞 201. Im Sommer hat das Waldcafé an den Wochenenden geöffnet.

⛴ **Seetours**, Bertolt-Brecht-Str. 11, 𝄞 232, Rundfahrten auf dem Schermützelsee, ab Strandbad

⛴ **Erlebnisschifffahrt Zopf**, 𝄞 0160/97933333, Fahrten mit dem Elektro-Solarboot auf dem Schermützelsee

🚂 **Museumseisenbahn Buckow**, Im Bahnhof, 𝄞 57115, ÖZ: Mai-Sept., Sa, So/Fei. Fahrten in hist. Zügen stündlich mit Anschluss an Verbindungen aus/nach Berlin-Lichtenberg. Es wird Einblick in die über 100-jährige Geschichte der Bahnstrecke Müncheberg-Buckow gegeben.

🏛 **Brecht-Weigel-Haus**, Bertolt-Brecht-Str. 30, 𝄞 467, ÖZ: April-Okt, Mi-Fr 13-17 Uhr, Sa, So/Fei 13-18 Uhr; Nov.-März, Sa, So 10-17 Uhr. Das Haus wurde von Bertolt Brecht und Helene Weigel seit 1952 als Sommerwohnsitz genutzt.

🎨 **Galerie „Zum Alten Warmbad"**, Sebastian-Kneipp-Weg 1, 𝄞 569-82 und -83

🎨 **Keramik-Scheune Buckow**, Wriezener Str. 3a, 𝄞 57433

🏖 **Strandbad** Buckow, Wriezener Str. 38, 𝄞 234 od. 0172/9535809, ÖZ: Mai-Sept. 10-19 Uhr, mit Bootsverleih

Für die Fortsetzung der Wanderung laufen Sie rechts am Zaun entlang, am Querweg wieder rechts.

10 8,9 Am Parkplatz links auf den breiten Weg an der Schule vorbei ∿ geradeaus in den Wald.

11 9,9 Nach 800 m am **Giebelpfuhl** rechts in Richtung Schweizer Haus ∿ an der Gabelung auf den schmaleren Weg rechts und hinunter zur Straße.

Geradeaus über die Brücke erreichen Sie in wenigen Metern das Schweizer Haus, das Besucherzentrum des Naturparks Märkische Schweiz.

Der Naturparkroute folgend laufen Sie vor der Brücke links ∿ an der **Güntherquelle** vorbei kurz entlang der Straße und dann rechts ins Stobbertal ∿ kurvig verläuft der Weg

Im Stobbertal

links des Stobber, Sie halten sich immer rechts.

Naturschutzgebiet Stobbertal

Der 13 Kilometer lange Stobber und angrenzende Wald- und Wiesenflächen sind seit 1990 unter Naturschutz gestellt. Im Laubwald sind Leberblümchen, gelbe Anemonen, Wiesenprimel, Lungenkraut und Großblütiges Springkraut zu finden. Neben Fischen wie Steinbeißer und Bitterling gehören u. a. der Eisvogel, die Gebirgsstelze, der Schwarzspecht und der Fischotter zu den schützenswerten und hier beheimateten Tieren.

12 **11,4** Geradeaus an der Holzbrücke vorbei, nun wird der Weg etwas schmaler ⤳ beim Schilderbaum gerade-aus auf den breiten Fahrweg, durch die Bäume schimmert der Große Tornowsee ⤳ in den nächsten Weg nach rechts ⤳ wieder auf den breiten Weg.

📷 **Pritzhagener Mühle**, ÖZ: März-Mitte Nov., Di-So 11-17.30 Uhr. In äußerst idyllischer Lage mit schönen Außenflächen.

13 **13,0** An der **Pritzhagener Mühle** rechts über die Brücke ⤳ vorbei an der **Grenzeiche** ⤳ nach der Steigung im Rechtsbogen auf den anderen Weg ⤳ gleich danach an der Gabelung links halten ⤳ an der Straße rechts.

📷 **Drei Eichen**, ☎ 033433/201, ÖZ: April-Okt., Sa, So/Fei 11-18 Uhr, mit Herberge, Feuerstellen, Tipi-Dorf

14 **15,0** Hinter dem Gebäudekomplex von **Drei Eichen** rechts auf den Naturlehrpfad ~ immer geradeaus, am Querweg dann links in den **Alten Schulsteig** ~ am Asphaltweg rechts und gleich danach links abzweigen ~ geradeaus an der Wiese vorbei.

AUSSTIEG Für einen vorzeitigen Ausstieg können Sie hier rechts abzweigen und sind dann in knapp 2 km im Zentrum von Buckow, von wo Bus und Bahn nach Müncheberg verkehren.

15 16,9 Erneut über eine Kreuzung ~ nach ca. 700 m gerade über den Querweg und bergab zum **Schwarzen See** ~ vor dem See links und an der Gabelung links.

16 18,4 Über eine breite Forststraße ~ 300 m nach der Wegkreuzung an den zwei verschlungenen Kiefern rechts ~ ⚠ an der großen Eiche vorbei, die markierte Naturparkroute verläuft an dieser Stelle nach links und in einem Bogen zum Großen Däbersee.

ZUM BAHNHOF Der Bahnhof Müncheberg ist gut 3 km entfernt. Sie erreichen ihn, wenn Sie an der Eiche dem Weg nach links folgen. Am Querweg halten Sie sich links und 300 m nach der Brücke biegen Sie links auf den Asphaltweg ein.

Auf dem Weg nach Waldsieversdorf queren Sie die Bahnlinie ~ weiter auf dem Weg **Zum Krummen Pfuhl** ~ an der **Dahmsdorfer Straße** nach links.
1 19,6 Am **Volksbad** haben Sie das Ende der Rundtour erreicht.
Waldsieversdorf

Volksbad am Großen Däbersee

Zur Oder und zum Reitweiner Sporn

Start/Ziel: Reitwein, Gaststätte Zum Heiratsmarkt

Gehzeit: 5 - 5½ Std.

Aufstieg: 95 m
Abstieg: 95 m
Hartbelag: 58 %
Wanderwege: 42 %
Wanderpfade: 0 %

Charakteristik: Die Tour verbindet auf das Schönste den Kontrast zwischen der Flachheit am Südrand des Oderbruchs und der plötzlich ansteigenden, langgezogenen Erhebung des Reitweiner Sporns. Von Reitwein wandern Sie zum Oderdeich und mitten durch die naturbelassenen Auen der Oder. Weit reicht der Blick auf Fluss und Höhenzug. Bei Wuhden geht es hinauf zum Reitweiner Sporn und auf dessen Rücken zurück nach Reitwein. Durch einen urwüchsigen Hohlweg steigen Sie schließlich hinab in den Ort. Wermutströpflein der an schönen Ausblicken reichen Tour ist der recht hohe Anteil an Asphaltwegen.

Tipp: Bei starkem Hochwasser sollte die Tour verschoben werden. Informieren Sie sich ggf. vorher über die Pegelstände.

Abkürzung: Eine Kürzung der Tour auf 17,5 Kilometer ist möglich.

Markierung: Z. T. blau markiert als Fernwanderweg E 11, an der Oder als Oder-Neiße-Radweg.

Anreise/Abreise: Es gibt täglich mehrere Bahnverbindungen nach/von Frankfurt/Oder, bis/ab Reitwein mit Bus 969, Fahrzeit 2-2½ Std.

Parkplätze: Vor der Gaststätte Zum Heiratsmarkt.

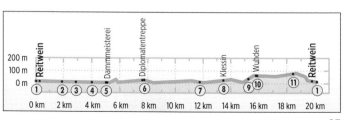

Reitwein

PLZ: 15328; Vorwahl: 033601

- 🎫 **Zum Heiratsmarkt**, Triftweg 3, ☎ 3174, ÖZ: Mi–Fr ab 12 Uhr, Do 17–20 Uhr, Fr, Sa, 11.30–20 Uhr, So/Fei 11.30–17 Uhr. Zahlreiche Konzerte mit international prominenten Künstlern

- 🗝 **Stüler-Kirche** (1858). Die rote Backsteinkirche wurde von August Stüler, einem Schüler Schinkels, im neogotischen Stil entworfen.

- ✱ Der **Schukow-Bunker** erinnert an die größte Schlacht im Zweiten Weltkrieg auf

Heiratsmarkt 〰 gehen Sie vorbei an der Gaststätte und an der kleinen Straße rechts, dem **E 11 Richtung Oderdamm** folgend 〰 kurz vor Ende der Bebauung geht es rechts zur Kriegsgräberstätte Reitwein, Sie gehen weiter geradeaus und verlassen in einer S-Kurve entlang einer Streuobstwiese den Ort 〰 🚫 durch ein kleines Bruch und beim **Wehr** über den Bullergraben 〰 im Linksbogen zum Oderdeich und diesen schräg überqueren.

Blick vom Oderdeich über den Fluss

deutschem Boden, die aus den Reitweiner Bergen heraus von General Schukow befehligt wurde.

- ✱ **Reitweiner Wiesenkeramik**, Hathenower Weg 21, ☎ 534. In der Töpferwerkstatt werden auf der Keramik Motive von Reitweiner Wildpflanzen verarbeitet.

Reitwein ist bekannt durch den „Reitweiner Heiratsmarkt", ein Volksfest, das immer am Wochenende nach Pfingsten stattfindet und tausende Menschen anzieht. Hier kann symbolisch für 24 Stunden geheiratet werden.

1 ⁰,⁰ Die Tour startet am Schilderbaum an der **Ausflugsgaststätte Zum**

VARIANTE Sollte die Oder Hochwasser führen, folgen Sie hier rechts dem Deich. Nach knapp 3 km treffen Sie wieder auf die Hauptroute.

2 ²,⁰ Unten an der Gabelung scharf rechts und dem Weg durchs Landschaftsschutzgebiet folgen 〰 durch die offene Auenlandschaft mit Wasserrückzugsgebieten 〰 wenig später an der Gabelung rechts halten 〰 vorbei an einigen länglichen **Auweihern** mit ersten Blicken auf die breite Oder.

3 ³,⁰ Dem Wegverlauf in einem Linksknick zur Oder folgen, dann rechts und entlang des Flusses 〰 dicht am Oderufer dem Verlauf des Wiesen-

Alte Oder

② 🏚

🎆
③

❀ Oderauen

④

⑤
Dammmeiste

① 📷
Reitwein 🏛️
🏛️🏛️

Stüler-Kirchruine 🚶

❀
Schukow-Bunker
Springberg 80

🎆 Schöne Aussicht

⑪ ❀ Slawische Burgwallanlage

❀ Reitweiner Sporn

Bullergraben

Diplomatentreppe
🏚️❀
⑥

Judenberg 65

Reitweiner Loose

Odervorland

Deutschland Polska

Wuhden

⑨

⑧

⑦

13

Bullergraben bei Reitwein

weges folgen, vorbei an Grenzmarkierungen.

Vor einer dichteren Baumgruppe beschreibt der Weg einen leichten S-Bogen, weg vom Ufer ∿ die Vielfalt an Vögeln und Insekten ist hier sehr groß.

4 **4,2** Auf einer geländerlosen **Betonbrücke** über einen kleinen Wasserlauf ∿ der zum Teil urwüchsige Weg kann punktuell sowohl sehr sandig als auch etwas sumpfig sein ∿ der Weg durch die Auwiesen endet an einer Betonstraße, links geht es zum Ufer mit Blick nach Polen, Sie gehen hier rechts.

5 **5,2** Beim ehemaligen Dammmeisterhaus erreichen Sie den **Deich** und gehen nach links ∿ dem Oderdeich folgen Sie nun über 9 km entlang des Flusses ∿ Sie passieren die sogenannte **Diplomatentreppe**.

❌ Die **Diplomatentreppe** wurde 1985 nahe der Stelle errichtet, an der 1945 die Rote Armee unter General Schukow die Oder überquerte. Sie ermöglichte anlässlich des 40. Jahrestags der Befreiung den Botschaftern 40 diplomatischer Vertretungen einen Blick über die Oder.

VARIANTE

Sie können die Route um knapp 3 km abkürzen. Gehen Sie dazu beim Rastplatz links und folgen der Straße, dann nach gut 1 km gehen Sie rechts und zweimal links. Nach ca. 3 km treffen Sie beim Waldrand auf die Hauptroute.

6 **7,8** Von der Diplomatentreppe immer weiter auf dem Deichweg ∿ auf der folgenden Passage haben Sie meist freien Blick auf die Oder ↭ vorbei an einigen Gehöften.

7 **11,9** Auf Höhe von **Kilometer-Stein 2,5** verlassen Sie den Deich und gehen vor zur Straße ↭ von hier bis unterhalb Wuhden können Sie dem **Natura-Trail** folgen ↭ an der T-Kreuzung rechts und kurz darauf wieder links ↭ durch die Felder bis zum Waldrand am Fuße des Reitweiner Sporns.

8 **13,7** Am Waldrand rechts in Richtung Klessin Bruch ↭ vorbei an einem kleinen Bruch mit üppiger Vegetation ↭ auf der Asphaltstraße am Fuße des Sporns entlang ↭ in Kurven über die Felder.

9 **15,5** An der Querstraße links und hinauf nach Wuhden.

VARIANTE Wollen Sie nicht durch Wuhden gehen, können Sie nach wenigen Metern rechts dem teils sehr sandigen Wiesenweg bergauf und im Linksbogen folgen.

Auch in der Linkskurve hinauf, zum Schluss recht steil nach **Wuhden** ↭ bei der ersten Möglichkeit scharf rechts, dann an der Gabelung links halten.
Wuhden

10 **16,1** An der folgenden Kreuzung rechts auf dem **E 11** Richtung Reitwein ↭ von nun an wandern Sie direkt auf dem Rücken des Reitweiner Sporns bis zu seinem nördlichen Ende in Reitwein ↭ zwischen Feldern hindurch und in das Naturschutzgebiet hinein ↭ durch eine schattige Allee entlang alter Eichen ↭ vorbei an Schildern, die nach links zum Schukow-Bunker weisen.

11 **18,6** Es geht in ein Landschaftsschutzgebiet, nun beginnt schon der Abstieg nach Reitwein ↭ vorbei an der Slawischen Burgwallanlage und der Rastbank an einer tiefen Schlucht gegenüber der **Dicken Eiche**.

AUSSICHT Etwas später können Sie rechts einen kleinen Abstecher zur Schönen Aussicht machen. Hier bietet sich von einer kleinen Plattform ein großartiger Blick über das Odertal bis weit hinüber nach Polen.

Auf steinigem Weg durch einen **Hohlweg** immer weiter bergab ↭ am Ortseingang dem Linksbogen folgen, zuletzt sehr sandig ↭ an der Kreuzung rechts ins Dorf und bei der abbiegenden Vorfahrtsstraße weiter geradeaus entlang der Hauptstraße.

1 **20,2** Am Ausgangspunkt der Tour vor dem **Gasthaus** haben Sie das Ziel der Wanderung erreicht.
Reitwein

Ausblick vom Rücken des Reitweiner Sporns

Tour 14

7,1 km

Von Lebus zu den Adonishängen

Start/Ziel: Lebus, Anglerheim
Gehzeit: 2 Std.

Aufstieg: 80 m
Abstieg: 80 m
Hartbelag: 54 %
Wanderwege: 26 %
Wanderpfade: 20 %

Adonisröschen im Sonnenuntergang

Charakteristik: Gleich zu Beginn der Route kommen Sie hinauf auf den ehemaligen Burgberg und haben vom Poetensteig herrliche Blicke hinunter ins Odertal und über die Auwiesen. Sie laufen durch den Ort und biegen beim Naturschutzgebiet Oderberge auf einen Weg ein, dem Sie entlang der Alten Oder unmittelbar neben den Adonishängen folgen. Weit liegt die Landschaft der Oderauen zu Ihren Füßen, bei gutem Wetter genießen Sie auf dem Rückweg fast durchgehend die schönsten Ausblicke.

Tipp: Die Adonisröschen blühen Ende März bis Anfang Mai. In dieser Zeit ist die Route besonders schön, doch die weiten Aussichten sind auch zu jeder anderen Jahreszeit beeindruckend. Lediglich bei Hochwasser ist die Tour nicht empfehlenswert.

Markierung: Die Runde ist zum Teil als Adonis-Themenpfad markiert.

Anreise/Abreise: Täglich mehrere Bahnverbindungen nach/von Frankfurt/Oder, bis/ab Lebus-Busbahnhof mit Bus 969 und Bus 968, Fahrzeit 1½-2 Std.

Parkplätze: am Anglerheim bzw. im Ort

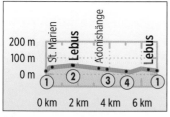

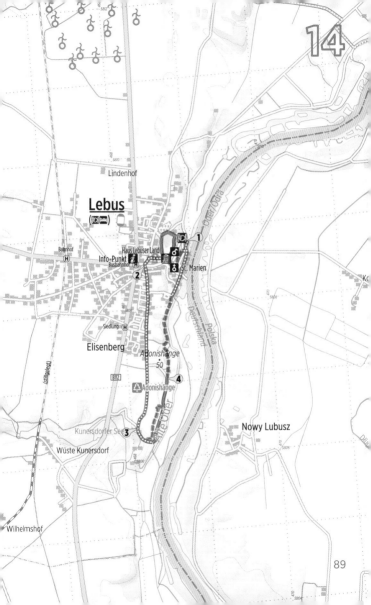

Lindenhof

Lebus

Bahnhof

Haus Lebuser Land
Info-Punkt
Busbahnhof

2

1

St. Marien

Kc

Siedlung

Elisenberg

Adonishänge
·50·

4

B112

Adonishänge

Kunersdorfer See

3

Wüste Kunersdorf

Nowy Lubusz

Oder/Odra

Deutschland

Polska

Alte Oder

(stillgelegt)

Wilhelmshof

Blick über die Uferwiesen auf Lebus an der Oder

Lebus s. S. 91

1 0,0 Von der **Gaststätte Anglerheim** auf der **Oderstraße** in Richtung Ortszentrum ↝ an der Gabelung rechts und gleich danach rechts hinauf zum Poetensteig ↝ nach links auf den Wanderweg, Sie laufen nun im Rechtsbogen um die ehemalige Burganlage herum ↝ dann geradeaus am Hang entlang ↝ am Querweg links ↝ von der Straße **Zum Schlossberg** laufen Sie, sich links haltend, weiter auf die **Breite Straße** ↝ an der Kreuzung bei den Häusern im Rechtsbogen auf die Straße **Postberg** ↝ an der Querstraße links.

2 1,7 An der Kreuzung über die Straße der Freiheit und in die **Kirschallee** ↝ Sie laufen immer geradeaus, im hinteren Bereich zwischen Feldern an Bäumen entlang.

3 3,9 Am Querweg links und auf dem breiten Weg hinunter Richtung Oder.

VARIANTE Die Hauptroute verläuft auf einem recht breiten, ebenen Weg entlang der Alten Oder. Sie können abschnittsweise auch auf dem schmalen Weg weiter oberhalb laufen, müssen dafür nach der Linkskurve links abzweigen.

An der Gabelung links ↝ der Hang ist im Frühjahr über und über mit Adonisröschen bewachsen, nach rechts genießen Sie einen weiten Blick auf die Alte Oder und auf die Oder.

4 5,2 Nach gut 1 km nach dem Linksbogen rechts halten, Sie kommen jetzt noch einmal an besonders üppig bewachsenen Adonishängen vorbei ↝ Sie laufen links der Alten Oder, der Weg kann etwas stärker bewachsen sein ↝ an der Straße rechts und immer geradeaus durch den Ort.

1 7,1 Beim **Anglerheim** endet die kleine Rundwanderung.

Lebus

PLZ: 15326; Vorwahl: 033604

🛈 **Info-Punkt**, Amt Lebus, Kietzer Chaussee 1, ☎ 63758

🍴 **Anglerheim**, Oderstr. 16, ☎ 5691, ÖZ: 11.30–22 Uhr

🍴 **Oderblick**, Kietzer Str. 22, ☎ 449449, ÖZ: Di-Fr 11-14 und ab 17 Uhr, Sa, So/Fei ab 11 Uhr, mit Biergarten und Oderterrasse direkt am Fluss

🏛 **Heimatmuseum Haus Lebuser Land**, Schulstr. 7, ☎ 230, ÖZ: April-Okt., Di-Fr 10-17 Uhr, Sa, So/Fei 13-16 Uhr, Nov.-März, Di-Fr 10-15 Uhr. Stadtführungen können über das Heimatmuseum angemeldet werden.

⛪ **Pfarrkirche St. Marien**, ☎ 5138, Besichtigung nach tel. Vereinb.

✳ **historische Altstadt**

Der slawische Stamm der Leubuzzi besiedelte im 8./9. Jahrhundert die heutige Gegend um Lebus und gab somit dem Lebuser Land und der Stadt Lebus den Namen. Die Stadt ist 1226 an einem wichtigen Oderpass gegründet worden und unterstand dem Kloster Lebus, welche das gleichnamige Land als Lehen verwaltete. Mitte des 13. Jahrhunderts wurde das Land an den Magdeburger Erzbischof verkauft.

Der Ort Lebus war ein strategisch wichtiger Punkt der deutschen Kolonisierungspolitik und wurde zum Bischofssitz ausgebaut. Doch die Blüte des Ortes währte nur kurz. Bereits im 13. Jahrhundert wurde der Handel an die günstiger gelegene Oderfurt in Frankfurt und der Bischofssitz nach Fürstenwalde verlegt. Der Grundriss der ehemaligen Burg ist mit Stahlelementen nachgebildet.

Die Gegend um Lebus bietet in jedem Frühjahr eine besondere Attraktion für ihre Gäste und Besucher. Von Ende März bis Anfang Mai verwandelt sich die in Deutschland einmalige Steppenvegetation in einen leuchtend gelben Blütenteppich aus Adonisröschen.

Lebus, Poetensteig

Tour 15 9,4 km

Vom Müggelsee über die Müggelberge zum Langen See

Start: Berlin-Köpenick, S-Bhf. Friedrichshagen

Ziel: Berlin-Köpenick, Straßenbahnhaltestelle Wendenschloßstraße

Gehzeit: 2½ - 3 Std.

Aufstieg: 100 m
Abstieg: 100 m
Hartbelag: 54 %
Wanderwege: 38 %
Wanderpfade: 8 %

Charakteristik: Während die schmucke Friedrichshagener Bölschestraße und auch die Uferpromenade am Müggelsee vor allem an sonnigen Wochenenden schon fast von Spaziergängern überlaufen sind, wird es im Wald der Müggelberge schnell still und einsam. Auf Holzstegen kommen Sie durch ein Feuchtgebiet zum Teufelssee, nutzen Sie bei den Bänken die Gelegenheit zur Rast in dieser Idylle. Kurz danach geht es über Treppenstufen hinauf auf den Kleinen Müggelberg. Vom Müggelturm haben Sie einen phantastischen Rundumblick.

In südliche Richtung gelangen Sie auf einem Treppenweg wieder hinunter. Dem Uferweg am Langen See folgend erreichen Sie Wendenschloß, wo die Tour endet.

Tipp: Vom Parkplatz am Müggelheimer Damm bis zum Müggelturm eignet sich die Tour auch bestens als Ausflug mit Kindern, zumal Sie an einem Abenteuerspielplatz vorbeikommen.

Markierung: keine

Anreise: Sie nutzen den regelmäßigen S-Bahn-Anschluss.

Abreise: Die Straßenbahn 62 bringt Sie zum S-Bahnhof Köpenick.

Berlin-Friedrichshagen

1753 wurde Friedrichshagen auf Geheiß von Friedrich II. als „Spinnerkolonie" gegründet. In der Bölschestraße sind noch einige der kleinen Häuser zu sehen, in denen die Baumwollspinner gelebt haben. Diese kamen überwiegend aus Böhmen. Mit ihrer Ansiedlung war die Verpflichtung verbunden, Maulbeerbäume für die Seidenraupenzucht anzupflanzen und zu pflegen. Anfang des 19. Jahrhunderts wurde die Spinnerei eingestellt,

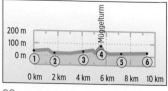

Am Müggelsee nahe des Spreetunnels

und der Ort entwickelte sich vor allem durch die Nähe zum Müggelsee zur beliebten Ausflugsgegend. Um 1900 war Friedrichshagen ein Literatenviertel. Zum Friedrichshagener Dichterkreis gehörten u. a. Gerhart Hauptmann und Wilhelm Bölsche.

Von den ursprünglichen 676 Maulbeerbäumen der früheren Spinnerkolonie ist heute leider nur noch einer zu finden, der vor dem Haus Bölschestraße 63 steht. Es wurden jedoch in den letzten Jahren 27 neue Bäume gepflanzt, die an die ehemalige Maulbeerplantage erinnern.

1 0,0 Vom **S-Bahnhof Friedrichshagen** durch die **Bölschestraße** immer geradeaus ∿ am Ende der Straße an der Ampelkreuzung über die Straße und nach links an der ehemaligen Brauerei vorbei.

Berliner Bürgerbräu

In Friedrichshagen gab es eine lange Brauereitradition, 1870 wurde die erste und damit älteste Brauerei Berlins eröffnet. Anfang des 20. Jahrhunderts wurde die Anlage stark ausgebaut und modernisiert. Ab nun trug sie den Namen Brauerei Berliner Bürgerbräu und konnte sich neben den anderen beiden großen Berliner Brauereien Schultheiss und Kindl behaupten. Auch zu DDR-Zeiten verkaufte sich das Bier des dann volkseigenen Betriebs gut, Berliner Bürgerbräu war Exportbierbrauerei und lieferte jahrzehntelang in über 16 Länder, so auch nach Japan und in die USA. Nach der Wiedervereinigung übernahm die Bayerische Brauereifamilie Häring die Berliner Bürgerbräu GmbH. Das Unternehmen hat sich als letzte größere unabhängige Familienbrauerei jedoch nicht am Berliner Markt halten können, die Bierproduktion wurde Anfang 2010 eingestellt. Da die Markenrechte und Rezepte an die Radeberger Gruppe und den dahinterstehenden Oetker-Konzern verkauft wurden, ist das Bier Berliner Bürgerbräu weiterhin im Handel erhältlich, es wird nun aber von der Radeberger Gruppe in der Schultheiss-Brauerei in Hohenschönhausen produziert.

Im Museum im historischen Sudhaus der ehemaligen Brauerei kann man die 1920 erbaute Anlage besichtigen und im Rahmen einer Gruppenführung Wissenswertes zur Bierherstellung erfahren (✆ 0177/6408220).

Rechts in die **Josef-Nawrocki-Straße** und vorbei am Biergarten zum Spreetunnel.

Müggelsee

▣ **Weiße Villa**, ✆ 64095646. Mit großen Terrassen am Wasser und Seeblick.

▣ **Restaurant Bräustübl**, ✆ 030/37446769, Müggelseedamm 164, ÖZ: tägl. 11-24 Uhr. Sehr gemütlich und kerzenbeleuchtet.

Teufelssee

Mittelheide

Schmausstraße

Neuenhagen

Dahlwitzer Landstr.

Köpenick

Hirschgarten

Friedrichshagen

1

Bölschestraße

Gedenkstätte Köpenicker Blutwoche

Müggelspree

Museum im W.

SpreeArche

2

Museum Köpenick

Lanzjägerstr.

Kammereiheide

Großer Müggelsee

kschloss

Pablo-Neruda-Str.

Berliner Stadtforst

Köpenick

Rungraben

3

Lehrkabinett

Kanonenberge
70

Müggelturm

Mügge

4

6

Kanonenberge

5

Grünau

Langer See

Grünau

NSG Krumme Laake/Grünau

❖ **Spreetunnel**. Der mehr als 120 m lange und ca. 8 m tiefe Spreetunnel wurde 1927 eröffnet. Er war als Verbindung vom Müggelpark mit dem Grundstück des einstigen Ausflugslokals „Müggelschlösschen" erbaut worden.

2 [1,6] Am anderen Ufer halten Sie sich links und folgen immer dem Uferweg am See entlang.

▣ **Müggelsee Terrassen Rübezahl**, ✆ 030/65661688-0, ÖZ Biergarten: April-Okt., ab 10 Uhr, März-Nov., Sa, So/Fei ab 10 Uhr, ÖZ Restaurant: Di-So ab 11.30 Uhr

❖ **Bootsverleih**, ✆ 030/65661688-16

3 [4,1] Hinter der Gaststätte rechts ⤳ Sie queren den stark befahrenen Müggelheimer Damm ⤳ durch das hölzerne Tor ⤳ auf dem breiten Weg am Spielplatz vorbei ⤳ an der Informationstafel links in den schmalen Pfad ⤳ auf den Holzsteg ins Feuchtgebiet nach rechts, nun kommen Sie am Birkenwald vorbei zum Teufelsee.

Teufelssee (Müggelberge)

❖ **Lehrkabinett**, ✆ 030/6541371, ÖZ: Di-Fr, Sa 10-16 Uhr, Informationen und spielerische Angebote für Kinder zum Theme Flora und Fauna

Der nur 3 Meter tiefe See ist der kleinste See des Müggelseegebiets und gehört zu einem danebengelegenen, in der Eiszeit entstandenen Hochmoor. Rund um den See laden Rastplätze zum Verweilen ein.

Nach links auf den breiten Weg oder noch ein kurzes Stück auf dem Holzsteg weiter am See entlang ⤳ vom breiten Weg an der Kreuzung nach links die Treppenstufen hinauf, hier

ist noch das Restaurant angekündigt, das lange schon geschlossen hat.

4 [5,7] Sie erreichen den Müggelturm, dessen Besteigung zu empfehlen ist.
Müggelberge

▣ **Kiosk am Müggelturm**, ÖZ: tägl. 10-18 Uhr. Getränke, warme Snacks, Eis.

❖ **Müggelturm**, ÖZ: 10-20 Uhr. 29,6 m hoch, mit 126 Stufen, 1961 in Stahlbetonrahmenbauweise errichtet. Vom Turm kann bei guter Sicht bis zu 50 km weit gesehen werden. Geplant sind weitere gastronomische Angebote.

Die Müggelberge sind ein bewaldeter Höhenzug, der in der heutigen Form vermutlich in der letzten Eiszeit entstand. Mit 115 Metern ist der Große Müggelberg die höchste Erhebung. Auf diesem Berg steht ein Sendemast. Bis zum Ende des Zweiten Weltkrieges stand hier ein Bismarckturm, der jedoch im Frühjahr 1945 gesprengt wurde.

Auf dem 88 Meter hohen Kleinen Müggelberg gab es bereits 1880 einen Aussichtsturm. Dieser ist 1957 abgebrannt. Der Neubau des Turms entstand im Zusammenhang mit dem Bau eines neuen Gastronomiebereichs, das ganze Areal war zu DDR-Zeiten ein beliebtes Ausflugsziel. Die heute denkmalgeschützte und bereits länger leerstehende Anlage soll in Kürze umgebaut und neu gestaltet werden. Der Turm kann bestiegen werden, der Eintritt kommt direkt der Sanierung des Areals zugute.

Vom Müggelturm geradeaus auf die Asphaltstraße ⤳ an der Gabelung

Müggelturm

links, am Langen See dann nach rechts auf den Uferweg.

5 7,4 An der **Ausfluggaststätte Schmetterlingshorst** und später am Freibad Wendenschloß vorbei.

🏠 Wanderstützpunkt Schmetterlingshorst, ✆ 030/61674861, ÖZ: April-Sept., tägl. ab 10 Uhr, Okt.-März, Di-So ab 11 Uhr. Kleines Imbissangebot.

🏊 **Freibad Wendenschloß**, Möllhausenufer 30, ✆ 030/6517171, ÖZ: Mai-Sept. 9-20 Uhr

Vor der Straße links weiter am Wasser entlang ⟿ nach dem Rechtsbogen dann auf der Straße **Möllhausenufer** weiter ⟿ an dem Aussichtpunkt rechts.

6 9,4 Vorbei an der Gaststätte **Wendenschloß** kommen Sie zur Haltestelle der Straßenbahn, hier endet die Tour.

Berlin-Wendenschloß

Tour 16

9,6 km

Vom Löcknitztal zum Flakensee

Start: Fangschleuse, Bahnhof
Ziel: Woltersdorf, Woltersdorfer
Schleuse (Straßenbahn)
Gehzeit: 2½ - 3 Std.

Aufstieg: 70 m
Abstieg: 70 m
Hartbelag: 14 %
Wanderwege: 16 %
Wanderpfade: 70 %

Charakteristik: Auf den ersten Kilometern dieser Tour laufen Sie auf verschlungenen Pfaden im beschaulichen Löcknitztal. Später folgen Sie dem Uferweg am Flakensee und erreichen am Ende der Route Woltersdorf mit der bekannten Schleuse zwischen Kalk- und Flakensee. Empfehlenswert ist ein Ausflug zum Aussichtsturm in den Kranichsbergen. Bei guter Sicht können Sie von dort sogar den Fernsehturm in Berlin erkennen. Für manchen Eisenbahnfan wird nach der Wanderung die Fahrt mit der Woltersdorfer Straßenbahn noch ein kleines Highlight sein.
Tipp: In Erkner und in Woltersdorf bieten Ausflugsgaststätten vielfältige Möglichkeiten zum Einkehren.
Markierung: Als 66-Seen-Weg mit blauem Punkt auf weißem Grund.
Anreise: Stündliche Direktverbindungen, gut ½ Std. Fahrzeit ab Berlin Hbf.
Abreise: Mit der Straßenbahn regelmäßige Verbindungen zum Bahnhof Rahnsdorf, dort S-Bahnanschluss nach Berlin.

Fangschleuse, Bhf.
1 0,0 Vom **Bahnhof** nach links auf den Rad- und Fußweg ~ über den Querweg geradeaus.
2 0,6 Vor der Fußgängerbrücke links die Treppenstufen hinunter ~ in Löcknitznähe laufen Sie auf einem kleinen Pfad.

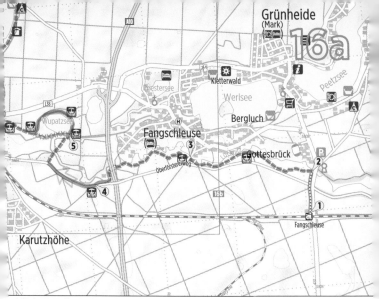

Löcknitztal

Das Löcknitztal erstreckt sich über eine Länge von 28 Kilometern zwischen dem Maxsee bei Kienbaum und dem Flakensee bei Erkner. Die Flussaue liegt in einer eiszeitlichen Schmelzrinne. Das obere Löcknitz-tal, der 15 Kilometer lange Bereich zwischen Bahnhof Fangschleuse und Kienbaum, steht seit 1984 unter Naturschutz. In diesem Abschnitt der Löcknitz ist das Tal besonders natürlich erhalten. Entlang der zahlreichen Mäander sind selten

Die Löcknitz in Fangschleuse

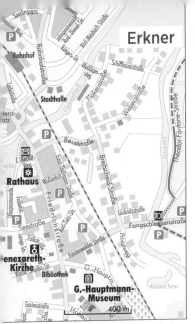

gewordene Pflanzenarten zu finden. Neben Erlenbruchwäldern erstrecken sich Nass- und Feuchtwiesen, ca. 100 Brutvogelarten und mehr als 450 Großschmetterlingsarten haben hier ihren Lebensraum.

Sie stoßen auf den **Oberförstereiweg**, der parallel zum Pfad verläuft, folgen aber gleich wieder rechts dem Pfad durch den Wald.

3 2,4 Nach 200 m geradeaus über den breiten Weg und am **Rastplatz Gottesbrück** vorbei.

> **AUSFLUG** Hier rechts über die Brücke gelangen Sie ins Ortszentrum von Fangschleuse.

Fangschleuse

🚌 **Bus**, regelmäßige Verbindung nach Erkner

Sie folgen dem reizvollen und gut beschilderten Pfad weitere 1,2 km ⁓ am Ufer der Löcknitz unter der **Autobahn** hindurch, aufgrund der steinernen Frösche wird die Brücke **Froschbrücke** genannt ⁓ weiter entlang der Löcknitz und an Gärten vorbei.

4 4,0 Auf den breiten Weg nach rechts, das ist wieder der **Oberförstereiweg** ⁓ in der leichten Linkskurve zweigen Sie nach rechts ab ⁓ auf dem **Hubertussteig** über die **Alte Löcknitz** ⁓ geradeaus und nach 300 m auf dem **Leistikowsteg** über die **Löcknitz**.

5 5,3 Nach Querung des kleinen Kanals verläuft die Route geradeaus und im Bogen um den Wupatzsee herum ⁓ vom Pfad geradeaus auf den breiteren Weg, Sie folgen dem **Müggelspreeweg**, der als Lehrpfad beschildert ist.

6 6,5 Am **Parkplatz** vorbei geradeaus über die Straße, Sie erreichen den Ortsrand von Erkner.

Erkner

PLZ: 15537; Vorwahl: 03362

🛈 **Tourist-Infopunkt** im Rathaus, Friedrichstr. 6-8, ✆ 7950

🚊 **S- und Regionalbahn**, regelmäßige Verbindungen nach Berlin

⛴ **Schiffsfahrten auf den Seen** über Werlsee und Peetzsee bis nach Kagel

🏛 **Heimatmuseum - Museumshof am Sonnenluch**, Heinrich-Heine-Straße 17, ✆ 22452, ÖZ: Mi, Sa, So 13-17 Uhr, Thema: Stadtgeschichte, Wirtschaftsgeschichte

🏛 **Gerhart-Hauptmann-Museum**, Gerhart-Hauptmann-Str. 1, ✆ 3663, ÖZ: Di-So 11-

17 Uhr. Gezeigt werden die Wohn- und Arbeitsräume des Schriftstellers sowie Dokumente zu Leben und Werk.

Genezareth-Kirche (1897)

Rathaus mit Rathauspark bis an die Ufer des Dämeritzsees, ehemalige Sommervilla des Klavier- und Flügelbauers Carl Bechstein

Maulbeerbaum (18. Jh.), letzter Zeuge einer großen Maulbeerplantage, die an dieser Stelle im 18. Jh. unter Friedrich II. angelegt worden war, der die Seidenraupenzucht in Brandenburg begann.

Rechts am Restaurant und Imbiss **Löcknitzidyll** vorbei ～ an der Gabelung links ～ Sie kommen nun wieder näher an die Löcknitz heran und laufen nach ihrer Mündung in den Flakensee am Seeufer entlang.

7 ⁸,⁰ An einem **Zeltplatz** vorbei und weiter geradeaus auf dem Uferweg ～ auf der **Seepromenade** erreichen Sie Woltersdorf.

AUSFLUG Sehr empfehlenswert ist ein kleiner Rundweg über die Kranichsberge. Oben vom Aussichtsturm

Im Löcknitztal

lässt es sich weit in die Landschaft blicken.

Route über die Kranichsberge

Der Weg zum Aussichtsturm ist mit 25 Min. angegeben und beginnt direkt an der **Liebesquelle**, die Sie geradeaus erreichen.

Liebesquelle

Die Liebesquelle ist über die Region hinaus bekannt, es ranken sich viele Legenden um diese Trinkwasserquelle, die nun schon seit Jahren versiegt ist. So soll sich vor gut 100 Jahren eine junge verheiratete Frau in einen älteren Mann aus wohlhabendem Hause verliebt haben. Er erwiderte ihre Liebe, doch sie wussten, dass sie keine gemeinsame Zukunft haben können. So beschlossen sie bei einem letzten, heimlichen Treffen, sich nicht mehr zu sehen und schworen sich doch

ewige Liebe. Seit dieser Zeit soll das Quellwasser aus dem Berg geflossen sein und man sprach vom „Berg, der zu weinen anfing".

Seither haben unzählige Liebespaare vom Quellwasser getrunken, um ihre Liebe niemals enden zu lassen.

Über die Treppenstufen hinauf ↝ der Beschilderung Aussichtsturm folgen ↝ am Zaun der Trinkwassergewinnungsanlage entlang erreichen Sie den Turm.

Kranichsberge

🔭 **Aussichtsturm**, ✆ 03362/24793, ÖZ: April-Okt., Mo-Fr 9.30-15.30 Uhr, Sa, So/Fei 10-17 Uhr, Nov.-März, Sa, So/Fei 10-16 Uhr und nach tel. Vereinb. unter ✆ 03362/61562. Im Turm ist die Ausstellung „Als Woltersdorf noch Hollywood war" zu sehen.

Die Kranichsberge sind eine Hochfläche der Rüdersdorfer Heide. Der Aus-

sichtsturm steht auf einer Höhe von 96,5 Metern und bietet einen schönen Blick in die wasser- und waldreiche Umgebung. Bei klarer Sicht können Sie sogar den Berliner Fernsehturm in der Ferne erkennen.

Über die Treppe vor dem Turmeingang hinunter ∿ auf den breiten Fahrweg rechts ∿ in Woltersdorf an der Straße rechts ∿ an der Kreuzung vor der Schleuse gelangen Sie geradeaus zur Straßenbahnhaltestelle. Wenn Sie die Schleife über die Kranichsberge nicht laufen wollen, dann gehen Sie an der Kreuzung links zur **Woltersdorfer Schleuse**.

8 ^{9,6} Hinter der Schleuse haben Sie an der **Straßenbahn-Endhaltestelle** das Tourenende erreicht.

Woltersdorf

PLZ: 15569; Vorwahl: 03362

🚊 **Straßenbahn**, regelmäßige Verbindungen zum S-Bahnhof Rahnsdorf, zusätzlich eine **Busverbindung** zum Bahnhof Erkner

🏛 **Heimatstube**, Breitscheidstr. 22, ✆ 5565, ÖZ: Sa 14-17 Uhr und nach tel. Vereinb. Eine Ausstellung zeigt prähistorische Funde aus Stein-, Jungstein-, Bronze- und Eisenzeit und informiert über die Ortsgeschichte.

🕍 St.-Michaels-Kirche

🎆 Die **Woltersdorfer Schleuse** zwischen Kalksee und Flakensee verbindet die Rüdersdorfer Gewässer mit der Spree. Sie ist das bekannteste Bauwerk des Ortes. Die erste Schleuse wurde bereits um 1500 erbaut, die jetzige stammt aus dem Jahre 2000.

Woltersdorf war bereits Mitte des 13. Jahrhunderts besiedelt, damals lebten vor allem Schiffer und Bauern hier. Ursprünglich gehörte das damalige Slawisch Woltersdorf zur Burg Köpenick. Bereits 1487 war das Gebiet dann im Besitz der Stadt Berlin.

Der Eisenbahnanschluss von Erkner nach Berlin sowie der Bau der Woltersdorfer Straßenbahn beförderte Anfang des 20. Jahrhunderts die Entwicklung zum Kur- und Ausflugsort für betuchte Berliner. In den 1920er Jahren war Woltersdorf sogar eine bedeutende Filmstadt. Am Kalksee wurden in dieser Zeit berühmte Filme gedreht, z. B. „Herrin der Welt" (1919), „Das indische Grabmal" (1920) und „Der Tiger von Eschnapur" (1938).

Aussichtsturm Woltersdorf

Zum Groß Schauener See

Start/Ziel: Storkow, Bahnhof
Gehzeit: 3 - 3½ Std.

Aufstieg: 55 m
Abstieg: 55 m
Hartbelag: 54 %
Wanderwege: 46 %
Wanderpfade: 0 %

Charakteristik: Verbinden Sie einen Besuch der ältesten Stadt der Mark Brandenburg mit einer Wanderung zum Aussichtsturm am Groß Schauener See. Die Route führt vorbei am Fischereimuseum Köllnitz, hier laden Restaurant und Imbiss zur Stärkung mit frischen Fischgerichten ein. Leider weist die Tour einen recht hohen Anteil an Hartbelag auf.
Tipp: Ein sehr schöner Spaziergang mit Kindern ist der Lehrpfad der Heinz-Sielmann-Stifung zum Aussichtsturm am Groß Schauener See. Sie können vom Parkplatz am Fischerhaus Köllnitz starten, dann beträgt die Länge von Hin- und Rückweg 3,3 Kilometer. Kleine Attraktion sind die vier Aquarien mit heimischen Fischarten im Fischereimuseum.

Markierung: Die Route ist z. T. als Salzweg markiert, am Groß Schauener See als Lehrpfad der Heinz-Sielmann-Stiftung.
Anreise/Abreise: Stündliche Verbindungen mit der Regionalbahn ab Königs Wusterhausen, ca. 1½ Std. Fahrzeit ab Berlin-Mitte.
Parkplätze: Sie können am Bahnhof oder auf dem großen Parkplatz bei der Burg parken.

Storkow

PLZ: 15859; Vorwahl: 033678

🛈 **Tourist-Information Storkow,** Schloß-str. 6, Burg Storkow, 📞 73108
🚉 **Regionalbahn,** stündliche Verbindungen nach S-Bhf. Königs Wusterhausen
🏛 **Didis Weltrekorde-Ausstellung,** Lebbiner Str. 2, ÖZ: Mai-Sept. 13-17 Uhr. Unter den ausgestellten Rad-Kuriositäten ist u. a. das größte Tandem der Welt.
⛪ **Ev. Kirche** (14. Jh.), Robert-Koch-Str. 11, 📞 443932, mit 36 m hohem Turm
🏰 **Burg Storkow,** Schloßstr. 6, 📞 73108, mit Ausstellungen, Burgcafé u. v. m. Bereits im 12. Jh. wurde

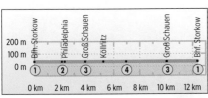

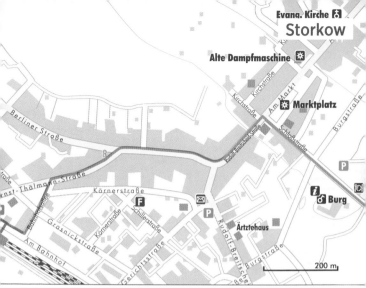

Alte Dampfmaschine ✴️

✴️ **Marktplatz**

ℹ️ 🔲 **Burg**

die Burg errichtet und im 16. Jh. dann maßgeblich ausgebaut. Sie ist eine der ältesten und kulturhistorisch bedeutendsten Burgen in Ostbrandenburg und nach umfangreichem Wiederaufbau seit 2009 wieder zugänglich.

✴️ **Zugbrücke und Schleusenanlage** am Storkower Kanal

✴️ Der **Storkower Kanal** (1746) stellte die Verbindung über die Dahme zu den Berliner Gewässern her und diente lange der Flößerei und ab Ende des 19. Jhs. dem

Burg Storkow

Transport von Baumaterial sowie dem Tourismus.

❌ **Alte Dampfmaschine,** Mühlenfließ, versorgte Storkow von 1897 an 15 Jahre lang und noch einmal nach dem Zweiten Weltkrieg mit Elektrizität.

🛏 **Strandbad**, Seestr. 4, ☎ 72281, ÖZ: Mai-Sept.

1 0,0 Vom **Bahnhof** nach links 〰 an der Straße links und kurz darauf nach rechts auf dem Rad- und Fußweg in Richtung Philadelphia, dieser Weg ist als **Salzweg** ausgewiesen 〰 links an der Bahnlinie entlang und in den ersten Weg nach links 〰 unter den **Hochspannungsleitungen** hindurch 〰 Sie laufen durch die Luchwiesen, eine der besterhaltensten Binnensalzstellen Brandenburgs.

Salzweg

Der 8,5 Kilometer lange Rundweg gewährt Ein- und Ausblicke in die Salzwiesen um Storkow. In den Luchwiesen steigt ständig salzhaltiges Grundwasser bis dicht unter

Das Storkower Land

Das Storkower Land ist eine abwechslungsreiche Landschaft. Sanfte Hügel, eine Kette von idyllisch gelegenen Seen und Fließen, ausgedehnte Wälder, Dünen, Kiefernheiden und Moorlandschaften prägen das Bild der typisch märkischen Kulturlandschaft.

Der Naturpark Dahme-Heideseen wurde 1998 eröffnet und nimmt den Großteil des Storkower Landes ein. Seltene Tier- und Pflanzengesellschaften können so geschützt werden. Die historischen Ortsbilder werden bewahrt. Viele der Dörfer sind bereits im Mittelalter gegründet worden. Einige entstanden im Zuge der „friderzianischen Kolonisation" im 18. Jahrhundert, wie beispielsweise das Straßendorf Philadelphia in den Storkower Luchwiesen. Friedrich II. setzte zu Beginn seiner Regentschaft eine neue Siedlungs- und Wirtschaftspolitik durch.

Im Storkower Land wurden Kolonisten aus Holland, Sachsen, der Pfalz und Franken angesiedelt, deren handwerkliche Kenntnisse, unter anderem im Mühlenhandwerk, die wirtschaftliche Entwicklung unterstützen sollten. Mit der Verordnung vom Sommer 1748 führte Friedrich II. unter anderem den Kartoffelanbau auch im Storkower Land ein. Gleichzeitig wurde die Infrastruktur verbessert, Fließe zu schiffbaren Kanälen ausgebaut und mit dem Bau des Storkower Kanals die Verbindung der Gewässer im Storkower Land über die Dahme mit den Berliner Gewässern geschaffen.

Im 19. Jahrhundert erlebt die Storkower Wirtschaft nochmals einen kräftigen Aufschwung durch den Bau der Eisenbahn. Viele der damals entstandenen Industriezweige waren bis ins 20. Jahrhundert produktiv. Damals wie heute ist die Stadt Storkow kommunales und kulturelles Zentrum des Storkower Landes.

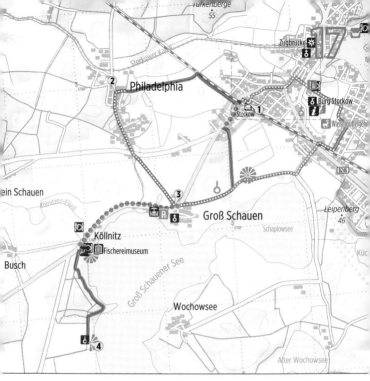

die Geländeoberfläche auf. Die Binnensalzstellen weisen eine besondere Vegetation auf. Hier sind Pflanzen wie der wilde Sellerie, das Plitschnass und die Strandaster zu finden.

An einer kleinen Apfelplantage vorbei ～ geradeaus auf den Asphaltweg und an dem alten **Feuerwehrgebäude** vorbei.

Philadelphia

❂ **Treckertreffen**. Alle zwei Jahre gibt es in Philadelphia ein großes Spektakel, wenn tausende Besucher zum Treckertreffen anreisen.

🏰 **Fasanerie**. In dieser Parklandschaft wurden für Friedrich II. Fasane zur Jagd gezüchtet.

❂ Zahlreiche kleine **Ton- und Kiesseen** aus der Zeit der Ziegelproduktion

Der kleine Ort wurde 1713 erstmals als „Hammelstall" erwähnt, damals eine Kolonistensiedlung und Schäferei auf den trockengelegten Luchwiesen. Seit 1792 trägt er den Namen Philadelphia. Es kursieren zwei Geschichten über die

Salzweg bei Storkow

Namensänderung. Zum einen sollen Tagelöhner auf dem Weg nach Amerika nicht weiter als bis hier gekommen sein und den Ort nach ihrem Traumziel benannt haben. Eine andere Erklärung ist, dass Friedrich II. den Namen in Anlehnung an die „Neue Welt" bestimmt haben soll, nachdem sich Kolonisten über den alten Ortsnamen „Hammelstall" beschwert hatten.

2 2,1 An der Straße links und auf dem Rad- und Fußweg durch den Ort ∿ an der Querstraße links ∿ bei der Bushaltestelle nach rechts ∿ sie folgen weiterhin dem Salzweg und kommen in das Landschaftsschutzgebiet.

Groß Schauen

🔸 **Fachwerkkirche** (18. Jh.), steht in der Mitte des Dorfangers

🔹 **Tierparadies,** Dorfstr. 8, ✆ 62244, ÖZ: Sa 8-18 Uhr, So 9-13 Uhr

Bereits 1209 wurde der Ort urkundlich erwähnt. Groß Schauen, ein slawisches Rundplatzdorf, ist heute vor allem durch den Fischerei- und Gastronomiebetrieb Köllnitz bekannt.

3 3,9 In Groß Schauen an der Kreuzung rechts auf den Rad- und Fußweg ∿ beim **Aalhof** die Straße nach links queren und dann an den **Köllnitzer Fischerstuben** vorbei.

Köllnitz

PLZ: 15859; Vorwahl: 033678

📷 **Köllnitzer Fischerstuben,** ✆ 61084, ÖZ: 11-22 Uhr

🏛 **Fischereimuseum,** Inf. unter ✆ 62006, mit Präparationen und Informationen über Geschichte der Fischereiwirtschaft. In vier Aquarien sind Fischarten der Region zu sehen.

✴ **Fischerei Köllnitz,** Aalräucherei und Verkaufspavillon, ✆ 0174/6624881, ÖZ: Sommer 9-18 Uhr und Winter 9-17 Uhr

✴ **Bootsverleih** und Angelscheine

In Köllnitz hat die Fischerei Tradition, eine Fischerei gab es bereits zu Beginn des 13. Jahrhunderts. Im Naturschutzgebiet der Groß Schauener Seenkette werden heimische Fische wie Zander, Aal, Karpfen und Hecht gefangen und hier in der Fischerei zubereitet. Auf dem Betriebsgelände informiert eine Ausstellung der Heinz-Sielmann-Stiftung über den regionalen Naturschutz, u. a. sind auf einem Großbildschirm Bilder von der Fischadler-Webcam zu sehen.

Über eine kleine Holzbrücke und am Hotel vorbei ⤳ nach dem Parkplatz folgen Sie dem mit gelbem Punkt markierten Weg in Richtung Aussichtsturm, sie kommen ins Landschaftsschutzgebiet ⤳ am ersten Abzweig vorbei und an der nächsten Gabelung links ⤳ Sie folgen dem Lehrpfad der Heinz-Sielmann-Stiftung ⤳ nach dem Rechtsbogen am Querweg links, Sie haben nun einen Blick auf den See ⤳ auf dem grasbewachsenen Weg geradeaus zum Aussichtsturm.

✳ **Aussichtsturm.** Der 11 m hohe Holzturm bietet eine weite Sicht über den Großen Schauener See.

Aussichtsturm am Groß Schauener See

Groß Schauener See

Naturschutzgebiet Groß Schauener Seenkette

Das 1.900 Hektar große Gebiet befindet sich im östlichen Teil des Naturparks Dahme-Heideseen. Es zählt zu den bedeutendsten Flachwasserseenketten Europas. Hier sind eine Vielzahl gefährdeter Tier- und Pflanzenarten heimisch, z. B. Fischotter, Trauerseeschwalbe, Kormorane und Sumpfschildkröten. Die Heinz-Sielmann-Stiftung hat einen 1.060 Hektar großen Bereich des Naturschutzgebietes gekauft, um den Schutz langfristig zu sichern. Es soll u. a. die extensive Fischerei erhalten bleiben und auf Rundwanderwegen mit Informationstafeln über die heimische Natur Auskunft gegeben werden.

4 7,9 Vom **Aussichtsturm** laufen Sie die Strecke wieder zurück bis Groß Schauen.

3 10,3 Im Ort nach der Linkskurve an der Kreuzung rechts in den **Schaplower Weg** ~ nach dem kleinen Wäldchen in den Feldweg nach links.

VARIANTE Sie können auch weiter dem Salzweg folgen, der erst durch die Marstallwiesen vorbei am neuen Aussichtsturm, später durch die Burgwiesen und an der Burg vorbei in das Zentrum von Storkow führt. Auf dieser unkommentierten Variante erreichen Sie in 4 km den Bahnhof.

Auf dem direkten Weg zum Bahnhof laufen Sie bei den Häusern links zur Straße, an dieser dann rechts.

1 12,4 Sie kommen wieder zum **Bahnhof**, dem Ausgangspunkt der Tour. **Storkow**

Tour 18   13,6 km

Von Storkow nach Wendisch Rietz

Start: Storkow, Bahnhof
Ziel: Wendisch Rietz, Bahnhof
Gehzeit: 3½ - 4 Std.

Aufstieg: 140 m
Abstieg: 135 m
Hartbelag: 28 %
Wanderwege: 55 %
Wanderpfade: 17 %

Charakteristik: Gleich zum Anfang der Tour kommen Sie zu einer der größten Binnendünen im norddeutschen Raum. Danach laufen Sie am Großen Storkower See entlang, zum Teil direkt am Ufer, aber auch etwas abseits des Sees auf sehr ruhigen Wegen durch den Wald. Am Ende der Tour erreichen Sie den Scharmützelsee, den größten See der Mark Brandenburg.

Tipp: In den Sommermonaten besteht die Möglichkeit, die Wanderung mit einer Schiffstour über den Scharmützelsee ausklingen zu lassen.

Markierung: Ab der Wanderdüne als 66-Seen-Weg mit blauem Punkt markiert.

Anreise: Stündliche Verbindungen mit der Regionalbahn ab Königs Wusterhausen, ca. 1½ Std. Fahrzeit ab Berlin-Mitte.

Abreise: Stündliche Verbindungen über Königs Wusterhausen, ca. 1½ Std. Fahrzeit.

Parkplätze: Wenn Sie mit dem Auto anreisen, können Sie mit der Bahn zum Ausgangspunkt zurückkehren; Parkmöglichkeiten finden Sie am Bahnhof und bei der Burg.

Storkow s. S. 104

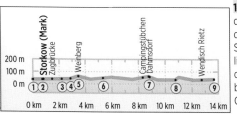

1 0,0 Vom **Bahnhof** geradeaus Richtung Binnendüne ～ in die nächste Straße nach rechts ～ links in die **Körnerstraße**, dieser dann im Rechtsbogen folgen ～ an der Querstraße links.

2 0,6 An der **Rudolf-Breitscheid-Straße** links, nach dem Rechtsbogen der Straße kommen Sie in die hübsche Altstadt.

Vor dem Anger können Sie nach rechts einen Abstecher zur Burg machen, die Sie in gut 300 m erreichen.

Durch die Altstadt immer geradeaus ～ an der Kirche vorbei über die Zugbrücke ～ im Rechtsbogen zur Querstraße, die an der Ampelkreuzung gequert wird ～ auf dem Fußweg entlang der **Reichenwalder Straße**.

3 2,1 Auf Höhe der Pappeln links in den Naturlehrpfad, der rechts des Asphaltwegs verläuft ～ kurz danach an der Weggabelung geradeaus weiter ～ am **Friedhof** entlang ～ am Ende des Friedhofs geradeaus in den mittleren Weg ～ nach einem weiteren, kleinen Friedhof an der nächsten Gabelung links leicht bergauf ～ dem Lehrpfad folgen ～ am breiten Hauptweg rechts.

4 2,8 Vor der Straße in den nächsten Weg nach links Richtung Binnendüne ～ kurz danach rechts auf den mit blauen Punkt markierten Weg, Sie erreichen nun die Binnendüne.

5 3,5 Am höchsten Punkt gelangen Sie zu den Treppenstufen.

Binnendüne

Binnendünen sind überwiegend am Ende der Weichseleiszeit vor ca. 10.000 Jahren entstanden. Nach Abschmelzen des Eises konnte sich erst langsam wieder eine Vegetation etablieren. So wurden feinkörnige Bodenpartikel leicht vom Wind erfasst und kilometerweit verweht. Die entstandenen Dünen sind bei starken Winden dann auch „gewandert". Heute weisen Binnendünen oft seltene Steppenpflanzen auf, die als Dünenpflanzen nur auf diesen trockenwarmen Standorten gedeihen.

Die Binnendüne bei Storkow ist eine der größten Binnendünen Deutschlands. Sie liegt auf einer Anhöhe auf 36 Metern. Von oben lässt sich ein weiter Blick auf die bewaldete Umgebung und auf den Storkower See genießen.

Naturlehrpfad in Storkow

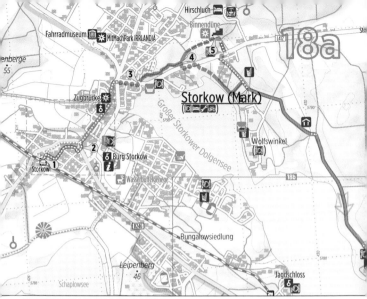

Storkow (Mark)

Die Route verläuft auf gleichem Weg wieder zurück und dann am Storkower See entlang. Die Alternative ist etwas kürzer und ebenfalls mit blauem Punkt markiert.

Variante

Über die Treppenstufen hinunter ∾ unten rechts ∾ am Zaun des Grundstücks entlang ∾ geradeaus auf die Straße ∾ an der stark befahrenen **Reichenwalder Straße** rechts ∾ nach 100 m links in die Straße Wolfswinkel.

5 3,5 Von der Treppe durch die Binnendüne wieder hinunter ∾ am breiten Weg dann links und zur Straße ∾ links entlang der stark befahrenen **Reichenwalder Straße** ∾ vor dem einzelnen Haus rechts in den Holzbohlenweg ∾ im weiteren Wegverlauf zwischen Grundstückszäunen und dem Ufer des Sees entlang ∾ nach den letzten Häusern am Zaun nach links ∾ Sie stoßen auf die Straße **Wolfswinkel**, hier nach rechts einbiegen, das Schild auf der anderen Straßenseite ignorieren.

6 5,3 Im leichten Rechtsbogen der Straße links Richtung Wendisch Rietz, Dahmsdorf abbiegen ∾ im folgenden Abschnitt verläuft der Waldweg direkt neben einem asphaltierten Radweg ∾ beim Überqueren eines Wiesengrundes kurzzeitig auf Asphalt ∾ Sie wandern in einigem Abstand parallel zum Großen Storkower See ∾ der mittlerweile asphaltierte Weg führt bergauf an einem Campingplatz entlang.

Binnendüne bei Storkow

VARIANTE Sie können die Tour abkürzen, indem Sie am Ende des Campingplatzes rechts in den Weg abbiegen, der am Zaun entlang bergab führt. 350 m später mündet die Hauptroute in diesen Weg.

Die Hauptroute führt geradeaus weiter in das Zentrum von Dahmsdorf.

Dahmsdorf

8 **St. Thomas**, eine Wehrkirche, vermutlich aus dem 13./14. Jh.

Dahmsdorf wurde in einer typisch slawischen Rundform angelegt. In der Ortsmitte befindet sich auf dem recht steil aufsteigenden Rundwall die alte Dahmsdorfer Kirche.

7 **8,7** Direkt nach dem **Friedhof** rechts abbiegen ∼ nach der **Kirche** erneut rechts∼ über Treppenstufen hinunter Richtung Seeufer ∼ nach links auf den Fahrweg, auf dem Sie nun parallel zum Seeufer weiterlaufen ∼ auch nach dem Ende des Sees weiter geradeaus.

8 **10,7** Nach rechts auf der **Schafsbrücke** den Kanal überqueren ∼ nach der Brücke an der Weggabelung links Richtung Wendisch Rietz ∼ an dem einzelnen Haus rechts vorbei und dem Wegverlauf folgen ∼ der romantische Waldweg führt an einem sumpfigen Waldteich vorbei ∼ am **Bahndamm** links und auf dem grasbewachsenen Weg neben den Bahnschienen weiter ∼ bei den ersten Häusern von **Wendisch Rietz** nach links ∼ die Vorfahrtsstraße überqueren ∼ weiter in die Straße **Am Kanal** ∼ an der Gabelung rechts ∼ auf dem schönen Uferweg zunächst am Kanal, später am Scharmützelsee entlang ∼ nach der Rechtskurve des Weges gleich wieder links abbiegen ∼ die nicht asphaltierte Straße endet vor einem **Bahnübergang** ∼ um zum Tourenziel, dem Bahnhof Wendisch Rietz, zu gelangen, überqueren Sie hier das Bahngleis und biegen links in den Fußweg ein, der entlang der Bahnstrecke verläuft.

TIPP Wollen Sie die Wanderung an einem Rastplatz mit Blick auf den Scharmützelsee ausklingen lassen? Für diesen Abstecher laufen Sie diesseits des Bahngleises nach links und folgen dem Betonplattenweg und später dem

114

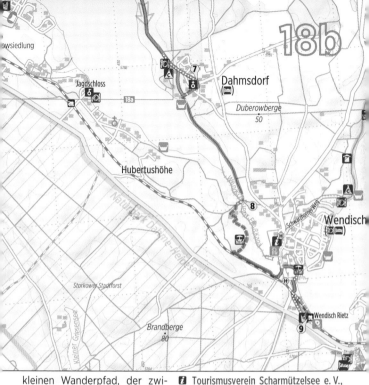

Jagdschloss

18a

Dahmsdorf

Duberowberge
50

Hubertushöhe

8

Schwarmberger Weg

Wendisch

Storkower Stadtforst

Brandberge
80

Wendisch Rietz

9

---

kleinen Wanderpfad, der zwischen Bahnstrecke und Seeufer entlang führt.

9 ¹³,⁶ Nach 400 m auf dem Fußweg erreichen Sie den **Bahnhof Wendisch Rietz**.
Wendisch Rietz
PLZ: 15864; Vorwahl: 033679

ℹ Tourismusverein Scharmützelsee e. V., Kleine Promenade 1, ☎ 64840 od. 648420

⚓ Scharmützelsee Schifffahrtsgesellschaft mbH, Bad Saarow, ☎ 033631/59930, Mai-Sept., tägl. 5 Fahrten nach Bad Saarow

▣ Freizeitpark mit Kindertierhof, Am Freizeitpark 1, mit Spielplatz und Streichelzoo

Scharmützelsee bei Wendisch Rietz

Tour 19   14,3 km

Scharmützelsee-Tour

Start: Wendisch Rietz, Bahnhof
Ziel: Bad Saarow, Bahnhof
Gehzeit: 4 - 4½ Std.

Aufstieg: 195 m
Abstieg: 185 m
Hartbelag: 51 %
Wanderwege: 38 %
Wanderpfade: 11 %

Charakteristik: Diese Wanderung führt Sie von Süd nach Nord entlang des größten Sees der Mark Brandenburg. Der Uferweg am Scharmützelsee bietet unterschiedlichste Eindrücke: mal laufen Sie ganz nah am See mit weiter Sicht übers Wasser, dann wieder im leicht hügeligen und dicht bewaldeten Hinterland. Neben einfachen Wochenendhäusern und schönen alten Grundstücken finden Sie Luxusvillen, die noch nicht so recht in die Umgebung passen wollen. Am Ende der Tour erreichen Sie den Kurort Bad Saarow, der mit seinen alten Kuranlagen und schön restaurierten prächtigen Häusern von den glorreichen Zeiten Anfang des 20. Jahrhunderts kündet, als hier die Prominenz aus Wirtschaft, Politik, Sport und Kultur zu entspannen und feiern wusste.

Markierung: Die Tour ist als Uferwanderweg und mit grünem Balken markiert.

Anreise: Stündliche Verbindungen über Königs Wusterhausen, ca. 1½ Std. Fahrzeit von Berlin-Mitte.

Abreise: Stündliche Verbindungen über Fürstenwalde, gut 1 Std. Fahrzeit.

Parkplätze: Bei Anreise mit dem Auto kann der Hin- bzw. Rückweg mit dem Bus oder mit dem Schiff zurückgelegt werden.

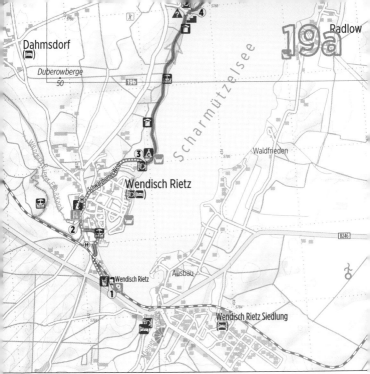

Parkplätze finden Sie jeweils am Bahnhof und im Ort.

Wendisch Rietz s. S. 115

1 0,0 Vom **Bahnhof** nach rechts auf den Plattenweg ∼ beim Bahnübergang über die Gleise und rechts in die nicht asphaltierte Straße ∼ am Scharmützelsee auf den Asphaltweg nach rechts.

⚓ **Scharmützelsee Schifffahrtsgesellschaft mbH**, Bad Saarow, ☎ 033631/59930, Mai-Sept. tägl. 5 Fahrten nach Bad Saarow

Am **Storkower Kanal** entlang und nach dem Linksbogen rechts auf der **Hauptstraße** durch den Ort.

2 1,2 Über die Brücke ∼ hinter der Bushaltestelle rechts in den **Schwarzhorner Weg** abzweigen ∼ am **Campingplatz** rechts in den unbefestigten Weg.

3 2,6 Am **Schiffsanleger** Schwarzhorn vorbei ∼ am Zaun entlang auf dem mit grünem Balken markierten Wanderweg ∼ am Badestrand vorbei ∼ im Wald dann auf einem breiten Weg weiter ∼ der Weg ist etwas sandig,

Schiffsanleger am Scharmützelsee

der See ist immer mal wieder durch die Bäume hindurch zu sehen, regelmäßig bieten Bänke Möglichkeit für eine Rast mit Blick auf den See ∿ ⚠ kurz nach der großen Überdachung an der Weggabelung geradeaus, hier weist der grüne Balken nach links, sie laufen aber geradeaus und die Treppenstufen hinunter.

4 4,9 Über die Straße, rechts befinden sich der Hafen und die „Villa am See".
🏠 **Villa am See**, ✆ 033631/63414, ÖZ: Mi-Mo 12-22 Uhr

Wieder hinauf und an der Hotelanlage dem Uferwanderweg nach rechts folgen ∿ auf dem geschwungenen Pfad erreichen Sie den Privatstrand des Hotels am Scharmützelsee ∿

weiter auf dem asphaltierten Weg ∿ auf dem **Friedrich-Engels-Damm** vorbei an neuen Villen.

5 6,7 Nach dem letzten Grundstück am Ende des Zauns rechts in den breiten Weg ∿ nach links am Zaun entlang.
🏠 **Café Dorsch**, ✆ 033631/2404, ÖZ: April-Okt., tägl. ab 12 Uhr, Nov.-März, Di-So ab 12 Uhr. Das schön eingerichtete Café war und ist beliebter Treff für Künstler und bietet für Feinschmecker so einige kulinarische Köstlichkeiten.

Nach dem Café beim **Schiffsanleger Saarow Strand** nach links.

VARIANTE Sie können auch auf einem recht schmalen und wurzeligen Weg weiter geradeaus laufen und ge-

Bad Saarow-Mitte

Kletterwald

8

9

SaarowTherme

Bad Saarow

Hof Marienhöhe Marienhöhe

chenwalde

Hoher Zaunberg
· 95

Saarow Dorf

7

Pieskov

Theresienhof

Dachsberg
· 95

Bad Saarow-Strand

6

Silberberg

5 Café Dorsch

Scharmützelsee

Bullenberg
· 80

Diensdorf

19b Arosa

4

Radlow

Scharmützelsee

ge

langen nach dem Strand wieder auf den markierten Uferwanderweg.

An der Straße rechts ⤳ vor dem Imbiss rechts zum Wasser und dann links am **Campingplatz** entlang.

6 ⁸,⁷ Im Linksbogen des Asphaltwegs geradeaus auf den Pfad, der Weg wird sogleich wieder breiter ⤳ an neuen villenartigen Häusern vorbei ⤳ nach dem letzten Bungalow an der Gabelung rechts ⤳ ein kurzes Stück direkt am Wasser entlang ⤳ im Linksbogen zur Straße.

7 ¹⁰,⁴ Am Kreisverkehr rechts in die Straße **Alte Eichen** ⤳ am Wasser kurz nach links und dann rechts auf den Uferweg ⤳ vor dem Restaurant nahe des Jachthafens links ⤳ an der kleinen Badestelle links und gleich wieder rechts auf den gepflasterten Weg ⤳ an der Kreuzung rechts, Sie folgen nun immer dem befestigten Uferweg bis ans Nordufer des Scharmützelsees. **8** ¹³,⁰ Um das Seebad herum ⤳ im Kurpark nach links und an der Therme vorbei ⤳ an der Straße **Am Kurpark** links ⤳ am Ende rechts auf die **Ulmenstraße**.

Scharmützelsee bei Bad Saarow

Hotelvilla Bad Saarow

9 14,3 Sie gelangen geradewegs zum **Bahnhof**.

Bad Saarow

PLZ: 15526; Vorwahl: 033631

🛈 **Gästeinformation,** Bahnhofspl. 4, ✆ 438380, www.scharmuetzelsee.de

🚈 **Regionalbahn** mit stündlichen Verbindungen nach Fürstenwalde, von dort Anschluss nach Berlin; **Bus 431** nach Wendisch Rietz

🚢 **Scharmützelsee-Schifffahrtsgesellschaft,** Seestr. 40, ✆ 59930, von Mai-Sept. tägl. 5 Fahrten zwischen Bad Saarow und Wendisch Rietz

❌ **Kletterwald Bad Saarow**, Seestr. 47, ✆ 504831 od. 0172/3116046. In dem liebevoll gestalteten Erlebniswald wird ein umweltpädagogisches Programm angeboten. Es werden nicht nur Kinder und Jugendliche angesprochen, sondern u. a. auch abenteuerliche Ausflüge für Firmen und gesellige Familienfeiern organisiert.

🛁 **SaarowTherme,** Am Kurpark 1, ✆ 8680, ÖZ: So-Do 9-21 Uhr und Fr, Sa 9-23 Uhr, Thermalbad, Wellness, Sauna

Bad Saarow liegt am nördlichen Ufer des mehr als 10 Kilometer langen Scharmützelsees. Bereits zu Beginn des 20. Jahrhunderts war das Moor- und Soleheilbad ein beliebter Kurort. Neben den sehenswerten alten Kuranlagen sind die ausgedehnten Parkanlagen, die Hotels in Villenarchitektur und das historische Bahnhofsensemble besonders sehenswert.

Tour 20

12,8 km

In die Rauener Berge

Start/Ziel: Bad Saarow, Bahnhof
Gehzeit: 3½ - 4 Std.
Aufstieg: 170 m

Abstieg: 170 m
Hartbelag: 37 %
Wanderwege: 53 %
Wanderpfade: 10 %

Historischer Bahnhof in Bad Saarow

Charakteristik: Ziel dieser Wanderung sind die Markgrafensteine, die zu den größten Findlingen Deutschlands zählen. Sie laufen überwiegend auf breiten, schönen Waldwegen durch eine hügelige Landschaft,
die in der vorletzten Eiszeit geformt wurde.

Markierung: Sie folgen der regionalen Markierung.

Anreise/Abreise: Stündliche Verbindungen über Fürstenwalde, gut 1 Std. Fahrzeit von/nach Berlin-Mitte.

Parkplätze: Sie können am Bahnhof oder im Ort, z. B. Lindenstraße, Ulmenstraße oder am Hafen parken.

Bad Saarow s. S. 121

1 0,0 Vom **Bahnhof** Bad Saarow nach links ~ beim Parkplatz in die erste Straße nach rechts einbiegen ~ geradeaus über die Kreuzung und in den nächsten Weg nach links, Sie laufen durch den **Kurpark** zum See ~ auf den Uferweg nach rechts, nun immer auf der **Seepromenade** am Scharmützelsee entlang ~ Sie umrunden das **Seebad**.

2 1,6 Hinter dem **Schiffsanleger** und noch vor dem Bootsverleih biegen Sie vom Uferweg nach rechts ab ~

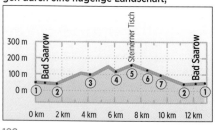

300 m
200 m
100 m
0 m

Bad Saarow ① ② ③ ④ Steinerner Tisch ⑤ ⑥ ⑦ ② Bad Saarow ①

0 km 2 km 4 km 6 km 8 km 10 km 12 km

die Treppen hinauf und über den Platz an der **Freilichtbühne** vorbei ∽ über den asphaltierten Weg zum Restaurant des **Hotels** ∽ links am Hotelkomplex vorbei über den Parkplatz ∽ über die Querstraße und in die Asphaltstraße Richtung Rauener Berge ∽ in den ersten Abzweig nach rechts ∽ an der Gabelung links ∽ nach 1,2 km an der nächsten Gabelung wieder links ∽ an der Kreuzung auf den breiten Fahrweg nach rechts, dieser Weg ist mit grünem Balken markiert

und verläuft mit etwas Abstand um den Teufelssee herum.

3 4,3 Geradeaus über den Querweg ∽ in der Linkskurve und auch danach immer dem Hauptweg folgen.

4 6,2 An der großen Eiche an der Dreieckkreuzung rechts in den Asphaltweg ∽ an der Gabelung rechts in den **Müggelspreeweg** ∽ an der Kreuzung links zum **Steinernen Tisch**, rechts sehen Sie bereits den ersten der Markgrafensteine.

Aussichtsturm auf den Rauener Bergen

Rauener Berge

Die nach dem Ort Rauen benannten Berge sind eiszeitliche Endmoränen. Sie liegen etwas südlich des Berliner Urstromtals. Die gewaltigen Gletscher hatten riesige Gesteinsblöcke über tausende von Kilometern aus Skandinavien transportiert und nach dem Abschmelzen hier zurückgelassen. Heute sind die bewaldeten Rauener Berge zum Teil als Landschaftsschutzgebiet ausgewiesen und als Wanderregion beliebt.

Steinerner Tisch

Auf 149,5 Meter Höhe, dem Gipfel der Rauener Berge, stehen die aus Granitstein gefertigten Bänke und der Tisch. Auf dem Tisch sind Spuren von Theodor Fontane zu finden. In einem Spruch legt er dem Wanderer nahe, der Aussicht wegen auf den Tisch zu steigen. Heute kann der Blick auch von diesem erhöhten Standort nicht mehr weit schweifen, hohe Bäume verdecken nach allen Seiten die Sicht.

5 [7,4] Vom Steinernen Tisch auf gleichem Weg zurück, an der Gabelung dann rechts zu den Markgrafensteinen.

AUSSICHT Bei klarer Sicht lohnt zuvor noch ein kleiner Abstecher links zum neu errichteten Aussichtsturm.

Markgrafensteine

Der ca. 280 Tonnen schwere Kleine Margrafenstein ist der größte

Markgrafenstein

Findling im Land Brandenburg und der Große Markgrafenstein ist trotz Teilung heute immer noch der drittgrößte Findling. Letzterer war ursprünglich fast 300 Kubikmeter groß. Er wurde 1827 im Auftrag des Königs gesprengt, um aus dem Mittelstück vom Steinmetz und Baumeister Christian Gottlieb Cantian (1794-1866) eine ca. 75 Tonnen schwere Granitschale mit einem Durchmesser von 7 Metern fertigen zu lassen. Diese vor Ort grob geformte Schale wurde per Lastkahn nach Berlin gebracht und dort fertiggestellt. Sie steht seit 1831 im Lustgarten vor dem Alten Museum. Aus Randstücken sind der Steinerne Tisch und die dazugehörigen Bänke gefertigt worden.

An den Steinen und den Rastplätzen vorbei ↝ an der Gabelung links, Sie bleiben auf dem Hauptweg (Markierung grüner Balken) ↝ am nächsten schmalen Querweg nach rechts Richtung Bad Saarow, es geht einige Stufen hinunter ↝ Sie folgen dem Pfad geradeaus.

6 8,6 Über den Querweg geradeaus ↝ dann nochmals über einen recht breiten Querweg ↝ an der kleinen Kreuzung beim Rastplatz links ↝ am nächsten Querweg rechts und an der Schonung vorbei.

7 9,6 Sie stoßen dann auf den vom Hinweg bekannten Wanderweg und gehen auf gleichem Weg zurück nach Bad Saarow.

1 12,8 Am **Bahnhof Bad Saarow-Pieskow** endet die Tour.
Bad Saarow

Schifffahrt auf dem Scharmützelsee

Tour 21   22,3 km

Mühlentour im Schlaubetal, Teil I

Start: Grunow, Bahnhof
Ziel: Bremsdorfer Mühle
Gehzeit: 6½ - 7 Std.

Aufstieg: 385 m
Abstieg: 385 m
Hartbelag: 21 %
Wanderwege: 74 %
Wanderpfade: 5 %

Charakteristik: Die Wanderung verläuft im Naturpark Schlaubetal, der ein wahres Kleinod unter den märkischen Landschaften darstellt. Zahlreiche Seen und Teiche sind in eine reizvolle Waldlandschaft eingebettet. Seit dem Mittelalter wurde hier Wasserkraft zur Energieerzeugung genutzt. Auf dieser Route kommen Sie im Tal der Oelse und der Schlaube an fünf ehemaligen Mühlenstandorten vorbei, bevor Sie die Bremsdorfer Mühle erreichen, die schönste Mühle im ganzen Schlaubetal.

Tipp: Bitte prüfen Sie die aktuellen Möglichkeiten der Rückreise oder planen Sie Tour 21 und 22 als Zwei-Tages-Tour (Übernachtung gibt es in Kieselwitz, Bremsdorfer Mühle und Bremsdorf). Bei Anreise mit dem Auto können Sie auch eine Rundtour ab Dammendorf laufen, die Gesamtlänge beträgt dann 19,3 Kilometer.

Markierung: z. T. regionale Wanderwegemarkierung

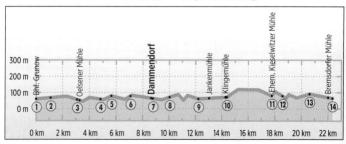

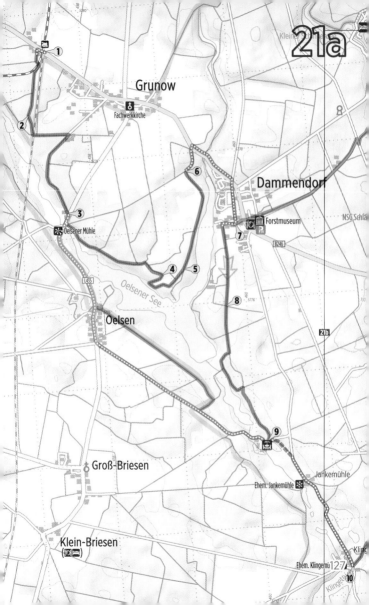

Grunow

Fachwerkkirche

Oelsener Mühle

Oelsener See

Oelsen

L455

Groß-Briesen

Klein-Briesen

Dammendorf

Forstmuseum

B246

Kleir

NSG Schla

21b

Jankemühle

Ehem. Jankemühle

Ehem. Klingemü

Klin

127

10

21a

Anreise: Stündliche Bahnverbindungen über Frankfurt/Oder, Fahrzeit knapp 2 Std.

Abreise: Mo–Fr bis zum Abend mehrere Verbindungen mit Bus 400 zum Bahnhof Grunow oder Eisenhüttenstadt, dort Anschluss nach Berlin, Fahrzeit ca. 2½ Std.; am WE Mai–Okt. nachmittags nur eine Busverbindung mit Bus A 400 mit Bahnanschluss in Jacobsdorf.

 Wenn Sie mit dem Auto anreisen, dann können Sie in Dammendorf parken und beginnen die Wanderung bei Wegpunkt 7.

Grunow

🔲 **Fachwerkkirche**

1 ⁰,⁰ In Grunow vom Bahnhof vor zur **Bahnhofstraße** ⤳ nach rechts über die Gleise und kurz darauf links in die Straße **Am Bahnhof**, bis zur Oelsener Mühle ist die Route nicht markiert ⤳ weiter auf dem Waldweg und im Linksbogen über die Gleise ⤳ dahinter im Rechtsbogen weiter auf dem Waldweg ⤳ dem Verlauf in einer leichten S-Kurve folgen.

2 ¹,¹ Vor dem alten Bahndamm links in den Wiesenweg ⤳ am Ende links und über die stillgelegte **Bahntrasse** ⤳ an der Dreierkreuzung scharf rechts in den Waldweg ⤳ auf dem breiten Waldweg wandern Sie durch Nadelwald ⤳ im Linksbogen links bleiben.

3 ³,¹ An der Asphaltstraße kurz rechts und noch vor den Häusern wieder links.

 Folgen Sie der Straße noch etwas geradeaus, dann erreichen Sie den ersten Mühlenstandort auf Ihrer Wanderung.

Oelsener Mühle

Die über die Jahrhunderte mehrfach wiederaufgebaute Mühle wird seit 1990 als Sägemühle betrieben.

 Sie können ab Oelsener Mühle die Tour um gut 4 km abkürzen, wenn Sie der unkommentieren Variante folgen.

Auf dem Waldweg am Waldrand entlang und bald in den Wald hinein, Sie können sich nun bis nach Dammendorf an der grünen Markierung orientieren, die jedoch nur unregelmäßig erscheint ⤳ mehrfach lassen sich Abstecher zum Ufer machen ⤳ in einer S-Kurve öffnet sich der Wald kurz.

4 ⁴,⁹ Direkt hinter der nächsten **Lichtung** rechts in den sandigen Weg am Waldrand entlang ⤳ vor dem Seeufer bei der großen Eiche links ⤳ wo es rechts zur **Badestelle** hinunter geht, der Linkskurve folgen ⤳ auf dem Wiesenweg am Feldrand entlang ⤳ der S-Kurve folgen ⤳ wieder in den Wald hinein.

5 ⁵,⁷ An der nächsten T-Kreuzung halblinks auf den kreuzenden Waldweg und dessen gewundenem Verlauf durch den Wald folgen ⤳ in einem Linksbogen vom See weg.

6 ⁷,² An der Kreuzung dem Rechtsbogen des breiten Weges folgen ⤳ an der **B 246** kurz links und über Straße und Straßengraben auf den Radweg ⤳ nach rechts entlang der **B 246** nach Dammendorf ⤳ bei den ersten Häusern halbrechts abzweigen und vorbei am **Friedhof** in den Ort.

7 ⁸,⁹ In der Linkskurve der Straße hinter der alten Eiche rechts in die

Am Oelsener See

Dorfstraße, links geht es zu Museum, Wanderparkplatz und Gaststätte.

Dammendorf

PLZ: 15299; Vorwahl: 033655

🎴 **Schlaubeperle**, Landstr. 6, ☎ 357

🏛 **Heidereiterei und Forstmuseum**, ☎ 59970, ÖZ: Mai-Sept., So 14-17 Uhr

⛪ **Dorfkirche**

Kurz vor dem Ende der Dorfstraße links in den geschotterten Weg **Südufer**, nun wieder ohne Wegmarkierung ↝ entlang der Telegrafenleitung zum Waldrand.

8 [10,2] Es geht in den Wald hinein, nun auf grasbewachsenem Weg ↝ an der Gabelung rechts Richtung Löschwasserentnahmestelle, an der folgenden Gabelung geradeaus ↝ unten am See folgen Sie dem linken Seeufer ↝ nach 250 m links, vor zum Hauptweg und dort rechts bis zum **Rastplatz** am Asphaltstreifen ↝ bis zur Klingemühle können Sie nun wieder der grünen Markierung folgen.

Walkemühle

Für diesen Mühlenstandort am Bach Oelse wurde bereits im 17. Jahrhundert eine Brettmühle erwähnt. Der Betrieb der späteren Schneide- und Ölmühle wurde nach 1945 eingestellt. Das Wohnhaus und die Stallung sind heute noch erhalten, das Mühlengebäude ist jedoch vollständig abgerissen.

9 [12,4] Am **Rastplatz** direkt hinter der Rechtskurve beim Wegstein halbrechts in den kleinen Pfad ↝ am Ende mit dem grünen Wanderweg rechts auf die Asphaltstraße ↝ vorbei am **Forsthaus Jankemühle**.

Jankemühle

Die Jankemühle wurde 1600 erstmals als Mahlmühle erwähnt, später abgerissen und als Schneidemühle neu aufgebaut. Das Mühlengebäude ist 1955 bei einem Brand zerstört worden. In einer S-Kurve an einem Teich entlang ↝ wenig später vorbei an der einstigen Bungalowsiedlung von Klingemühle.

Klingemühle

Der Müller Matheus Klingemüller gab der Mühle ihren Namen. Zu DDR-Zeiten war die Mühle als Ferienheim aus-

gebaut. In den 1990er Jahren wurde sie geschlossen. Seit 2010 ist die Mühle im Besitz des Vereins Buenaventura. Im Sommer wird auf der Terrasse ein Kiosk betrieben.

10 **14,6** In Klingemühle biegen Sie an der ersten Möglichkeit links in den Wiesenweg ab, nun folgen Sie der roten Markierung bis zur Kieselwitzer Mühle ⌁ im Rechtsbogen leicht bergauf ⌁ nach 1 km weiter geradeaus auf dem breiten Waldweg ⌁ auf diesem Weg bis zur Kieselwitzer Mühle.

Kieselwitzer Mühle

Die ursprüngliche Mühle gehörte zum Kloster Neuzelle und ist im 17. Jahrhundert abgebrannt. Die danach errichtete Mühle wurde bis 1930 betrieben und danach als Gaststätte mit Fischzucht genutzt. Heute ist nur noch der Mühlenteich erhalten, inzwischen ein Paradies für Angler.

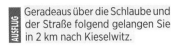

AUSFLUG Geradeaus über die Schlaube und der Straße folgend gelangen Sie in 2 km nach Kieselwitz.

Kieselwitz

🏠 **Pension Birkenhain**, Treppelner Weg 3, ☏ 01520/1980688 (wanderfreundlich)

TIPP Bis zum Etappenende folgen Sie nun der blauen Wanderwegmarkierung.

11 **18,0** Sie gehen bei der Kieselwitzer Mühle noch vor den Häusern links leicht hinauf in den Hohlweg ⌁ dem Weg nach rechts in einer dreifachen S-Kurve folgen ⌁ durch eine Hohlgasse hinab und an der Gabelung rechts bleiben ⌁ Sie wandern jetzt durch das Totalreservat, hier mit märchenhaftem Fichtenwald.

12 **18,8** Links hinauf durch eine weitere Hohlgasse ⌁ bald wird rechts die Schlaube mit ihrem lichten Tal sichtbar ⌁ der Weg verläuft leicht

Bremsdorfer Mühle

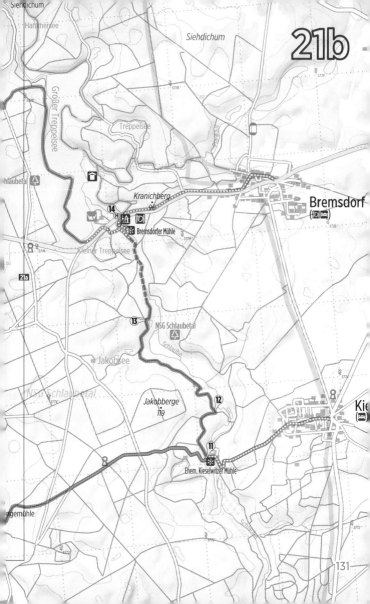

Siehdichum

Hammersee

Siehdichum

Großer Treppelsee

Treppelsee

hlaubetal

Kranichberg
96

Bremsdorf

Bremsdorfer Mühle

Kleiner Treppelsee

2a

13

NSG Schlaubetal

Schlaube

Jakobsee

NSG Schlaubetal

Jakobberge
119

12

Kie

11

Ehem. Kieselwitzer Mühle

ngemühle

oberhalb des Tals mit Bruchwäldern und Schilfgürtel ~ der Weg steigt noch etwas höher ~ es geht kurzzeitig auf einem schmalen Wurzelpfad entlang ~ auf Flussniveau hinab und direkt am Bruch entlang, später wieder hügeliger.

13 20,8 Am Ende an der T-Kreuzung rechts zum Fluss hinab ~ wenig später beginnt der schöne Pfad direkt an der Schlaube, ein wirklich zauberhafter Abschnitt bis hin zur nicht minder reizvollen Bremsdorfer Mühle.

14 22,3 An der **Bremsdorfer Mühle** haben Sie Ihr Tagesziel erreicht, rechts über die Brücke und an der Jugendherberge vorbei gelangen Sie zur Straße.

Bremsdorfer Mühle

🏛 Bremsdorfer Mühle, *C* 033654/232

🏠 Jugendherberge Bremsdorfer Mühle, *C* 033654/272

🚌 Bus 400, Mo-Fr bis zum Abend regelmäßige Verbindungen nach Dammendorf, Bhf. Grunow, Müllrose, Beeskow sowie nach Dammendorf, Eisenhüttenstadt, am WE eine Verbindung am späten Nachmittag mit dem Bus A 400 (nur Mai-Sept.)

Die ehemalige Mahl- und Schneidemühle wurde Anfang des 16. Jahrhunderts gegründet. Das heutige Fachwerkhaus stammt aus dem 18. Jahrhundert und wurde bis 1950 als Mühle genutzt. Die Bremsdorfer Mühle gilt als die schönste Mühle im Schlaubetal.

 Wenn Sie in Bremsdorf im Gasthaus übernachten wollen, dann können Sie mit dem Bus fahren oder Sie laufen 2 km auf dem Radweg entlang der B 246 in den Ort, s. Karte 22a.

Bremsdorf

PLZ: 15890; Vorwahl: 033654

🏛 ⛲ **Zur Linde**, Lindenstr. 27, *C* 4802, ÖZ: Di-Fr 12-14, 17-21 Uhr, Sa, So 12-21 Uhr

 Falls Ihr Auto in Dammendorf steht, folgen Sie der Variante zurück zum Ausgangspunkt. Im Bereich des Großen Treppelsees ist der Weg blau markiert.

Nach Dammendorf 5,9 km

Bei der Mühle gehen Sie nach wenigen Metern am Geländer links hoch, oben dann rechts ~ am Ende rechts und zur Straße vor ~ über die **B 246** und links vorbei am Parkplatz ~ an der Gabelung rechts hinunter zum **Großen Treppelsee** ~ mehrere Kilometer auf dem breiten Weg dicht am Ufer ~ der Weg wendet sich kurz vor dem Ende des Sees nach links vom Ufer ab ~ ca. 150 m später rechts ~ wo der blau markierte Wanderweg nach rechts abzweigt, gehen Sie weiter geradeaus und leicht hinauf ~ an der Gabelung links ~ an der breiten Waldstraße rechts und gleich wieder links ~ vorbei an den Häusern ~ auf dieser Straße bis nach Dammendorf zum Wanderparkplatz.

Dammendorf

Im Schlaubetal

Das Schlaubetal

Das beschauliche Schlaubetal liegt ca. 80 Kilometer südöstlich von Berlin. Es ist eines der schönsten Bachtäler Brandenburgs und das Herzstück des 228 Quadratkilometer großen und 1995 eröffneten Naturparks Schlaubetal. Der Reichtum an Pflanzen- und Tierarten ist in diesem Naturpark besonders groß. Mehr als 1.100 Pflanzenarten sind zu finden, darunter zahlreiche Orchideenarten. Auch die Tierwelt zeigt sich überaus vielfältig. So haben z. B. 700 Großschmetterlingsarten und 200 Brutvogelarten hier ihren Lebensraum. Die Schlaube durchfließt auf einer Länge von 20 Kilometern eine sehr abwechslungsreiche Landschaft, die als Schmelzwasserrinne in der Wechseleiszeit ihren Ursprung hat. Von der Quelle südlich des Wirchensees schlängelt sich die Schlaube durch stellenweise 30 Meter hohe Schluchten, Wälder, Auen, Wiesen und Sümpfe und die zahlreichen kleinen und großen Seen. In dieser sehr wasserreichen Gegend war im Mittelalter die Wasserkraft eine der wichtigsten Energiequellen. Noch heute sind im Schlaube-, Oelse- und Dorchtal viele Wassermühlen erhalten, einige werden als Ausflugsgaststätten genutzt. Der Deutsche Wanderverband hat im Jahr 2011 den Schlaubetal-Wanderweg zwischen Wirchensee und Müllrose mit dem Gütesiegel „Qualitätsweg Wanderbares Deutschland" ausgezeichnet.

Infos zum Naturpark unter ☏ 033606/77290,
www.schlaubetal-tourismus.de

Mühlentour im Schlaubetal, Teil II

Start: **Bremsdorfer Mühle**
Ziel: **Müllrose, Bahnhof**
Gehzeit: **6 - 7 Std.**

Aufstieg: **370 m**
Abstieg: **390 m**
Hartbelag: **24 %**
Wanderwege: **65 %**
Wanderpfade: **11 %**

Charakteristik: Diese Streckentour führt von der Bremsdorfer Mühle durch das Tal der Schlaube und ist überaus abwechslungsreich. Das kleine Flüsschen durchfließt hohe Schluchten und stille Wälder, es schlängelt sich an Mooren und Erlenbrüchen vorbei, streift Wiesen und ergießt sich immer wieder in langgezogene Seen. Die Wanderung bietet Naturgenuss vom Feinsten. Am Ende der Tour mündet die Schlaube in den Müllroser See, an dessen Ufer entlang Sie den kleinen Erholungsort Müllrose mit seiner hübschen Uferpromenade erreichen.

Abkürzung: Sie können in Kupferhammer zum Bahnhof Mixdorf abzweigen, von wo Sie regelmäßigen Bahnanschluss nach Berlin haben. Die Tour ist dann 14 Kilometer lang.

Markierung: Im ersten Bereich bis Siehdichum ist gelb markiert, dann mit blauem S auf weißem Grund als Schlaubetal-Wanderweg.

Anreise: Mai-Okt. am WE und Feiertags mit RE 1 nach Jacobsdorf, An-

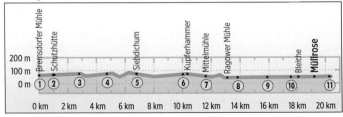

Mittelmühle

Schernsdorf

Finkenberg
91

Kupferhammer

6

22b

Scheryensee

Schlaubetal

NSG Schlaubetal

Kleiner Schinkensee

5

Siehdichum

Hammersee

Siehdichum

4

Großer Treppelsee

3

Treppelsee

tmuseum

NSG Schlaubetal

2

Kranichberg
96

246

1

Bremsdorfer Mühle

Bremsdorf

Kleiner Treppelsee

schluss an Bus Ausflugslinie A 400, Fahrzeit 2 Std.; Mo-Fr bis Eisenhüttenstadt oder über Frankfurt/Oder nach Grunow, ab dort jeweils mit Bus 400, Fahrzeit ca. 2½ Std.

Abreise: Stündliche Verbindungen über Frankfurt/Oder, Fahrzeit ca. 2 Std.

 Nach der Übernachtung in Bremsdorf gelangen Sie auf einem lieblichen Weg entlang des Planfließes in 3 km zur Route.

Bremsdorf

Vom Gasthaus kommend am Denkmal rechts halten und an der Gabelung dahinter links in den **Forstweg** ~ entlang eines **Naturlehrpfades** ~ an der Lichtung geradeaus ~ der Weg wird schmaler ~ auf einem Steg über das **Planfließ**, dann gleich links immer dem gewundenen Wasserlauf folgen ~ erneut über das Fließ, kurz rechts auf der Straße laufen und nach wenigen Metern rechts und auf den **Wiesendamm** ~ am Ende auf dem breiten Waldweg nochmals über das Wasser, gleich links und kurz darauf wieder links in den breiten Waldweg ~ in dessen Rechtskurve links abzweigen und am Fließ bleiben ~ bei der nächsten Brücke kommt von links der gelb markierte Wanderweg hinzu.

Bremsdorfer Mühle   s. S. 132

1 0,0 Von der **Bremsdorfer Mühle** über die B 246 und halbrechts auf dem gelb markierten Weg, zunächst entlang eines Zauns ~ nach 150 m links und entlang des Waldrandes.

2 1,2 An der T-Kreuzung links und zur **Schutzhütte** ~ davor halbrechts, bald

über ein Brückchen und links auf den gelb markierten Wanderweg nach Siehdichum ~ wunderschön leicht erhöht direkt am Seeufer entlang.

3 3,1 Im Rechtsbogen weg vom See, am Ende links zur Waldstraße und dort nochmals links ~ bald wieder dicht entlang des Ufers ~ weiter auf überwachsenem Kopfsteinpflaster ~ dem Linksbogen zwischen den Seen hindurch folgen und weiter am Ufer des **Großen Treppelsees** ~ auf wurzeligem Waldweg.

4 5,1 An der Waldwegekreuzung, wo der gelb markierte Rundweg abzweigt, geradeaus ~ Sie wandern entlang des **Hammersees** ~ am Ende des Weges links nach Siehdichum, Sie verlassen nun den gelb markierten Weg ~ an der Gabelung bleiben Sie rechts, links geht es zum Forsthaus Siehdichum.

Forsthaus Siehdichum

🏨 🍴 **Forsthaus Siehdichum**, ☎ 033655/210, ÖZ: März-Okt. ab 11.30 Uhr, Nov.-Febr., Sa, So ab 11.30 und nach Vereinb.

Zwischen dem Kleinen Schinkensee und dem Hammersee auf einer Anhöhe von ca. 30 Meter, der wohl schönsten Stelle im Schlaubetal, ließ 1746 der Abt Gabriel Dubau des Klosters Neuzelle ein Jagdhaus erbauen. 1833 wurde es als Stiftsoberförsterei genutzt, 1954 verstaatlicht und 1964 aufgelöst. Heute beherbergt es das Gasthaus „Siehdichum" mit Übernachtungsmöglichkeit.

5 7,1 Sie zweigen nach rechts ab, bis nach Müllrose folgen Sie nun dem blau markierten Weg ~ auf dem

Am Großen Treppelsee

breiten Weg wandern Sie entlang des **Kleinen Schinkensees** 〜 auf einem kleinen Damm zwischen See und Bruchwald hindurch, teils sehr wurzelig 〜 bei Abzweigen immer am Ufer bleiben 〜 für ca. 50 m auf einem etwas schmaleren Weg entlang des fjordartigen Wassers 〜 der Uferbereich des Sees ist hier bruchartig morastig 〜 auch an der Gabelung am Wasser bleiben 〜 der Uferweg endet an der Kopfsteinpflasterstraße bei Kupferhammer.

Kupferhammer

🏠 **Kupferhammer**, Kupferhammerweg 1, ✆ 033655/728, ÖZ: tägl. 11–20 Uhr

🚌 **Bus A 400**, von Mai–Sept. als Ausflugslinie nachmittags 2 Verbindungen mit Anschluss nach Berlin

1553 wurde hier ein Kupferhammer errichtet, 1579 durch eine Mahlmühle erweitert. Nach einem Brand im Jahre 1880 ist in dem Gebäude ein Gasthaus eingerichtet worden.

6 ¹⁰,⁴ Sie gehen links über die Schlaube und im Rechtsbogen der Straße leicht hinauf 〜 in der beginnenden Linkskurve rechts Richtung Mittelmühle.

AUSSTIEG Der Straße weiter folgend erreichen Sie in ca. 3 km den Bahnhof Mixdorf, von wo Sie regelmäßig Bahnanschluss nach Berlin haben.

Mixdorf

🏛 **Fachwerkkirche** (1719)

Auf dem breiten Waldweg hinab ins Tal 〜 der Weg windet sich schmal bergauf 〜 in leichtem Auf und Ab wildromantisch direkt über dem schilfigen Tal 〜 Sie passieren den Standort der ehemaligem Mittelmühle.

Mittelmühle

Jahrhundertelang wurde die Mittelmühle als Getreidemühle genutzt, bis 1950 der Mühlenbetrieb eingestellt wurde. Von dem 1970 wegen Baufälligkeit abgerissenen Gebäude sind heute nur noch Fundamentreste vorhanden.

7 ¹²,⁰ Der Weg mündet in einen breiteren Waldweg 〜 300 m später an der Waldkreuzung rechts Richtung Ragower Mühle 〜 an der Gabelung geradeaus ↝ an der Kopfsteinpflasterstraße rechts zur Ragower Mühle.

Ragower Mühle

🏛 ✉ ▪ **Ragower Mühle**, ☎ 033655/721, ÖZ: April-Okt., Di-So 10-18 Uhr, Nov.-März, Sa, So 10-18 Uhr; Mühlenführung nach tel. Vereinb. möglich

Die ehemalige Getreide- und später auch Schneidemühle wurde um 1600 erbaut. Das heutige Gebäude stammt aus dem 19. Jahrhundert. Mahlwerk und Turbine wurden rekonstruiert und können besichtigt werden. Sie ist ein funktionsfähiges Denkmal, die einzige Mühle mit erhaltener Mühlentechnik im Schlaubetal und beherbergt ein Museum.

Auf der Brücke über die Schlaube links der Straße folgen.

8 **14,4** Auf Höhe des **Belenzsees** halblinks in den Waldweg ↝ am Ufer entlang, dann im Rechtsbogen weg vom See ↝ dem Linksbogen folgen ↝ der Weg wird schmaler und mündet bald auf einer breiten Waldstraße ↝ an der T-Kreuzung links, dann hinter dem Waldrand rechts auf den breiten Feldweg und über die **Bahngleise**.

VARIANTE

Die Hauptroute verläuft am östlichen Ufer des Müllroser Sees. Der an den Bahngleisen links abzweigende Weg bringt Sie auf einer unkommentierten, ebenfalls reizvollen Variante entlang des westlichen Ufers nach Müllrose.

9 **16,5** Vor den Häusern der Rechtskurve folgen ↝ beim ersten Blick über den **Müllroser See** wird der Weg etwas schmaler ↝ wunderschön auf einem winzigen Damm durch

Großer Müllroser See

Müllrose

22b

Kietz

Müllroser Mühle

Kleiner See

B87n

Kaisermüh

Katharinen

Bleiche

Großer Müllroser See

11

10

9

Callinenber
85

Wustrower Berge
55

Belenzsee

8

Schlaube

NSG Unteres Schlaubetal

Schlaubeberge

Ragower Mühle

22a

Mittelmühle
7

Mixdorf

L435

Kupferhammer

Schlaube

6

139

Bruchwald ∿ bei Abzweigen und Gabelungen immer dicht am See bleiben ∿ auf einem Fußweg vorbei am **Badplatz** ∿ dahinter weiter auf dem Uferweg ∿ nochmals entlang eines Bruchs ∿ der Weg wird schmaler ∿ über ein Brücklein, dahinter wieder breiter.

10 [18,1] An Campingplatz und **Badestrand** vorbei ∿ weiter auf der Promenade unter Birken ∿ am Strand vorbei ∿ am Ende der Promenade links und auf dem Bürgersteig entlang.

 Rechts über die Bahnhofstraße erreichen Sie nach gut 1 km auf direktem Weg den Bahnhof.

Weiter entlang der mäßig befahrenen **Seeallee** ∿ bald direkt am Ufer des Großen Müllroser Sees entlang.

 Für einen Abstecher ins Ortszentrum folgen Sie der Promenade, gegenüber liegt die letzte Mühle der Route, von der es nur noch einige Meter bis zum Marktplatz sind.

Beim Beginn der Promenade zweigt rechts in der Kurve der Seeallee die **Bahnhofstraße** ab, gehen Sie hier rechts.

11 [20,4] Am **Bahnhof** von Müllrose haben Sie das Ziel der Wanderung erreicht.

Müllrose

PLZ: 15299; Vorwahl: 033606

🛈 **Schlaubetal-Information,** im Haus des Gastes, Kietz 5, ✆ 77290, www.schlaubetal-tourismus.de

🏛 **Heimatmuseum,** Kietz 5, ✆ 77290, ÖZ: Di-Fr 9-16 Uhr, Sa, So/Fei 10-14 Uhr. Neben der Dauerausstellung zur Heimatgeschichte und Alltagskultur gibt es u. a. eine Remise mit historischer Kutschensammlung und ein hist. Feuergerätehaus nebst Schlauchturm zu sehen.

🖼 **Ev. Pfarrkirche** (1746/47), im Innern barock ausgestattet

🏭 Die **Müllroser Mühle** (1260) ist die älteste Mühle im Schlaubetal, bis heute wird hier Korn gemahlen. Die ehemalige Wassermühle wurde später mit Strom betrieben und immer weiter ausgebaut. Heute sind in dem sechsstöckigen roten Ziegelbau die Oderland-Mühlenwerke zu finden, die größte Mühle Brandenburgs.

🏭 **Kaisermühle.** In der ehemaligen Wassermühle ist heute ein Hotel untergebracht.

🏰 **historischer Stadtkern** mit restaurierten Gebäuden am Marktplatz, Rathaus, Ackerbürgerhaus (18. Jh.), Bürgerhaus (18. Jh.) und dem ältesten Haus der Stadt (1698)

🏊 **Freibad,** am Ostufer, mit Natursandstrand und Riesenrutsche

🏊 **Strandbad,** am Westufer, mit Natursandstrand, Riesenrutsche, Sprungturm und Restaurant

Das ehemalige Ackerbürgerstädtchen liegt südlich der Spree am großen Müllroser See. Der Erholungsort wird „Tor zum Schlaubetal" genannt, ist er doch idealer Ausgangspunkt für Rad- und Wandertouren in den südlich gelegenen Naturpark Schlaubetal.

Tour 23   7,5 km

Köthener Heideseen

Start/Ziel: **Köthen, Dorfanger**
Gehzeit: **6 - 7 Std.**

Aufstieg: **270 m**
Abstieg: **270 m**
Hartbelag: **17 %**
Wanderwege: **56 %**
Wanderpfade: **27 %**

Charakteristik: Die am Fuße der Krausnicker Berge gelegenen Köthener Heideseen sind von Wald und Schilfgürteln umgeben. Vorbei an drei idyllischen Seen laufen Sie durch alte Laubwälder zum Wehlaberg. Der Aussichtsturm bietet bei guter Sicht einen Blick bis zum Berliner Fernsehturm. Auf dem Rückweg umrunden Sie noch den Schibingsee, bevor Sie wieder nach Köthen zurückkehren. Nach der Wanderung können Sie mit einem Bad im Köthener See den Wandertag ausklingen lassen.

Abkürzung: Es gibt mehrere Abkürzungsmöglichkeiten bis hinunter zu einem Spaziergang von knapp 6 Kilometer Länge.

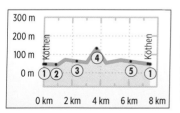

Markierung: Mit grünem Punkt, z. T. auch als 66-Seen-Weg mit blauem Punkt und als E 10 mit blauem Strich.

Anreise/Abreise: Da Köthen nur sehr schlecht mit dem ÖPNV zu erreichen ist, muss per Auto angereist werden.

Parkplätze: Es gibt Parkmöglichkeiten im Ort.

Köthen

PLZ: 15748; Vorwahl: 033765

🏠 **Gasthaus zum Köthener See**, ☎ 80520, Dorfstr. 17, ÖZ: Mi-So 12-21 Uhr

🏖 **Badestelle** am Köthener See

1 ⁰,⁰ Die Tour startet am Dorfanger, der mit alten Eichen und Linden bestanden ist ∿ Sie verlassen den Ort auf der **Dorfstraße** ∿ nach links in die asphaltierte **Groß Wasserburger Straße** einbiegen ∿ Sie kommen in das Naturschutzgebiet **Köthener Heideseen**.

2 ⁰,⁹ Am Ende der Asphaltstraße an der Gabelung geradeaus halten ∿ rechts befindet sich im ehemaligen Forsthaus direkt am Pichersee eine Pension des Pferdegestüts ∿ nach

Aussichtsturm auf dem Wehlaberg

der auffälligen Toreinfahrt an der Gabelung rechts ⤳ auf dem breiten Weg am **Pichersee** und danach am **Mittelsee** entlang.

3 2,3 Am Rastplatz geradeaus weiter. Vor dem Schwanensee zweigt der 66-Seen-Weg nach rechts ab. Diesen Weg können Sie als Abkürzung wählen. 150 m nach der kleinen Holzbrücke gelangen Sie rechts wieder auf die Hauptroute.

Am Ende des **Schwanensees** an der Wegkreuzung links in Richtung Wehlaberg.

4 3,7 Auf dem Weg unter Buchen und Eichen gelangen Sie hinauf zum Aussichtsturm.

142

Wehlaberg

✶ Der **Aussichtsturm** (2003) ist 28 m hoch. Bei guter Sicht bietet er Blicke bis zum nahegelegenen Tropical Islands und sogar bis zum Berliner Fernsehturm.

Der 145 Meter hohe Berg ist die größte Erhebung der Krausnicker Berge, die vor ca. 20.000 Jahren als Endmoränenlandschaft entstanden.

Auf dem Rückweg laufen Sie an der bekannten Wegkreuzung geradeaus ⤳ kurz danach rechts, der Markierung des Heideseen-Rundwegs folgend auf einen wurzeligen Weg abzweigen und am Ufer des **Schwanensees** entlang ⤳ geradeaus an der kleinen Brücke vorbei, nun ist der Weg wieder mit blauem Punkt als 66-Seen-

Weg gekennzeichnet ∿ auf einem sehr schönen Wanderpfad am Ufer des **Mittelsees** und dann am **Triftsee** entlang.

5 ⁶ʼ¹ Am Ende des Sees rechts auf den breiten Weg einbiegen.

AUSFLUG Von hier können Sie nach links einen reizvollen Abstecher um den Schibingsee einschieben. Unter Umständen sind die Wege jedoch zugewachsen und erschwert zu begehen.

Gehen Sie am breiten Weg links ∿ am Ende der Lichtung, 150 m weiter, rechts ∿ an der nächsten Gabelung links in den Wald ∿ nun umrunden Sie den **Schibingsee**, der auch Märchensee genannt wird und nach der Legende einst einem Raubritter als Versteck für Diebesgut diente, das er von vorbeifahrenden Kaufleuten erbeutet hatte ∿ auf dem bekannten Weg zurück.

Auf der Hauptroute halten Sie sich an der Asphaltstraße rechts.

1 ⁷ʼ⁵ Sie erreichen wieder das Zentrum des kleinen Heidedorfes **Köthen**.

Köthen

Am Mittelsee

143

Lübbenau

PLZ: 03222; Vorwahl: 03542

ℹ Tourist-Information Lübbenau, Ehm-Welk-Str. 15, ☎ 887040, www.luebbenau-spreewald.com

ℹ Infozentrum Biosphärenreservat Spreewald und Naturwacht im Haus für Mensch und Natur, Schulstr. 9, ☎ 8921-0, ÖZ: April-Okt., Mo-So 10-17 Uhr, Nov.-März, Mo-Fr 10-16 Uhr. Infos zur Entwicklungsgeschichte des Spreewaldes vom „Urwald" bis zur Kulturlandschaft und zum Biosphärenreservat.

🏛 Spreewald-Museum (Torhaus), Topfmarkt 12, ☎ 2472, ÖZ: April-Okt., Di-So 10-18 Uhr, Nov.-März, Di-So 12-16 Uhr. Themen: regionalgeschichtliche Ausstellung, mit slawischer Wallanlage, wendische Kultur, Leineweberei, Handwerk und Vereinswesen.

🔲 Pfarrkirche St. Nikolai (1741), Dresdner Barockbau, die doppelte Empore wird von Holzsäulen getragen.

🔲 Das Schloss Lübbenau ist eingebettet in einem 9 ha großen Landschaftspark und wird heute als Hotel genutzt.

✱ Kahnfahrten auf dem 250 km langen Fließsystem des Spreewaldes, **Großer Spreewaldhafen**, Dammstr. 77a, ☎ 2225; **Kleiner Hafen**, Spreestr. 10a, ☎ 403710; **Hafen Am Holzgraben**, Dammstr. 72, ☎ 2221; **Schwerdtners Kahnfahrten**, Dammstr. 81, ☎ 41459; weitere Anbieter über die Tourist-Information

Spreewaldkähne

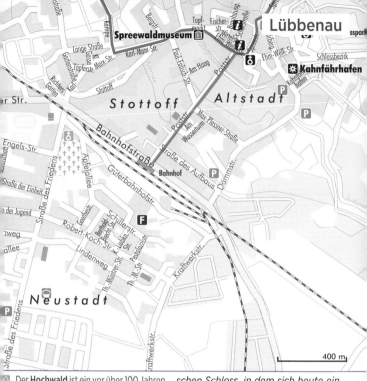

Der **Hochwald** ist ein vor über 100 Jahren angelegter Wald, eine Landschaft aus Wasser und Erlenbruch, die nur mit dem Kahn besucht werden kann.

Spreewelten Bad, Alte Huttung 13, ✆ 8941-60, ÖZ: So-Do 9-22 Uhr, Fr, Sa 9-23 Uhr

Lübbenau war einst eine kleine Ackerbürgerstadt. Rund um den Marktplatz prägen Putzbauten und Fachwerkhäuser aus dem 18. und 19. Jahrhundert das Ortsbild. Unweit davon liegt der Schlossbezirk mit dem klassizisti-

schen Schloss, in dem sich heute ein Hotel befindet.

Die Stadt Lübbenau ist ein beliebter Ausgangspunkt zur Erkundung der märchenhaften Niederungs- und Wasserlandschaft des Spreewaldes.

Tour 24   20,3 km

Spreewald-Tour

Start/Ziel: Lübbenau, Tourist-Information
Gehzeit: 5 - 5½ Std.

Aufstieg: 45 m
Abstieg: 45 m
Hartbelag: 66 %
Wanderwege: 34 %
Wanderpfade: 0 %

**Charakteristik: Auf dieser Rundtour
lernen Sie die verschiedenen Ge-
sichter des Spreewaldes kennen:
offene, von Kanälen durchzogene
Feld- und Wiesenlandschaften und
Feuchtgebiete, schöne Holzbrücken,
aber auch dicht bewachsene Wälder.
Absolutes Highlight ist der letzte Abschnitt, in dem Sie von der schönen
Waldschänke Wotschofska an idyllischen Fließen entlang durch den
Wald zurück nach Lübbenau wandern.
Tipp: Da der Spreewald eines der
beliebtesten Ausflugsgebiete Brandenburgs ist, ist an sonnigen Wochenenden mit einem regen Besu-
cherandrang zu rechnen.
Markierung: Die Route ist mit grünem Punkt markiert.**

**Anreise/Abreise: Mit dem Regio-
nal-Express im Stunden-Takt, 1 Std.
Fahrzeit ab Berlin Hbf.
Parkplätze: Im Ort sind ausreichend
Parkplätze, am Wochenende ko-
stenpflichtig.**

Lübbenau s. S. 144

Um vom Bahnhof Lübbenau zum
Ausgangspunkt der Wanderung
zu gelangen, folgen Sie der Post-
straße Richtung Zentrum.

1 0,0 Sie starten vor der **Tourist-Information** in der **Ehm-Welk-Straße**
und folgen – den Kirchturm im Rücken – der Straße Richtung Nord-
westen ∿ durch den Torbogen am
Spreewald-Museum und weiter geradeaus ∿ auf der Brücke über das
Fließ Kamske, 150 m später rechts

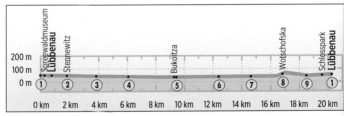

in die **Lange Straße** 〜 rechts halten in die Straße **Kampe** 〜 am Ende des kleinen Hafenbeckens geradeaus in den schmalen Fußweg und an den Gebäuden der Gurkenfabrik entlang 〜 weiter geradeaus auf den breiten Kiesweg 〜 am Beginn des Asphalts links abbiegen.

Spreewaldkahnfahrt

 Die markierte Route verläuft entlang der Asphaltstraße. Empfehlenswerter ist es, am nächsten Abzweig rechts abzubiegen. Sie folgen 700 m dem breiten Weg und treffen dann wieder auf die Hauptroute.

2 1,8 Nach den letzten Häusern von Lübbenau rechts in die **Stennewitzer Ringstraße** 〜 nach der kleinen

Brücke der Rechtskurve folgen und an der Baumreihe entlang 〜 der Linkskurve des Asphaltweges folgen, hier trifft die Abkürzung wieder auf

Biosphärenreservat Spreewald

Biosphärenreservat Spreewald – das ist eine in Europa einzigartige Flusslandschaft mit einem knapp 1.575 Kilometer langen Wasserwegenetz auf engstem Raum, davon 260 befahrbare Fließe. Wie in einem Labyrinth verzweigt sich die Spree in unzählige Wasserarme und Kanäle, die Wiesen, Felder, Wälder und sogar die Dörfer durchkreuzen. Die heutige parkartige Kulturlandschaft des Spreewaldes ist das Ergebnis eines jahrhundertelangen menschlichen Bemühens, das einstige Sumpfland durch Entwässerung urbar zu machen. Rund 100 Schleusen und Wehre dienen der Wasserregulierung. Die vielen hölzernen Brücken schaffen Verbindungen zwischen dem bewohnten Land. Die Fließe sind wichtige Verkehrswege, auf denen die Spreewaldkähne auch heute noch gemächlich über's Wasser schaukeln.

Der Spreewald ist das bekannteste Reiseziel Brandenburgs. Jedes Jahr besuchen zwei bis drei Millionen Touristen diese Region, die ein Paradies für Wasserwanderer, Wanderer, Fahrradfahrer und alle Naturliebhaber ist. Trotz des touristischen Andrangs sind hier immer Orte der Ruhe und Abgeschiedenheit zu finden. Viele seltene Tier- und Pflanzenarten haben am und im Wasser ihren Lebensraum. 1991 wurde der Spreewald zum UNESCO-Schutzgebiet erklärt. Wasserschwertlilien und Sumpfdotterblumen an den Ufern der Fließe, See- und Fischadler, Schwarz- und Weißstörche, Kraniche, Fischotter und vieles mehr kann der aufmerksame Beobachter in dem Biosphärenreservat entdecken.

Kirche in Lübbenau

Links gelangen Sie zu einem Aussichtsturm. Der Aufstieg lohnt sich vor allem für Vogelbeobachtungen.

4 6,1 Sie folgen dem Dammweg nach rechts, also vom Turm weg ～ nach 500 m verlassen Sie den Damm nach links ～ geradeaus durch die von Kanälen gegliederte flache Wiesenlandschaft.

Wenn Sie den nach rechts abzweigenden, kürzeren Weg Richtung „Wotschofska 8 km" wählen, treffen Sie an dem großen Landwirtschaftsbetrieb wieder auf die Hauproute.

die Hauproute ～ Sie wandern nun zwischen einem Waldstück auf der rechten und weiten Feldern auf der linken Seite entlang, mit etwas Glück können Sie auf den Feldern Störche bei der Nahrungssuche beobachten.

3 3,9 Am Ende des Feldes auf der linken Seite rechts abbiegen und über die Holzbrücke ～ auf dem Hochwasserdamm entlang ～ am **Schöpfwerk Krimnitz** rechts abbiegen und die Hauptspree überqueren ～ dem Wegverlauf folgen, in der Rechtskurve endet der Asphaltbelag ～ auf dem Bohlenweg durch das kleine Sumpfgebiet ～ auf dem nun schmaleren Weg durch den Wald ～ weiter durch das abwechslungsreiche Wald- und Wiesengebiet ～ erneut über einen Bohlenweg, der von einer hölzernen Stufenbrücke unterbrochen wird ～ am Ende des Bohlenweges führt der Kiesweg auf einen Damm.

Weiter geradeaus am **Naturschutzgebiet Birkenwald** entlang ～ an der T-Kreuzung neben dem Trafohäuschen rechts ～ Sie wandern paralle zum Nordumfluter, durch den bei Bedarf ein Großteil des Spreewassers geleitet wird, um den zentralen Bereich des Oberspreewaldes vor Hochwasser zu schützen.

5 9,2 An der kleinen Asphaltstraße rechts abbiegen, links sehen Sie die kleine Siedlung **Bukoitza** ～ kurz vor dem großen Landwirtschaftsbetrieb links abbiegen und auf dem Asphaltweg am kleinen Martinkanal entlang ～ nach 1,5 km rechts abbiegen und den Martinkanal überqueren, nur nicht mehr auf Asphalt ～ auf dem gut begehbaren, breiten Weg zwischen den Baumreihen entlang.

6 12,1 An der Gabelung links und durch die schöne Allee ～ am Ende der Allee rechts auf den Betonplattenweg ～ an der großen Gabelung neben der Wehranlage geradeaus über die Brücke und der anschließenden

Linkskurve folgen ⤳ an der nächsten Abzweigung nach rechts, weiterhin auf Betonplatten.

7 14,4 An der T-Kreuzung links ⤳ erstmals seit mehreren Kilometern wieder durch ein kurzes Waldstück, der Weg ist schnurgerade, aber dennoch abwechslungsreich ⤳ an der Abzweigung rechts Richtung **Wotschofska** ⤳ geradeaus auf den Wald zu wandern ⤳ im Wald über den Burg-Lübbener Kanal ⤳ kurz darauf biegt der Weg an der T-Kreuzung rechts ab, links erreichen Sie das sehenswerte Gasthaus Wotschofska.

🔲 **Gasthaus Wotschofska**, ÖZ: April-Mitte Okt., tägl. ab 9 Uhr, ✆ 03546/7601

8 16,6 Von der Wotschofska folgen Sie nun bis Lübbenau dem wunderschönen **Wotschofska-Weg**, meist durch den Wald und an kleinen Fließen entlang, insgesamt überqueren Sie dabei 14 Brücken, davon fünf große Stufenbrücken ⤳ nach der Brücke links am kleinen Fließ entlang, kurz darauf folgt eine Rechtskurve ⤳ an einer **Bootsrolle** mit Fischpass vorbei, hier werden die Spreewaldkähne über den kleinen Höhenunterschied gezogen ⤳ über die Holzbrücke auf die andere Seite des Fließes ⤳ am **Bürgergraben**, einem etwas breiteren Fließ, biegt der Weg nach links.

9 18,3 Auf einer weiteren großen Holzbrücke über das Bürgerfließ ⤳ gleich nach der Brücke entfernt sich der Weg vom Fließ und führt entlang einer schönen Birkenallee durch den aufgelockerten Wald ⤳ kurz nach dem Anglerteich überqueren Sie auf einer Holzbrücke die Hauptspree.

ANSCHLUSS 100 m nach der Brücke biegt nach links ein Weg in den sehenswerten Schlosspark ab. Der Weg kann auch als Verbindung zur Wanderung nach Lehde (s. Tour 25) genutzt werden.

Weiter geradeaus am Fließ entlang, hinter den Bäumen verstecken sich bereits die ersten Häuser von Lübbenau 🚻 ⤳ rechts über die Brücke zur Kahnabfahrtstelle Kleiner Hafen ⤳ der Linkskurve der Kopfsteinpflasterstraße folgen ⤳ vor der Kirche rechts.

1 20,3 An der **Tourist-Information** haben Sie den Ausgangspunkt der Tour wieder erreicht.

Lübbenau

Am Wotschofska-Weg

Tour 25

4,2 km

Zum Spreewalddorf Lehde

Start/Ziel: **Lübbenau, Kirche**
Gehzeit: **1 Std.**

Aufstieg: **10 m**
Abstieg: **10 m**
Hartbelag: **60 %**
Wanderwege: **40 %**
Wanderpfade: **0 %**

Charakteristik: Ziel der kurzen Rundtour ist das Freilandmuseum im Lagunendorf Lehde, das unter Denkmalschutz steht. Hier hat jedes Haus Wasserzugang, viele Gehöfte sind vollständig von Wasser umgeben. Die Post wird noch heute mit dem Kahn gebracht, so wie auch der Müll per Kahn entsorgt wird. Das kleine Inseldorf beherbergt neben reichlich Gastronomie auch das bedeutendste Museum des Spreewalds. Planen Sie ruhig einen etwas längeren Aufenthalt im Ort ein, bevor Sie auf dem idyllischen Weg am Fließ zurück nach Lübbenau spazieren.

Tipp: Wenn Sie den Hin- oder Rückweg mit einem der Spreewaldkähne zurücklegen wollen, können Sie für diese Strecke 1-1½ Stunden einplanen.

Markierung: grüner Querstrich

Anreise/Abreise: Mit dem Regional-Express im Stunden-Takt, gut 1 Std. Fahrzeit ab Berlin Hbf.

Parkplätze: Es gibt am Bahnhof und im Ort ausreichend Parkplätze, am Wochenende kostenpflichtig.

Lübbenau s. S. 144

1 0,0 Sie starten vor der **Kirche** im Zentrum von Lübbenau ∽ die Kirche im Rücken der **Ehm-Welk-Straße** nach rechts folgen ∽ geradeaus über die Mühlspree in die Straße **Schlossbezirk** ∽ vor dem **Schloss** der Rechtskurve der Straße folgen, anschließend beschreibt die mittlerweile asphaltierte Straße eine Linkskurve ∽ vorbei an der **Orangerie**, wo erneut ein Zugang zum Schlosspark besteht ∽ auf der Straßenbrücke über ein Fließ, kurz darauf an der Infotafel rechts in den Wanderweg ∽ gleich links in den parallel zur Straße führenden Wanderweg.

2 1,6 An einer weiteren großen Infotafel stoßen Sie wieder auf die kaum befahrene Straße und folgen der kleinen **Dorfstraße** vorbei an zahlreichen Gaststätten in das Zentrum von Lehde

Im Museumsdorf Lehde

〜 der Linkskurve der Straße folgen, nach der kleinen Brücke links halten und in den Kiesweg 〜 Sie erreichen unvermittelt das sonst nur vom Wasser aus erreichbare Zentrum von Lehde mit dem Freilandmuseum und dem Spreewaldaquarium.

Lehde

🏛 **Freilandmuseum Lehde**, ✆ 2472, ÖZ: April-Mitte Sept., Di-So 10-18 Uhr, Mitte Sept.-Okt., Di-So 10-17 Uhr, Nov.-März, nach Vereinbarung. Themen: altwendische Bauernhöfe, Kahnbauerei, historische Trachten und Handwerk, Heilpflanzen- und Kräutergarten

🏛 **Bauernhaus- und Gurkenmuseum,** An der Dolzke 6, ✆ 8999-0, ÖZ: April-Okt., tägl. 9.30-17 Uhr. Themen: histo. Produktionsmittel der Gurkeneinlegerei, Fischereigeräte, hist. Arbeitsgeräte der Spreewälder und Bildergalerie.

Das Dorf Lehde zählt ca. 150 Einwohner und steht komplett unter Denkmalschutz. Die erste urkundliche Erwähnung stammt aus dem Jahr

152

1315. Damals gehörte die Fischerei zum wichtigsten Erwerbszweig. Noch heute gehören zu den Stammgehöften Fischereirechte, die im Grundbuch eingetragen sind. So wird Fischfang immer noch im Nebenerwerb betrieben. Im 19. Jahrhundert wurden Viehhaltung und Gemüseanbau ausgebaut, und gegen Ende des Jahrhunderts entwickelte sich der Fremdenverkehr.

Theodor Fontane schwärmte nach seinem Besuch des Dorfes im Jahre 1882: „.... ein Venedig, wie es vor 1.500 Jahren gewesen sein mag, als die ersten Fischerfamilien auf seiner Sumpfeilanden Schutz suchten. Man kann nichts Lieblicheres sehen als dieses Lehde, das aus ebenso vielen Inseln besteht, als es Häuser hat."

3 ²,⁰ Auf der markanten Holzbrücke geradeaus über das Fließ 〜 auf dem schönen Wanderweg verlassen Sie das Zentrum von Lehde wieder 〜 auf der Holzbrücke über die Hauptspree

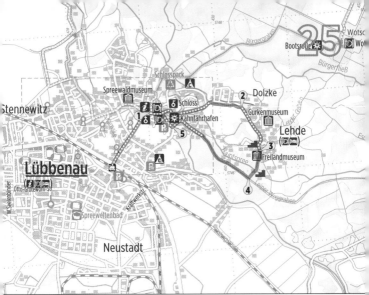

⌁ in der Rechts-Links-Kombination über eine weitere kleine Brücke.

4 2,5 An der T-Kreuzung rechts und dem Wanderweg entlang der Allee folgen, der Weg führt zwischen zwei Wassergräben entlang ⌁ auf dem mittlerweile asphaltierten Weg geradeaus über den breiten Südumfluter ⌁ nach dem Linksbogen über eine weitere Brücke.

5 3,8 An der Straße nach rechts ⌁ vorbei am **Großen Spreewaldhafen** im Zentrum von Lübbenau ⌁ an der T-Kreuzung an der **Ehm-Welk-Straße** links.

1 4,2 Nach 150 m erreichen Sie am **Kirchplatz** wieder den Ausgangspunkt der Tour.
Lübbenau

Bei Lehde

Tour 26   **22,0 km**

Nach Blankensee und in die Glauer Berge

Start/Ziel: **Trebbin, Bahnhof**
Gehzeit: **6 - 6½ Std.**

Aufstieg: **170 m**
Abstieg: **170 m**
Hartbelag: **32 %**
Wanderwege: **40 %**
Wanderpfade: **28 %**

Charakteristik: Diese Tour führt Sie in den Naturpark Nuthe-Nieplitz. Zu Beginn erklimmen Sie den Löwendorfer Berg, danach geht es durch flache Wald- und Wiesenlandschaft in den schönen Ort Blankensee. Auf dem Rückweg nach Trebbin durchqueren Sie die Glauer Berge. Die Wege durch die fast 4 Kilometer lange Endmoränenlandschaft verlaufen im Auf und Ab durch urigen Wald. Danach wird es wieder eben. Abschnittsweise wandern Sie an der Nuthe entlang, bevor Sie wieder Trebbin erreichen.
Tipp: Legen Sie in Blankensee eine Rast ein, denn auf dem Rückweg haben Sie keine Gelegenheit zum Einkehren.

Markierung: Bis Blankensee als 66-Seen-Weg mit blauem Punkt und als europäischer Fernwanderweg E 10 mit blauem Strich markiert, auf dem Rückweg teilweise mit rotem Strich als Fontaneweg F 4.
Anreise/Abreise: Sie nutzen die stündlichen Verbindungen, 1/2 Std. Fahrzeit ab Berlin-Mitte.
Parkplätze: Sie können am Bahnhof oder im Ort parken.
Trebbin
PLZ: 14959; Vorwahl: 033731
🛈 **Tourist-Information**, Berliner Str. 44
📞 80612, www.stadt-trebbin.de
🏛 Stadtkirche **St. Marien**

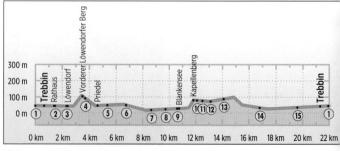

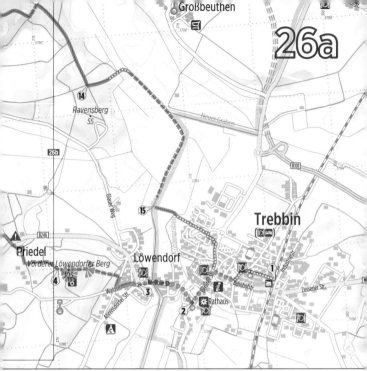

✺ Die **St.-Annen-Kapelle** ist das älteste Gebäude der Stadt. Sie ist aus Back- und Feldsteinen errichtet und birgt eine wertvolle Innenausstattung.

✺ **Rathaus** (1939), ein zweigeschossiger Putzbau mit Rundbögen

Trebbin wird auch Clauert-Stadt genannt. Hans Clauert ist der märkische Till Eulenspiegel, der 1506 in Trebbin geboren worden sein soll. Er trieb in der Stadt allerhand Späße und hielt die Obrigkeit zum Narren. In der Stadt sind an 5 Stellen Skulpturen aufgestellt, die Clauert-Geschichten darstellen.

1 0,0 Am Westausgang des **Bahnhofs Trebbin** der **Parkstraße** folgen ∿ an der **Bahnhofstraße** nach rechts ∿ an der **Berliner Straße** links.

2 1,4 Am **Rathaus** nach rechts in die **Beelitzer Straße** ∿ 🍴 nach dem Überqueren der Nuthe erreichen Sie **Löwendorf** und kommen in den Naturpark Nuthe-Nieplitz.

Löwendorf

3 2,3 Links in die **Ahrensdorfer Straße** abbiegen ∿ an der Bushaltestelle schräg rechts in die **Waldstraße** ∿ 🚲 nach 250 m rechts abbiegen ∿ gegen-

Blick vom Löwendorfer Berg

über der vierten Laterne links in den Waldweg ～ an der ersten Gabelung im Wald links ～ gleich wieder rechts ～ auf einem sandigen Weg geht es nun steil hinauf auf den **Löwendorfer Berg** ～ lohnenswert ist der Blick nach hinten auf Trebbin ～ weiter hinauf zum 2012 gebauten Aussichtsturm, der einen weiten Fernblick vom Löwendorfer Berg bietet.

4 3,5 Hinter dem Turm halten Sie sich rechts und laufen durch den Wald wieder bergab ～ auf den etwas breiteren Weg rechts einbiegen ～ an der Gabelung an der Bank links halten ～ weiterhin steil bergab ～ an der nächsten Gabelung wieder rechts und auf den breiten Forstweg einbiegen ～ in der Rechtskurve des Weges links abbiegen ～ ⚠ am ehemaligen **Waldrestaurant Priedel** die **Bundesstraße** überqueren ～ weiter geradeaus Richtung Blankensee ～ an der Gabelung links halten.

5 5,3 Nach den letzten Ferienhäusern am Querweg links auf den sandigen

Weg einbiegen ～ auf den nächsten 1,3 km laufen Sie nun immer geradeaus.

6 6,6 Schließlich dem Schild nach links Richtung Blankensee folgen ～ am Waldrand rechts ～ links von vorne sehen Sie die Häuser von Schönhagen.

Schönhagen

8 **Schloss Schönhagen** (1895). In den 1920er Jahren befand sich das Schloss im Besitz des Verlegers Richard Mosse. Seit vielen Jahren wird es als Weiterbildungsstätte genutzt.

Dem Wegverlauf am Waldrand entlang folgen ～ an der Gabelung bei der kleinen Birke rechts ～ im weiteren Wegverlauf geradeaus am Waldrand entlang.

7 8,6 An der Straße nach rechts und dem Straßenverlauf ca. 400 m folgen ～ 🚏 am Ortsanfang von **Blankensee** links in den **Ruhemannweg** ～ geradeaus bis zum Seeufer ～ auf einer schönen **Holzbrücke** am **Blankensee** entlang, hier ist die einzige Stelle, an der der ca. 300 ha große See zugänglich ist.

8 9,7 Nach der Brücke links auf die Promenade einschwenken.

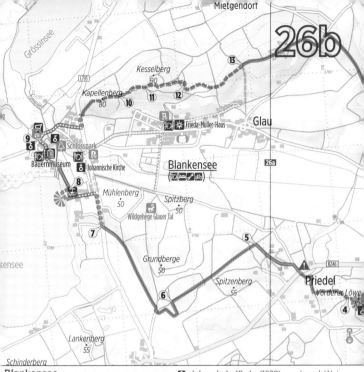

Blankensee

PLZ: 14959; Vorwahl: 33731

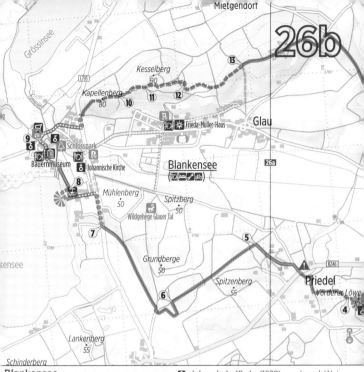 **Museumsschänke** im Museum, ☏ 12496, ÖZ: Mi-So, Fei ab 13 Uhr

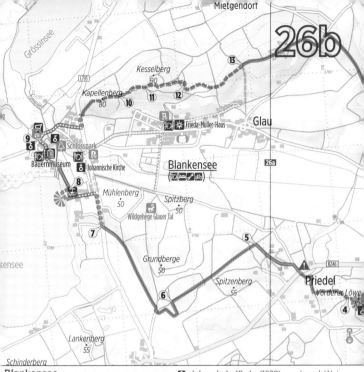 **Café im Schloss**, ☏ 322495, ÖZ: So/Fei 13-18 Uhr

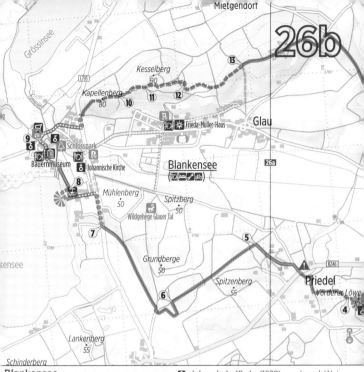 **Bauernmuseum**, Blankenseer Dorfstr. 4, ☏ 80011, ÖZ: Mi-Fr 10-12 Uhr und 13-17 Uhr, Sa, So/Fei 13-17 Uhr. In dem 1649 erbauten Bauernhaus werden Gebrauchsgegenstände früherer Jahrhunderte gezeigt.

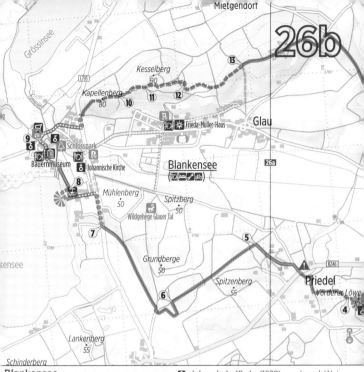 Die **Dorfkirche**, ursprünglich im 14. Jh. erbaut, ist das älteste Bauwerk der Stadt.

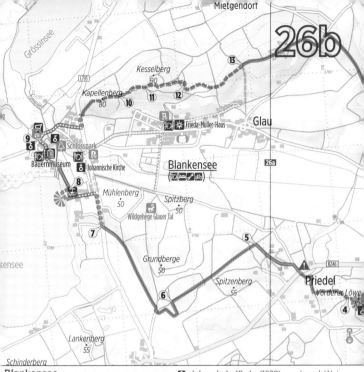 **Johannische Kirche** (1929), von Joseph Weißenberg erbaut. Die Hallenkonstruktion mit Doppelbögen aus Holz steht unter Denkmalschutz. In der Kirche finden neben den Gottesdiensten auch regelmäßig Konzerte statt.

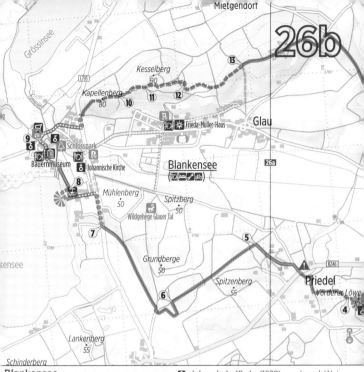 **Gutshaus Sudermannschloss** (1740), ☏ 31190. Das barocke Schloss gehörte zwischen 1857 und 1928 dem Schriftsteller Hermann Sudermann. Seit 2006 wird das Schloss als Tagungs- und Veranstaltungshaus genutzt.

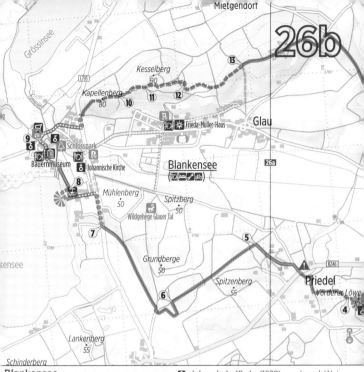 **Wildgehege Glauer Tal**, ÖZ: Okt.-März 10-17 Uhr, April-Sept. 10-20 Uhr, letzter Einlass 17 Uhr. In dem 160 ha großen Gelände auf einem ehemaligen Truppen-

übungsplatz können über 100 Tiere der Arten Rot-, Dam- und Muffelwild beobachtet werden.

🏛 Der **Schlosspark** wurde vom Landschaftsgartengestalter Lenné unter Einbeziehung des Flüsschens Nieplitz angelegt und u. a. mit Skulpturen, Säulen, Brücken und Marmorbänken ausgestattet.

Blankensee kann auf eine über 700-jährige Geschichte zurückblicken und wurde bereits mehrfach im europäischen Wettbewerb um die schönsten Gemeinden preisgekrönt. Zwischen den Glauer Bergen und dem Blankensee gelegen, ist der Ort ein attraktiver Ausgangspunkt für Wanderungen im Naturpark Nuthe-Nieplitz. In der Umgebung lassen sich im Herbst und im Frühjahr tausende Zugvögel beobachten. Auch der Blankensee mit seinem breiten Schilfgürtel ist ein Vogelparadies, der gesamte See steht unter Naturschutz.

Naturpark Nuthe-Nieplitz

Wappentier des Naturparks ist der Kranich. Dieser Vogel hat sein Brutgebiet im seenreichen Bereich zwischen den Flüssen Nuthe und Nieplitz, wo ihm ideale Lebensbedingungen bieten. Im Frühjahr und Herbst sind Tausende Kraniche auf den Flachwasserseen zu beobachten. Der größte See des Naturparks ist der Blankensee.

Die Landschaft ist als Urstromtal nach der jüngsten Eiszeit entstanden, von Grund- und Endmoränen durchzogen. Auf sandigen Böden wachsen vor allem Kiefernwälder. Es kommen auch Heidelandschaften mit Trockenrasen vor. Diese sind infolge der jahrzehntelangen militärischen Nutzung entstanden. In den Flussniederungen von Nuthe und Nieplitz gab es früher großflächige Niedermoore. Heute sind hier nur noch kleine Feuchtwiesen zu finden. In einigen Bereichen gibt es auch Salzwiesen, die durch aufsteigendes Grundwasser entstehen. Diese Wiesen stellen seltene Lebensräume für gefährdete Tierarten dar und sind besonders schützenswert. Im Bereich des heutigen Naturparks bieten die ehemaligen Truppenübungsplätze in ihrer scheinbar endlosen Weite speziell für die Vogelwelt beste Bedingungen.

Am Blankensee

Schlosspark Blankensee

Dem **Seeweg** folgend auf der Brücke einen kleinen Kanal überqueren ～ an der ersten Gabelung nach der Brücke rechts ～ Sie laufen am **Bauernmuseum** und der zugehörigen **Museumsschänke** vorbei ～ geradeaus an der Mauer des **Schlossparks** entlang.

Wir empfehlen Ihnen, einen Abstecher nach rechts zum Schloss Blankensee zu machen und im schönen Schlosspark zu wandeln.

9 10,5 🏁 An der Kreuzung nach rechts, nun folgen Sie nicht mehr der Markierung des 66-Seen-Wegs ～ über die Brücke, in Richtung Glauer Berge West an der Gabelung rechts auf der Asphaltstraße bleiben ～ an der Vorfahrtsstraße links und 200 m danach in den ersten Abzweig nach rechts ～ gleich danach an der Gabelung links bergauf, Sie laufen über den Kapellenberg, auf dem sich eine mittelalterli-

che Wallfahrtskapelle befand, von der heute aber nur noch zugewachsene vereinzelte Reste von Back- und Feldsteinen vorhanden sind.

10 12,0 Über einen Querweg, danach erneut bergauf und an der Gabelung rechts ～ im Linksbogen über einen sehr sandigen Abschnitt ～ der Weg wird etwas ebener, Sie halten sich beim nächsten sandigen Bereich links ～ geradeaus und leicht bergab, der Wald lichtet sich und bald haben Sie einen weiten Blick gen Süden.

11 12,5 An den abgestorbenen Birken nach links auf den breiten Weg ～ in den ersten Pfad nach rechts abzweigen ～ über einen Querweg, Sie bleiben auf dem Pfad, der bald danach in einen Hohlweg mündet ～ Sie laufen durch eine Erosionsrinne in hügeligem Gelände, halten sich dann rechts durch lichten Kiefernwald und laufen

159

In den Glauer Bergen

an dem Wäldchen mit den sehr dicht stehenden Bäumen rechts entlang.

12 ¹³,¹ Am Ende dieses Wäldchens rechts auf den breiten, sandigen Weg kurz bergauf ⤳ links haltend auf eine große Birke zu ⤳ geradeaus an einem Hochsitz vorbei, immer dem Pfad folgen ⤳ der Weg wird breiter und wieder sandig ⤳ an schönen alten Kiefern vorbei, Sie halten sich links.

13 ¹⁴,¹ Geradeaus wieder durch einen sehr sandigen Bereich.

AUSFLUG Wenn Sie hier nach rechts dem Weg bergab folgen, dann gelangen Sie nach gut 500 m rechts in den geschichtlich interessanten Ort Glau (s. S. 162).

Weiter Richtung Trebbin ⤳ immer geradeaus, jetzt ist die Wegführung eindeutig, es gibt nur noch wenige stark sandige Bereiche ⤳ an einem geodätischen Festpunkt vorbei ⤳ am Querweg links auf den breiten Weg, in dem sandigen Bereich laufen Sie auf dem Pfad etwas oberhalb des Weges ⤳ an der Kreuzung rechts und immer geradeaus auf dem breiten Forstweg.

14 ¹⁶,⁸ Nach 1,3 km an der Wegkreuzung links ⤳ nach knapp 300 m beginnt der Spurplattenweg ⤳ über einen kleinen Wassergraben und dann im Rechtsbogen, Sie laufen nun direkt an der Nuthe entlang ⤳ im Rechtsbogen der Nuthe wechseln Sie ans linke Ufer.

15 ¹⁹,⁶ Vor dem Linksbogen des Kanals nach links abzweigen ⤳ nach der Brücke auf dem Plattenweg weiter ⤳ geradeaus über die Straße, an der nächsten Straße rechts und im Linksbogen zur Vorfahrtsstraße ⤳ auf dem Rad- und Fußweg am Gebäude der **Feuerwehr** vorbei, danach links in die **Bahnhofstraße** ⤳ an der Kreuzung links, sich rechts haltend kommen Sie am Hotel vorbei.

1 ²²,⁰ Sie gelangen geradewegs zum **Bahnhof**.

Trebbin

Tour 27   7,3 km

Von Blankensee nach Glau

Start/Ziel: **Blankensee, Parkplatz beim Schloss**

Gehzeit: **2 - 2½ Std.**

Aufstieg: **75 m**
Abstieg: **75 m**
Hartbelag: **52 %**
Wanderwege: **8 %**
Wanderpfade: **40 %**

Charakteristik: Diese Rundtour ist zwar recht kurz, doch die teilweise sandigen Wege in den Glauer Bergen haben es in sich. Da Sie für den Besuch der Friedensstadt etwas Zeit einplanen sollten und der Ort Blankensee mit dem Schlosspark zum besinnlichen Flanieren einlädt, können Sie für diesen Ausflug einen ganzen Tag einplanen, er wird mit Erlebnissen und Eindrücken ausgefüllt sein. Wenn vor der Heimreise noch Zeit bleibt, sollten Sie einen Abstecher zum Blankensee machen. Vielleicht nehmen Sie auch ein Fernglas mit – der ganze See steht unter Naturschutz und im Schilfgürtel tummeln sich unzählige Wasservögel.

Markierung: In den Glauer Bergen folgen Sie der roten Querstrich-Markierung, der Weg auf dem Kamm ist nur unzureichend markiert.

Anreise/Abreise: mit dem Auto (ÖPNV nicht praktikabel)

Parkplätze: Sie parken im Ort, Parkmöglichkeiten auch an der L 693 am Fuße der Glauer Berge.

Blankensee   s. S. 157

1 0,0 Vom **Parkplatz** in Schlossnähe links ∿ über die Brücke, in Richtung Glauer Berge West ∿ an der Gabelung rechts auf der Asphaltstraße bleiben ∿ an der Vorfahrtsstraße links und 200 m danach in den ersten Abzweig nach rechts ∿ gleich danach an der Gabelung links bergauf, Sie laufen über den Kapellenberg, auf dem sich eine mittelalterliche Wallfahrtskapelle befand, von der heute nur noch zugewachsene vereinzelte Reste von Back- und Feldsteinen vorhanden sind.

2 1,4 Über einen Querweg, danach erneut bergauf und an der Gabelung rechts ∿ im Linksbogen über einen

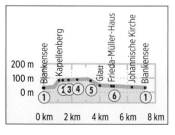

Frieda-Müller-Haus in Glau

sehr sandigen Abschnitt ∾ der Weg wird etwas ebener, Sie halten sich beim nächsten sandigen Bereich links ∾ geradeaus und leicht bergab, der Wald lichtet sich, und bald haben Sie einen weiten Blick gen Süden.

3 1,9 An den abgestorbenen Birken nach links auf den breiten Weg ∾ in den ersten Pfad nach rechts abzweigen ∾ über einen Querweg, sie bleiben auf dem Pfad, der bald danach in einen Hohlweg mündet ∾ Sie wandern durch eine Erosionsrinne in hügeligem Gelände, halten sich dann rechts und laufen an dem Wäldchen mit den sehr dicht stehenden Bäumen rechts entlang.

4 2,5 Am Ende dieses Wäldchens rechts auf den breiten, sandigen Weg kurz bergauf ∾ links haltend auf eine große Birke zu ∾ geradeaus an einem Hochsitz vorbei, immer dem Pfad folgen ∾ der Weg wird breiter und wieder sandig ∾ an schönen alten Kiefern vorbei, Sie halten sich links.

5 3,5 Sie kommen wieder in einen sandigen Bereich, hier rechts bergab ∾

nach gut 500 m am Waldrand rechts in den **Laubenweg**, Sie kommen nach Glau, einem geschichtlich sehr interessanten Ort.

Glau

◎ **Café Tassé** im Frieda-Müller-Haus, Birkenstr. 9-11, ☎ 033731/32551, ÖZ: So 14-17 Uhr. Selbstgebackener Kuchen.

✱ Das **Frieda-Müller-Haus** (1930) ist das größte Gebäude der Friedenstadt Weißenberg. Früher diente es als Altersheim, nunmehr als Wohnhaus.

In Glau wurde 1920 die Friedensstadt als religiöse Siedlung mit medizinisch-therapeutischen Einrichtungen erbaut. Der Religions- und Sozialreformer Joseph Weißenberg (1855-1941) war Begründer dieses Siedlungswerks, das sich in den 1920er Jahren zur größten Privatsiedlung Deutschlands entwickelte. In der NS-Zeit enteignet, wurde die Siedlung 1942-1945 eine Außenstelle des KZ Sachsenhausen. Später zur DDR-Zeit war auf dem Gelände die sowjetische Garnison Glau statio-

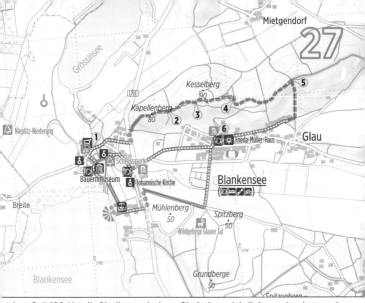

niert. Seit 1994 ist die Siedlung wieder in Besitz der Johannischen Kirche. In Glau, nach dem Begründer auch Friedensstadt Weißenberg genannt, wird auf 20 Informationstafeln die Geschichte einzelner Häuser und des Ortes dargestellt.

6 [5,2] An der Wegkreuzung beim Parkplatz links und nach den Häusern rechts in die **Blankenseer Straße**.

> **VARIANTE** Wenn Sie gleich danach links abbiegen, erreichen Sie in südlicher Richtung das Wildgehege und können dann von dort einen Abstecher zum Blankensee machen.

Geradeaus über die L 793, dann rechts in die **Wilhelm-Pieck-Straße**.

🏠 **Landhaus Waldfrieden**, ☎ 033731/80652, ÖZ: Sommer, Sa, So 11.30-18 Uhr

Sie halten sich links und gelangen in den **Schlosspark** ∽ am Schloss vorbei und über die Brücke, Sie verlassen den Park wieder ∽ an der Straße rechts.
1 [7,3] Nochmals rechts, dann sind Sie wieder beim **Parkplatz**.
Blankensee

Informatioinstafel in Glau

Tour 28   7,5 km

Zum Teufelsberg im Grunewald

Start/Ziel: Berlin-Grunewald, S-Bahnstation Grunewald

Gehzeit: 2½ - 3 Std.

Aufstieg: 230 m
Abstieg: 230 m
Hartbelag: 20 %
Wanderwege: 67 %
Wanderpfade: 13 %

Charakteristik: Der Grunewald ist das zweitgrößte Waldgebiet Berlins. In dem traditionellen Naherholungsgebiet gibt es eine Vielzahl an Wanderwegen. Die hier vorgestellte Tour im nördlichen Grunewald zeigt einige Besonderheiten und Kuriositäten auf.

Über Treppen geht es hinauf auf den Teufelsberg, von oben haben Sie einen herrlichen Blick auf Berlin und auf die Kuppeln der ehemaligen Abhörstation. Vorbei am Kletterfelsen, einer Mountainbike-Strecke und entlang eines Skihangs gelangen Sie zum eingezäunten Areal, das von der US-Armee als Radar- und Horchposten genutzt wurde.

Auf dem Weg wieder bergab sehen Sie die Reste eines Weinbergs und kommen bald zum Ökowerk, das in dem ältesten erhaltenen Wasserwerk Berlins untergebracht ist. Hier können Sie eine Rast einlegen, der Imbiss bietet Getränke, Kuchen und Snacks an. Im nahegelegenen Teufelssee lässt sich dann noch ein Bad nehmen, bevor es weiter zur Sandkuhle geht. Diese aufgelassene Kiesgrube vermittelt gegen Ende der Tour noch einmal ganz andere landschaftliche Reize.

Markierung: keine

Anreise/Abreise: mit der S-Bahn S 7 bis Grunewald

Parkplätze: am S-Bahnhof **Berlin-Grunewald**

🏠 **Waldklause**, Eichkampstr. 156, ☎ 030/3026770

Der Grunewald wurde in früheren Jahrhunderten als Waldweidegebiet genutzt. Das im östlichen Bereich liegende Jagdschloss Grunewald (1543), früher „Zum grünen Wald" genannt, gab der Waldfläche seinen

Namen. Als Hofjagdgebiet war der Grunewald im 19. Jahrhundert eingezäunt, damals mit einer noch weitaus größeren Waldfläche als heute. Ab 1899 wurde kräftig gerodet, aus dieser Zeit stammt auch der Gassenhauer „Im Grunewald, im Grunewald ist Holzauktion". Im Norden entstand die heutige Villenkolonie Grunewald. Nach dem Zweiten Weltkrieg war das Gebiet durch Bomben stark zerstört und wurde schließlich gänzlich abgeholzt, um Brennholz für die Berliner Bevölkerung zu gewinnen. Die anschließende Aufforstung schuf den heutigen Waldbestand, der also noch recht jung ist. Der gesamte Grunewald ist als Landschaftsschutzgebiet ausgewiesen.

1 0,0 Vom **S-Bahnhof** durch die Unterführung an der Waldklause und dem Parkplatz vorbei ∾ Sie nehmen den rechten Weg in Richtung Ökowerk und laufen an der Schranke vorbei ∾ an der Gabelung nach rechts in den etwas schmaleren Weg.

2 0,8 An der **Kleingartenkolonie** halbrechts ∾ an der Wegkreuzung geradeaus ∾ über den nächsten Querweg auch geradeaus ∾ kurz danach links zur Straße abzweigen ∾ an der **Teufelsseechaussee** rechts auf den asphaltierten Radweg, kurz danach die Straße nach links zum Parkplatz queren.

3 1,8 Am Ende des **Parkplatzes** nach rechts die Treppen hoch auf den Berg.

Oben links entlang ∿ an der westlichsten Stelle des Plateaus links in den schmalen Pfad bergab, links sehen Sie die Gebäude der ehemaligen Abhöranlage ∿ in der Senke geradeaus und über den Querweg.

Kletterfelsen

Seit 1970 steht auf dem Teufelsberg ein Kletterturm des Deutschen Alpenvereins, der auch eine Sektion in Berlin hat. Es ist eine der ältesten künstlichen Kletteranlagen Deutschlands.

4 [2,3] Am **Kletterfelsen** vorbei und danach in den rechten, schmalen Weg ∿ am gleich danach folgenden Querweg links ∿ in den nächsten Weg rechts und über die Brücke; unter der eine Moutainbike-Piste verläuft.

VARIANTE Sie können sich vor der Brücke auch links halten und gelangen bergauf zum Weg, der um die ehemalige Abhöranlage verläuft.

An der Gabelung mit den drei Wegen in den linken Weg ∿ am Skihang, das ist die deutlich erkennbare Schneise, links und recht steil bergauf ∿ oben am Rundweg links, bald haben Sie einen Blick auf die Radarkuppeln, Sie bleiben immer am Zaun.

5 [3,8] Vom Haupteingang wieder etwas zurück und auf dem Asphaltweg hinunter ∿ im Zick-Zack geht es bergab ∿ Sie kommen am ehemaligen Weinberg vorbei, hier ganz kurz rechts und dann links ∿ unten am Parkplatz vorbei zur Straße ∿ Sie queren die Zufahrtsstraße zum

Teufelsberg und laufen entlang der **Teufelsseechaussee** ∿ an der Kinder- und Jugenderholungsstätte vorbei ∿ Sie laufen entweder rechts zum Eingang **Ökowerk** oder bleiben auf dem Hauptweg.

Teufelssee (Grunewald)

🍽 **Bistro im Ökowerk Teufelssee**, März-Okt., Fr-So, Fei 12-18 Uhr

🏛 **Ökowerk Teufelssee**, Teufelssech. 22-24, ✆ 030/3000050, ÖZ: Okt.-März, Di-Fr 10-16 Uhr, Sa, So/Fei 11-16 Uhr und April-Sept., Di-Fr 10-16 Uhr, Sa, So/Fei 11-16 Uhr. Auf dem 2,8 ha großen Gelände gibt es u. a. einen Bio-Garten, Teiche, Labore und eine Veranstaltungshalle. Das Ökowerk bietet Ausstellungen, Seminare, Exkursionen und Führungen an.

📷 **Teufelssee**

Das Ökowerk ist in einem ehemaligen Wasserwerk untergebracht, das 1873 erbaut und 1969 stillgelegt wurde. Der 2,4 Hektar große Teufelssee liegt im Naturschutzgebiet Teufelsfenn.

Am Zaun des Ökowerks entlang ∿ rechts hinunter zum Teufelssee ∿ am See links auf den Uferweg ∿ am Ende des Sees an der Gabelung links halten ∿ am breiten Querweg links, an der Gabelung auf dem breiten Weg links halten.

6 [5,9] An der Gabelung beim See dann rechts ∿ am Informationsschild bei der Nordrampe der **Sandgrube** nach rechts ∿ rechts am Sandberg entlang, in diesem Areal wurde von 1966-1983 Kies abgebaut ∿ beim Informationsschild rechts.

Teufelssee

Sie können auch geradeaus bzw. links am kleinen Teich vorbei laufen, am Waldrand dann rechts.

Auf dem schmalen Pfad halten Sie sich rechts ～ Sie kommen auf den ehemaligen Zufahrtsweg für die LKWs, die Kies abgefahren haben, hier halten Sie sich rechts bergauf.

7 6,2 An der Südrampe beim Informationsschild rechts an der Schranke vorbei ～ am breiten Hauptweg links und gleich wieder rechts ab auf den etwas sandigen Weg ～ an der nachfolgenden Gabelung rechts ～ am breiten Querweg rechts ～ an der nächsten Gabelung leicht links in den mittleren Weg ～ an der Försterei vorbei.

1 7,5 Geradeaus gelangen Sie zurück zum **S-Bahnhof** Grunewald.

Berlin-Grunewald

Radarkuppel

Der Teufelsberg im Grunewald

Der Teufelsberg ist Berlins größter Trümmerberg und mit einer Höhe von 115 Metern die zweithöchste Erhebung Berlins. Von oben hat man einen ausgezeichneten Rundblick. An der Stelle des heutigen Berges wurde im Zweiten Weltkrieg ab 1937 der Bau einer Wehrtechnischen Fakultät begonnen, die Teil einer gigantischen Hochschulstadt werden sollte. Am Ende des Krieges war erst der Rohbau fertiggestellt, dieser wurde gesprengt und abgerissen. Von 1949 bis 1972 wurde an dieser Stelle Trümmerschutt zerbombter Häuser West-Berlins aufgeschüttet. Insgesamt lagern hier etwa 26 Millionen Kubikmeter Schutt. Anschließend ließ der Berliner Senat die zwei Bergkuppen mit Erde auffüllen und Bäume pflanzen. Bei der Umgestaltung zur Freizeitanlage wurden eine Sprungschanze, ein Schlepplift und eine Rodelbahn erbaut, sodass die Berliner hier ein Wintersportparadies in Kleinstformat nutzen konnten. Am Südhang entstand ein Weinberg, der die Trauben für das „Wilmersdorfer Teufelsträubchen" lieferte.

Auf der obersten Bergkuppe des Teufelsbergs sollte ein Gasthaus entstehen, doch die Freizeitanlage konnte leider nicht weiter ausgebaut werden, weil die amerikanischen Streitkräfte in Zeiten des Kalten Krieges diesen Teil des Berges als militärisches Sperrgebiet eingezäunt hatten. Die Amerikaner unter Aufsicht der National Security Agency, dem geheimsten Geheimdienst der USA, horchten von hier aus mittels einer riesigen Radaranlage das gesamte Gebiet der DDR ab. Nach der deutschen Wiedervereinigung und dem Abzug der Streitkräfte hat der Berliner Senat das Areal der ehemaligen Abhörstation verkauft. Es gab Pläne, auf dem Gelände ein Hotel mit Tagungszentrum, exklusive Wohnungen, Restaurants und ein Spionagemuseum zu errichten. Massiver Widerstand von Umweltschützern und der Konkurs des Investors ließen das Vorhaben scheitern. Über eine künftige Nutzung der Anlage soll in den nächsten Jahren entschieden werden.

Vom Wannsee nach Potsdam

Start: Berlin-Wannsee, S-Bahnstation Wannsee

Ziel: Potsdam-Babelsberg, Bahnhof

Gehzeit: 4 - 4½ Std.

Aufstieg: 250 m
Abstieg: 260 m
Hartbelag: 35 %
Wanderwege: 65 %
Wanderpfade: 0 %

Charakteristik: Auf wunderschönen Uferwegen begeben Sie sich in die einstige Residenz der preußischen Könige. Diese Route durch eine einzigartige Kulturlandschaft aus Parkanlagen und Schlössern bietet traumhafte Blicke über weite Wasserflächen und führt vorbei an vielen Prachtbauten des preußischen Königshauses. Da am Wegesrand immer wieder Badestellen und einige Biergärten liegen, ist neben den kulturellen Highlights für reichlich Abkühlung und Entspannung gesorgt.

Abkürzung: An der Pfaueninsel und der Glienicker Brücke können Sie die Tour vorzeitig beenden, dort besteht jeweils Busanbindung zum Bhf. Wannsee.

Markierung: z. T. als Mauer-Radweg

Anreise/Abreise: Mit der S-Bahn S 1 oder mit dem Regionalexpress 1. Berlin-Grunewald

1 0,0 Vom **Bahnhof** nehmen Sie den Ausgang zum Schiffsanleger ↝ an der Straße links ↝ die Stufen hinunter zum **Schiffsanleger** und nach links auf den Uferweg ↝ nach dem Rechtsbogen links hinauf zur Straße und

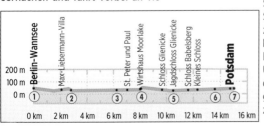

Liebermann-Villa

über die Brücke ∿ in die erste Straße nach rechts ∿ Sie halten sich rechts und laufen nun immer entlang der Straße **Am großen Wannsee**.

🏛 **Max-Liebermann-Villa** (1909), Colomierstr. 3, ☎ 030/80585900, ÖZ: April-Sept., Mi-Mo 10-18 Uhr und Okt.-März, Mi-Mo 11-17 Uhr. Max Liebermann (1847-1935) nannte sein Sommerhaus „Schloss am See". Der fast 7.000 m² große Garten wurde nach seinen Ideen gestaltet. In der Villa wird über das Leben von Liebermann informiert und es ist eine Gemäldesammlung zu sehen.

🏛 **Gedenkstätte Haus der Wannseekonferenz**, Am Großen Wannsee 56-58, ☎ 030/8050010, ÖZ: tägl. 10-18 Uhr, außer Feiertage. Dieses Haus hat eine entsetzliche Geschichte: hier fand am 20.01.1942 die „Konferenz über die Endlösung der Judenfrage", die nach dem Haus benannte „Wannseekonferenz" statt, auf der die Massenvernichtung der Juden beschlossen wurde.

Vor dem Restaurant **Haus Sanssouci** nach rechts in den unbefestigten Weg.

✳ **Flensburger Löwe**, eine Plastik vom dänischen Bildhauer Herman Wilhelm Bissen als Denkmal für den Sieg der dänischen Truppen über die deutschen Schleswig-Holsteiner im Jahr 1850. Der Löwe ist das Wappentier Dänemarks. Das Original der Plastik steht in Kopenhagen.

2 2,6 Beim **Flensburger Löwen** nach links zum Wasser hinunter, am gegenüberliegenden Ufer sehen Sie das Strandbad Wannsee ∿ Sie laufen nun am Ufer des Wannsees und der Havel entlang, immer wieder können Sie schöne Blicke über das Wasser genießen und in kleinen Sandbuchten ein Bad nehmen.

3 6,3 An der Straße nach rechts ∿ bei der **Pfaueninsel** erreichen Sie die ersten Biergärten, hier können Sie eine Rast einlegen oder vielleicht auch mit der Fähre auf die Insel übersetzen.

Pfaueninsel

🏛 **Wirtshaus zur Pfaueninsel**, ☎ 030/8052225, ÖZ: Sommer: 10-20 Uhr, Winter: Di-So 10-18 Uhr, mit großem Biergarten

⛴ **Fähre** zur Pfaueninsel, verkehrt nach Bedarf, ☎ 030/3258703

🚌 **Bus 218** zum S-Bahnhof Wannsee und zum U-Bahnhof Th.-Heuss-Platz, im Stundentakt bis 20 Uhr, am WE halbstündlich

🏞 **Pfaueninsel**, ÖZ: Sept.-Okt. und März-April 9-17 Uhr, Nov.-Febr. 9-16 Uhr, Mai-Aug. 8-18 Uhr

König Friedrich Wilhelm II. erkor die Insel als einen Ort, um „zu zweit allein zu sein". Hierher kam er gern mit seiner Geliebten Wilhelmine Encke. Nach seinem Tod diente die Insel dem König Friedrich Wilhelm III. als Sommersitz. Mit der Gestaltung des Gartens wurde Peter Joseph Lenné beauftragt. 1834 wurde der Bau an der gartenkünstlerischen Gesamtanlage abgeschlossen.

Großer Wannsee

Meierei

Pfaueninsel
Kavalierhaus

St. Peter und Paul

Berliner Forst

Schäferberg
105

Strandbad Wannsee

Haus d. Wannseekonferenz

Max-Liebermann-Villa

S Wannsee

Kleist-Grab

Kleiner Wannsee

Pohlesee

Düppel

Stölpchensee

Brücke Friedhofsbahn

Eisenbahnbrücke

Dreilinden

Sacrower Heilandskirche

Es ist ein Meisterwerk der Romantik entstanden.

In Tiergehegen waren ca. 850 Tiere untergebracht, exotische Vögel, Raubkatzen, Wölfe, Bären. Nach Fertigstellung des Zoologischen Gartens im Jahre 1845 wurden die Tiere nach Berlin gebracht. Die Pfauen kann man noch heute auf der unter Naturschutz stehenden Insel bewundern.

Im Linksbogen am **Wirtshaus zur Pfaueninsel** vorbei ᨹ auf dem nun breiteren Weg unterhalb der Kirche St. Peter und Paul vorbei und in eine Bucht zum **Wirtshaus Moorlake**.

▣ **Wirtshaus Moorlake**, ☎ 030/8055809, ÖZ: Sommer: 12-21 Uhr, Winter: 12-18 Uhr, mit großem Biergarten. Seit 1896 ist das 1840 erbaute Forsthaus als Gaststätte ausgebaut.

⊿ **8,0** Nach rechts auf die Straße, am gegenüberliegenden Ufer sehen Sie die **Sacrower Heilandskirche** ᨹ weiter auf dem Uferweg, Sie erreichen den Volkspark Klein Glienicke, bleiben aber weiter auf dem Uferweg ᨹ geradewegs auf die Glienicker Brücke zu.

Klein Glienicke

PLZ: 14109; Vorwahl: 030

🏰 **Jagdschloss Glienicke** (1693), vom Großen Kurfürsten Friedrich Wilhelm I. erbaut, 1860 umgestaltet. Das Schloss wurde bei einem Brand 2003 schwer beschädigt, ist heute aber wieder saniert. Es beherbergt gegenwärtig eine sozialpädagogische Fortbildungseinrichtung.

🏰 **Schloss Glienicke**, Königstr. 36, ☎ 8053041, ÖZ: Mitte Mai-Mitte Okt., Sa, So/Fei 10-17 Uhr. Das Schloss wurde 1682 als Jagdschloss für den Großen Kurfürsten Friedrich Wilhelm I. errichtet und 1825 nach den Plänen von Schinkel für den

Blick auf den Schlosspark Babelsberg

Prinzen Carl von Preußen umgebaut. Im Westflügel ist ein Hofgärtnermuseum untergebracht.

✴ Die **Glienicker Brücke** hieß zu DDR-Zeiten „Brücke der Einheit" und ist bekannt geworden durch Agentenaustäusche. Hier endet Berlin und Potsdam beginnt.

🏰 **Park Glienicke**, 1859-62 von Peter Joseph Lenné und Prinz Carl von Preußen angelegt.

Vor der Brücke an der Gabelung rechts, unter der Brücke hindurch 〰 durch ein Tor gelangen Sie in den Schlosspark, auf diesem sehr schönen Weg bleiben Sie in Ufernähe.

5 10,3 Vor dem **Jagdschloss Glienicke** nach links, Sie laufen um das Schloss herum 〰 am Ende des Gebäudekomplexes rechts durch die Tür zur Straße, auf diese rechts in Richtung Babelsberg 〰 nach rechts und über die Brücke 〰 nun auf dem Uferweg im **Schlosspark Babelsberg** immer in Wassernähe.

Potsdam-Babelsberg

PLZ: 14482; Vorwahl: 0331

Kleines Schloss, Park Babelsberg

⑤ Schloss Babelsberg (1834-1835), ✆ 9694250. Das Schloss wurde von Schinkel für Prinz Wilhelm, dem Sohn von Königin Luise und König Friedrich Wilhelm III., erbaut und mehr als 50 Jahre als Sommersitz genutzt.

⑥ Kleines Schloss (1841-1842), im Auftrag von Prinzessin Augusta von Sachsen-Weimar für ihren Sohn Prinz Friedrich Wilhelm gebaut. Heute befindet sich im Schloss ein Restaurant.

⚔ Gerichtslaube (12. Jh.), diese stand bis 1871 an der Stelle, wo sich heute das Berliner Rote Rathaus befindet und gehörte zum ersten Rathaus Berlins. 1872 wurde die Gerichtslaube im Park Babelsberg Stein für Stein wieder aufgebaut.

⚔ Matrosenhaus, hier lebte der für die königlichen Boote zuständige Matrose.

⚓ Park Babelsberg, Inf. unter ✆ 9694202. Der Park wurde unter Lenné ab 1833 angelegt und später von Fürst Pückler-Muskau ausgebaut.

☀ Der **Flatowturm** bietet einen phantastischen Blick über die Stadt Potsdam.

Babelsberg ist ein Stadtteil von Potsdam und hieß früher Nowawes. Nowawes war eine im Auftrag von Friedrich II. ab 1750 errichteten Kolonie, in der böhmische Glaubensflüchtlinge eine neue Heimat finden konnten. Die angesiedelten Weber und Spinner sollten die einheimische Textilindustrie beleben.

An der Gabelung rechts und am Strandbad vorbei ∿ Sie bleiben immer in Ufernähe.

6 [13,5] Unter der Straßenbrücke hindurch ∿ auf einer Brücke über die Nuthe, nun kommen Sie an der **Freundschaftsinsel** vorbei.

7 [14,9] Nach links erreichen Sie den **Bahnhof** und das Ende der Tour.
Potsdam

Ins Naturschutzgebiet Königswald und zum Sacrower See

Start/Ziel: **Sacrow, Schloss**
Gehzeit: **4 - 4½ Std.**

Aufstieg: **165 m**
Abstieg: **165 m**
Hartbelag: **8 %**
Wanderwege: **78 %**
Wanderpfade: **14 %**

Charakteristik: Die Tour startet mit großem Auftakt, gleich zu Beginn laufen Sie durch den schönen Park Sacrow am Schloss vorbei zur Heilandskirche. Es folgt eine Wanderung durch den Königswald, hier wachsen überwiegend Kiefern. Zuerst geht es am Ufer von Jungfernsee und Lehnitzsee entlang, dann auf einsamen Waldwegen zum Sacrower See. Dieser See ist besonders klar und kühl, somit als Badesee sehr geschätzt. Auf dem Hochuferweg gelangen Sie zurück zum Ausgangspunkt der Tour, wo Sie vor der Rückreise noch ausgiebig einkehren können.

Abkürzung: Wenn Sie lediglich den Sacrower See auf dem markierten Uferweg umrunden, beträgt die Runde ca. 8 Kilometer.

Markierung: Im ersten Bereich ist gelb markiert, ab Krampitz rot, am Sacrower See dann grün.

Anreise/Abreise: Es gibt regelmäßige Verbindungen über Spandau oder über Potsdam, meist mit zweimaligem Umsteigen, Fahrzeit ca. 1¼-1½ Std. ab Berlin-Mitte.

Parkplätze: Am Ortseingang von Sacrow gibt es einen großen, kostenfreien Parkplatz. Die Autoanreise erfolgt über die B 2, Abfahrt in Krampitz.

Sacrow
PLZ: 14469; Vorwahl: 0331

🍴 **Zum Sacrower See**, Weinmeisterweg 1, 0331/503855, ÖZ: April-Okt., tägl. 11.30-22 Uhr und Nov.-März, Di-So 11.30-22 Uhr. Das Restaurant wurde bereits 1927 eröffnet. Heute bietet das Haus mit dem Rittersaal eine kleine Attraktion. In diesem dem 13. Jh. nach-

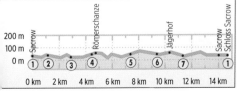

empfundenen Saal können Rittergelage gebucht werden.

- **Schloss Sacrow**, Krampnitzer Str. 1, ☎ 9694-202. 1773 als Herrenhaus für den schwedischen Generalleutnant von der Hordt gebaut, 1844 von Ludwig Persius umgebaut.

- **Heilandskirche**, ☎ 504375, ÖZ: April-Sept., Di-So 10-18 Uhr, Okt., Di-So 11-15 Uhr und Nov.-März. Sa, So 11-15 Uhr. 1840-1844 im Auftrag von Friedrich Wilhelm IV. und nach dessen Zeichnungen vom Architekten Ludwig Persius, einem Schinkel-Schüler, im italienischen Stil mit einem freistehenden Glockenturm erbaut. Zu DDR-Zeiten lag die Sacrower Heilandskirche im Niemandsland und drohte zu verfallen. 1993-1999 wurde die Kirche denkmalgerecht restauriert und erhielt eine neue Orgel.

Der Name Sacrow stammt aus der Zeit, als an dieser Stelle im 13. Jahrhundert eine slawische Siedlung zu finden war. „sa crowje" hieß so viel wie „hinter dem Gebüsch" oder „verborgener Platz". 1840 hat König Friedrich Wilhelm IV. das Gut Sacrow und das dazugehörige Herrenhaus erworben. Er ließ dann die Heilandskirche errichten und beauftragte den Gartenbaukünstler Peter Joseph Lenné mit der Gestaltung der Parkanlage. Das Schloss und der Park Sacrow mit der Heilandskirche gehören heute als Teil der Potsdamer Kulturlandschaft zum UNESCO-Weltkulturerbe.

1 0,0 Vom **Schloss Sacrow** in den Schlosspark.

Am Krampnitzsee

AUSFLUG

Ein Abstecher auf die Halbinsel Meedehorn ist unbedingt zu empfehlen – die Runde durch die durchweg schönen Kleingärten mit Wasserlage entführt in eine schöne Welt, Einkehr gibt es auch.

Auf der Hauptroute zur Havel und zur **Heilandskirche**, dann rechts am Ufer entlang.

2 1,2 Auf dem gesandeten Uferweg verlassen Sie den Park ∿ nun folgen Sie der Gelb-Strich-Markierung in etwas Abstand zum Wasser, an zwei Stellen können sie direkt an den Jungfernsee gelangen und haben einen Blick auf die Alte Meierei im Neuen Garten in Potsdam.

3 2,7 An der Wegkreuzung links ∿ in den zweiten Weg nach links, Sie kommen auf einen schmalen Uferweg, der überwiegend am Wasser entlang verläuft ∿ im Rechtsbogen gelangen Sie dann wieder auf den breiten Waldweg, halten sich hier links.

4 4,4 An der Wegkreuzung bei der Informationstafel zur Römerschanze links.

Römerschanze

Die Römerschanze ist eine Wall-
siedlung, die als Wehrsiedlung in
der späten Hügelgräber-Bronzezeit
um 1250 v. Chr. als Mittelpunkt eines
Stammes errichtet wurde. Auf den
heute noch gut erkennbaren etwa
6 Meter hohen Wällen, die ein 2 Hektar großes Gebiet mit drei Toranla-
gen umschlossen, befand sich eine
Palisadenwand. Im 6. Jahrhundert
wurde diese Siedlung aufgegeben,
die gefundenen starken Holzkohle-
schichten deuten auf einen Brand
hin. Im 8./9. Jahrhundert erfolgte eine
Wiederbesiedlung durch Slawen, die
die Wehranlage wieder aufbauten.
Doch im 10. Jahrhundert wurde die
Anlage endgültig zerstört. Die vor
dem Südtor gelegene Vorburgsied-
lung blieb noch bis ins 13. Jahrhundert
bewohnt.

Nach dem Anstieg am Abzweig zum
Aussichtspunkt vorbei ∿ über einen
querenden Pfad und dann bergab ∿
geradeaus auf den breiten Wanderweg ∿ an der Straße links, zum Teil
können Sie links neben der Straße auf
einem Pfad laufen ∿ vor der leichten
Rechtskurve nach links ∿ kurz vor
dem Ende des Waldes im Rechtsbogen und nun immer am Waldrand
entlang zur Straße.

5 [7,5] An der Straße links, dann in den
ersten Weg nach rechts ∿ auf dem
breiten, geschotterten Weg ins Naturschutzgebiet ∿ an der Gabelung
rechts ∿ an den beiden Abzweigungen vorbei und im Linksbogen
∿ über den Querweg ∿ an der etwas

größeren Wegkreuzung nach rechts
∿ kurz danach über den Querweg
geradeaus, Sie laufen nun im dichten Kiefernwald ∿ erneut über eine
Wegkreuzung.

Königswald

Der Königswald entstand durch Aufforstung, die von König Friedrich Wilhelm IV. veranlasst war. Zuvor gehörte
die Fläche zum Rittergut Sacrow und
bestand überwiegend aus Weiden
und Feldern. Der Wald ist Bestandteil
des Naturschutzgebietes Sacrower
See und Königswald, welches bereits seit 1941 besteht. Da ein großer
Bereich des Gebiets zum ehemaligen Grenzgebiet gehörte, konnte sich
vor allem am See in den 40 Jahren
der deutsch-deutschen Teilung ein
einzigartiges und schützenswertes
Biotop mit Brut- und Winterraststät-
ten für zahlreiche Wasservogelarten
herausbilden.

6 [9,5] An der folgenden Kreuzung links
ins Landschaftsschutzgebiet, gleich
danach an der Gabelung rechts ∿ an
einer Baumreihe von stattlichen Buchen entlang ∿ am Querweg links auf
den breiten Fahrweg ∿ an dem Abzweig zum Institut für Binnenfischerei
vorbei und auf den Uferwanderweg
nach rechts, dieser Weg ist jetzt mit
dem grünen Balken gekennzeichnet
∿ erst an einer kleinen Naturbadestelle und dann an der großen **Badestelle** vorbei.

🏨 **Hotel Waldfrieden**, Seepromenade 95,
✆ 03320/131291

Schloss Sacrow

Sacrower See

Der 2,8 Kilometer lange Flachlandsee wird überwiegend aus Grundwasser gespeist und ist von Wald und einem Schilfgürtel umgeben. Während der Teilung Deutschlands war der See Grenzgebiet und die Natur konnte sich hier über Jahrzehnte ungestört entwickeln. Der See gilt als einer der saubersten Seen im Berliner Umland, er ist für Motorboote gesperrt.

7 11,4 Über einige Stufen hinauf ⤳ Sie halten sich nun immer rechts nahe am See, links vom Weg liegen die Fuchsberge ⤳ an zwei Naturbadestellen vorbei ⤳ geradeaus auf die Asphaltstraße ⤳ vorbei an der Gärtnerei und der Gaststätte **Zum Sacrower See** ⤳ nach rechts über die Brücke.

1 14,8 Auf der Straße gelangen Sie zurück zum **Schloss**, dem Ausgangspunkt der Tour.

Sacrow

Zum Ziegeleimuseum und in die Glindower Alpen

Start/Ziel: **Glindow, Ziegelei**
Gehzeit: **1 Std.**

Aufstieg: **35 m**
Abstieg: **35 m**
Hartbelag: **16 %**
Wanderwege: **54 %**
Wanderpfade: **30 %**

Charakteristik: In dem einstigen Tonabbaugebiet ist eine erstaunliche kleine Gebirgslandschaft anzutreffen. Das ca. 110 Hektar große Naturschutzgebiet weist sehr steile Schluchten und eine artenreiche Flora und Fauna auf. Ganz anders dann ist der Eindruck entlang der Obstplantage am Rande der Glindower Alpen und auf dem Uferweg am Glindower See.

Tipp: Besuchen Sie das Ziegeleimuseum in dem denkmalgeschützten Turm! Die Ausstellung zur Ziegeleiproduktion ist interessant und vom Turm haben Sie eine herrliche Aussicht.

Markierung: Sie folgen überwiegend der Rot-Strich-Markierung.

Anreise/Abreise: Regionalbahn bis Werder, dann Bus 633 bis Glindow Alpenstraße (am Kreisverkehr, Einstieg in die Tour bei WP 3) (ca. 1 Std. ab Berlin Mitte)

Parkplätze: Sie können am Museumsturm neben der Ziegelei parken.

Glindow

PLZ: 14542; Vorwahl: 03327

🏛 **Märkisches Ziegeleimuseum**, Alpenstr. 44, ✆ 669395 od. 40014 (Herr Firl), ÖZ März-Okt., Mi, Sa, So/Fei 10-16 Uhr und n. V Das Museum im **Ziegeleiturm** (1890) auf dem Gelände der Neuen Ziegel-Manufaktur Glindow zeigt eine Ausstellung zur Geschichte des Tonabbaus und seiner Verarbeitung in Glindow. Auf dem Gelände der Ziegelei befinden sich zwei denkmalgeschützte Hoffmannsche Ringöfen aus dem Jahre 1868, von denen einer noch betrieben wird. In einer Führung kann die geschichtlich dokumentierte Ziegeleiproduktion hautnah erlebt werden.

🏛 **Heimatmuseum**, Kietz 3, ✆ 570688, Inf auch über Frau Baatz, ✆ 570688 ÖZ: April-Okt., Sa, So 11-17 Uhr. Das Museum ist in einem fünfachsigen Büdnerhaus mit Walmdach untergebracht. Das Koch'sche Haus wurde nach seiner letzten Besitzerin benannt und steht unter Denkmalschutz.

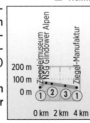

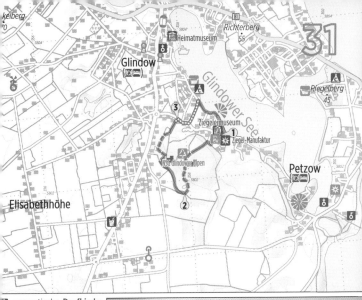

Glindow
Heimatmuseum
Richterberg 55
Riegelberg 45
Ziegelmuseum
① Ziegel-Manufaktur
③
NSG Glindower Alpen
②
Petzow
Elisabethhöhe

🔳 neugotische **Dorfkirche** (1852-1853) von August Stüler

🔳 **Büdnerhaus** (1769)

🔳 **Kunsthof Glindow**, Glindower Dorfstr. 40, ☎ 70006

Als „Glina" wurde der Ort Glindow im Jahre 1238 erstmals erwähnt, dieser slawische Name bedeutet so viel wie Lehm oder Ton. Seit dem Mittelalter werden in Glindow Ziegel gebrannt. In seinen „Wanderungen durch die Mark Brandenburg" berichtete Fontane um

Ringofen in der Ziegelei Glindow

1780 nach einem Besuch des Ortes Glindow, dass allein neun Hoffmannsche Ringöfen pro Jahr rund 16 Millionen Steine produzieren. Ein Großteil der Ziegel wurden in Kähnen auf der Havel nach Berlin verschifft und für den Bau der rasant wachsenden Stadt verwendet.

1 0,0 In Glindow vom **Museumsturm** über den Parkplatz ～ am Querweg nach rechts in das Naturschutzgebiet ～ an der Winterlinde links Richtung Lorengrund ～ Sie halten sich links,

In den Glindower Alpen

der Weg wird nun schmaler ～ die Treppen hinunter in das Tal und dann wieder hinauf.

Naturschutzgebiet Glindower Alpen

Die Glindower Alpen waren über Jahrhunderte Tonabbaugebiet. Die beeindruckende Landschaft mit den zahlreichen Schluchten ist entstanden, weil mittels Gängen und Gruben die 7-24 Meter tiefen Tonschichten abgetragen wurden. In den kühlfeuchten Schluchten sind kleine Teiche zu finden, die Hänge sind mit einem Mischwald aus Esche, Rotbuche, Robinie, Berg- und Spitzahorn, Hainbuche und Winterlinde bewachsen.

2 1,1 Oben an dem breiten Weg dann rechts, Sie halten sich rechts und kommen an Obstbäumen vorbei ～ bei den Holzstämmen vom breiten Weg nach rechts wieder ins Naturschutzgebiet abzweigen, es geht über Stufen hinunter ～ bei der Bank nach links, hier folgen Sie der grünen Markierung ～ an einem kleinen Teich entlang, zum Teil auf einem **Knüppeldamm** ～ über eine kleine **Holzbrücke** danach an der Gabelung rechts ～ an der Gabelung vor der Wiese rechts ～ dann am Abzweig links vorbei und geradeaus in den Ort.

3 2,4 An der Straße rechts ～ in den zweiten Weg nach links abzweigen und zum **Glindower See** ～ rechts auf den Uferweg und bis zur **Ziegelei 1** 3,7 Rechts zum **Parkplatz**, die kleine Runde schließt sich.
Glindow

Naturpark Hoher Fläming

Der Naturpark Hoher Fläming ist 227 Quadratkilometer groß und zu ca. 90 Prozent als Landschaftsschutzgebiet ausgewiesen. Der Fläming ist benannt nach den Flamen, die sich im 12. Jahrhundert hier niederließen.

Die Hälfte der Fläche des Naturparks ist bewaldet, vor allem mit Kiefern, aber auch Buchen und Traubeneichen. Daneben sind Wiesen und Felder zu finden, der Anteil an landwirtschaftlich genutzten Flächen ist groß. Der Süden des Naturparks wurde in der Saale-Eiszeit ausgeprägt und ist als Moränengebiet hügelig. Noch heute gibt es hier viele Findlinge. Klare Quellen und Bäche durchziehen die für den Fläming typische Wald- und Wiesenlandschaft. Die flachen Belziger Landschaftswiesen im Nordosten sind als Schmelzwassergebiet der Wechseleiszeit entstanden. In dieser Niederung finden zahlreiche Watvögel ihren Lebensraum.

Der Hohe Fläming ist nur gering besiedelt. Das dichte Netz gut ausgebauter Wanderwege ermöglicht dem Wanderer einen Rückzug in Einsamkeit und Stille.

Infos:

Naturparkzentrum Hoher Fläming, Brennereiweg 45, 14823 Rabenstein/ Fläming, OT Raben, ℭ 033848/60004, www.flaeming.net

Der Bergmolch

Der Bergmolch ist eine der gefährdeten Tierarten, die im Naturpark Hoher Fläming ihren Lebensraum haben. Er gehört zu den seltensten Amphibienarten Brandenburgs. Während der Paarungszeit weisen die ca. 8 Zentimeter langen männlichen Bergmolche eine besonders schöne Färbung auf. Die Unterseite ist gelb bis rotorange. Der dunkelblaugraue Rücken ist oft marmoriert und geht an den Seiten in eine hellblaue Farbe über, die schwarz gefleckt ist.

Bergmolchwanderweg

Start/Ziel: **Raben, Naturparkzentrum**

Gehzeit: **4 Std.**

Aufstieg:	**195 m**
Abstieg:	**195 m**
Hartbelag:	**14 %**
Wanderwege:	**78 %**
Wanderpfade:	**8 %**

Charakteristik: Diese Rundtour im Naturpark Hoher Fläming führt Sie auf den ersten Kilometern durch das Naturschutzgebiet Planetal, hier gibt es viele Quellen, Moore, Feuchtwiesen und Erlenbruchwälder. In Rädigke bieten ein kleines Mufflongehege und das Gasthaus Gelegenheit zur Rast. Auf dem Rückweg laufen Sie durch den Rädigker Wald, dann geht es auf den Steilen Hagen zur Burg Rabenstein. Von dieser mittelalterlichen Burganlage genießen Sie einen herrlichen Blick über den Hohen Fläming. Das letzte Wegstück verläuft durch dichten Laubwald im Naturschutzgebiet Rabenstein zurück nach Raben.

Tipp: Es sollen drei kurze Abschnitte des Wanderweges geringfügig verlegt werden. Die künftige Streckenführung ist in den Karten als Planungsweg verzeichnet.

Markierung: Die Route ist mit dem Bergmolch-Logo beschildert.

Anreise/Abreise: Im Sommer tägl. je eine Verbindung mit der Regionalbahn bis Bad Belzig, dort Anschluss an Bus 592 zur Burg Rabenstein. Fahrzeit ca. 1½ Std. Es wird die Anreise mit dem Auto empfohlen.

Parkplätze: In Raben beim Naturparkzentrum.

Raben

PLZ: 14823; Vorwahl: 033848

🛈 **Naturparkzentrum „Alte Brennerei"**

Naturparkverein Fläming e. V., Brennereiweg 45, ✆ 60004, ÖZ tägl. 9-17 Uhr. Führungen, Veranstaltungen, Umweltbildung, Tourist Information, Naturparkausstellung, Hoflader Kinderspielplatz

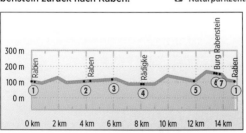

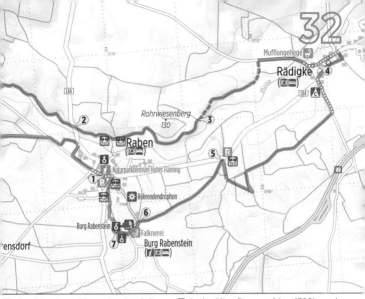

Touristzentrum Niemegker Land, Burg Rabenstein, Zur Burg 49, ☎ 60029

Gasthof Hemmerling, Dorfstr. 27, ☎ 60218

Romanische Dorfkirche (um 1300) mit sehenswerten Wandmalereien

In der **Alten Brennerei** (um 1700) wurde bis 1863 destilliert, dann wurde das Gebäude zur Pumpstation umgebaut. Heute ist es Sitz des Naturparkzentrums.

Plane-Quellgebiet

Raben

1 ^{0,0} Die Tour beginnt beim **Naturparkzentrum** in Raben ⌁ auf dem **Brennereiweg** Richtung Westen ⌁ über die Vorfahrtsstraße und an der gleich folgenden Gabelung rechts Richtung Wiesenburg ⌁ Sie wandern neben dem asphaltierten Radweg Tour Brandenburg entlang ⌁ nach den letzten Häusern von Raben biegen Sie rechts ab ⌁ noch vor der Kreisstraße links Richtung Badeanstalt ⌁ in einer Linkskurve vorbei an dem alten Becken, in dem sich die Molche wohlfühlen ⌁ an dem Wirtschaftsweg rechts und nach gut 100 m halblinks abzweigen ⌁ am ersten größeren Abzweig rechts ⌁ halbrechts den Forstweg queren und weiter auf dem Waldweg ⌁ vor dem Waldrand rechts halten ⌁ vorbei am Rastplatz und weiter bis zur Landstraße.

2 ^{3,8} Über die L 84, Sie folgen nun weiter dem Wanderweg durch das Naturschutzgebiet **Planetal** ⌁ durch den Wald und an dem Hochsitz vorbei ⌁ an einer Wiese und einem Acker entlang und wieder in den Wald ⌁ am Ende des Drahtzaunes an der Gabelung auf dem breiteren Weg nach links ⌁ Sie wandern bergauf, oben ignorieren Sie den nach rechts abzweigenden Weg und laufen weiter geradeaus.

3 ^{5,9} Sie überqueren auf der **Brücke** das sumpfige Gebiet, dahinter ist der Weg für kurze Zeit etwas schmaler ⌁ über eine Wiese und an der Rastbank vorbei ⌁ im Linksbogen durch den Waldstreifen ⌁ am Rand der Wiese

vor bis zum geschotterten Weg, hier nach rechts Richtung Bad Belzig ⌁ an der Wanderwegkreuzung bleiben Sie auf dem breiten Hauptweg ⌁ auf der sogenannten **Pferdebrücke** über die Plane ⌁ Sie kommen nach Rädigke ⌁ an der ersten Gabelung halten Sie sich links, links sehen Sie das Mufflongehege.

Rädigke

🏛 **Bibliotheksgasthof Moritz**, Hauptstr. 40, 📞 033848/60292, ÖZ: Fr-Mi 11-14 Uhr und ab 16 Uhr.

🦌 **Mufflongehege**

Mufflons

Diese ursprünglich aus Korsika und Sardinien stammenden Wildschafe ähneln den hier heimischen Hausschafen. Auffällig anders sind die schneckenförmigen Hörner der Widder, die bei alten Tieren bis zu 80 Zentimeter lang werden können.

4 ^{8,0} An der Vorfahrtsstraße links und ein Stück durch den Ort ⌁ vorbei am Abzweig nach Buchholz und nach einigen Metern rechts und gleich wieder rechts ⌁ hinter dem Dorf entlang und vorbei an der Kirche ⌁ geradeaus auf die L 84, diese aber nach wenigen Metern nach links verlassen auf die

Mufflon

Die Plane

Bergstraße ∼ am Campingplatz vorbei bergauf, im Hintergrund ist die Autobahn zu sehen ∼ auf Höhe des Waldrandes nach rechts auf den Feldweg, auf dem Findling ist die Markierung angebracht ∼ erst am Waldrand entlang, dann in den Wald hinein ∼ an der Gabelung rechts und auf dem sandigen Weg bergab ∼ neben dem Drahtzaun wieder bergauf ∼ an der folgenden Kreuzung geradeaus weiter ∼ es geht nochmals kurz steil bergab, dann wieder etwas flacher dahin ∼ an der Wegekreuzung links, dann wenig später scharf rechts ∼ an dem breiten Schotterweg nach rechts Richtung Burg Rabenstein.

5 11,9 Sie kommen am Rast- und am Parkplatz vorbei an die Straße heran, biegen aber noch vorher im spitzen Winkel nach links ab ∼ auf dem teilweise sandigen Waldweg bergauf ∼ an der Lichtung vorbei ∼ am Rand der großen Wiese auf den Funkturm zu.

6 13,3 An dem geschotterten Weg wenden Sie sich nach links ∼ vorbei an der **Funkstation** ∼ nach rechts zur Burg hinunter.

Burg Rabenstein s. S. 189

7 13,7 Von der Burg kommend links, Sie folgen der Holztreppe hinab, vorbei am Brunnen ∼ am Ende der Treppe links, weiter auf dem Naturerlebnispfad ∼ an der folgenden Gabelung halten Sie sich rechts ∼ auf dem schönen Weg erst bergab, dann flach dahin ∼ an der nächsten Kreuzung geradeaus weiter ∼ an den kleinen Häuschen vorbei ∼ Sie kommen am Beachvolleyballplatz vorbei nach Raben ∼ an der Kreuzung nach links in den **Brennereiweg**.

1 14,8 Nach wenigen Metern haben Sie die **Naturparkinformation**, den Ausgangspunkt dieser Tour, erreicht. **Raben**

Tour 33 · 2,3 km

Kindertour im Fläming

Start/Ziel: **Raben, Naturparkzentrum**
Gehzeit: 1 Std.

Aufstieg: 45 m
Abstieg: 45 m
Hartbelag: 0 %
Wanderwege: 83 %
Wanderpfade: 17 %

Charakteristik: Die Tour beginnt am Naturparkzentrum, hier gibt es für Kinder an den interaktiven Erlebnisstationen viel zu entdecken. Ein Naturerlebnispfad führt hinauf zur Burg Rabenstein. Sicher werden Sie an der Wackelbrücke und an dem Röhrendendrophon, eine Art Xylophon aus Holzstämmen, die ersten kleinen Pausen einlegen. Auch ein Baumtelefon und ein Barfußpfad laden zum Ausprobieren ein. Oben auf der Burg haben Sie Gelegenheit zum Imbiss, die Holzofenbäckerei bietet einige Leckereien an. Die Burg bietet dazu eine herrliche Kulisse für eine Zeitreise ins Mittelalter. Während der Besichtigung von Rittersaal, Wirtschaftsgebäude, Backhaus und bei der Ersteigung des fast 30 Meter hohen Bergfrieds lässt sich erahnen, wie das Leben auf der Burg in früheren Jahrhunderten war. Für manche Kinder ist die kleine Folterkammer im Torhaus besonders interessant.

Ein sehr eindrucksvolles Erlebnis ist auch die Flugvorführung des Falkners. Nach dem Rückweg zum Naturparkzentrum bleibt zum Schluss sicher noch genug Zeit zum Toben auf dem Abenteuerspielpatz.

Markierung: Mit dem Symbol des Mittelspechts, dem Wappentier des Naturparks Hoher Fläming.

Anreise/Abreise: Im Sommer gibt es tägl. je 2 Verbindungen nach Raben: mit der Regionalbahn bis Bad Belzig, dort Anschluss an Bus 592 zur Burg Rabenstein, Fahrzeit ca. 1½ Std. Es wird die Anreise mit dem Auto empfohlen.

Parkplätze: In Raben beim Naturparkzentrum.

Raben s. S. 192

1 0,0 Die Tour beginnt am **Naturparkzentrum**, von wo Sie sich nach links wenden ⤳ an der Kreuzung rechts in die Straße **Zur Burg** und bergauf, doch zuvor sollten Sie Ihre Geschicklichkeit auf der Wackelbrücke testen ⤳ auf dem

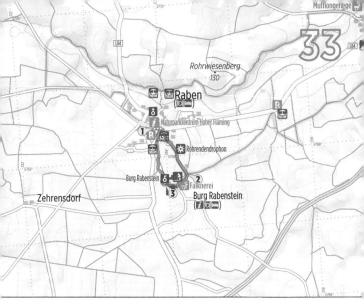

teils geschotterten, teils gepflasterten Weg laufen Sie auf einem Naturerlebnispfad ∿ an der Station mit
Röhrendendrophon, Balancierbalken
und Baumtelefon vorbei.

2 ⁰′⁸ Am Rand der großen Wiese im
Rechtsbogen auf den Funkturm zu
∿ es geht an der Funkstation vorbei
und nach rechts zur Burg.

Burg Rabenstein

🍴 **Backhaus Rabenstein** vor der Burg,
✆ 033848/51982, ÖZ: Sa, So/Fei 10-18 Uhr.,
Mo-Fr 12-16 Uhr. Hier gibt es frisch geba-
ckenes Brot und andere Leckereien - der
Besuch wird empfohlen!

🏰 **Burg Rabenstein** (12. Jh.), ✆ 60029, ÖZ
Sommer: tägl. 10-18 Uhr, Winter: 10-17 Uhr.
Mit Torhaus, Bergfried (Aussichtsturm),
Kapelle, Ritterfeste zu Ostern. Die Burg

189

Eingang zur Burg Rabenstein

Röhrendendrophon

Rabenstein zählt zu den imposantesten Burgen des Fläming. Hoch oben auf dem 153 m hohen Berg Steiler Hagen steht das mittelalterliche Gemäuer, das als Burgward von den Belziger Grafen errichtet worden war. In der Burg ist eine Herberge mit Gaststätte untergebracht.

❌ **Falknerei Rabenstein**, ÖZ: April-Okt., Di-So 11-17 Uhr, Flugvorführungen von April-Okt., Di-So um 15 Uhr

Die besterhaltene Burg in Brandenburg, Burg Rabenstein, wurde wahrscheinlich im 12. Jahrhundert an dieser strategisch günstigen Stelle erbaut. Es galt die in unmittelbarer Nähe vorbeiführende Heer- und Handelsstraße zwischen Belzig und Wittenberg zu schützen.

3 [1,2] Von der Burg kommend nach links, Sie folgen der Holztreppe am Brunnen vorbei hinab ⌇ am Ende der Treppe dem Weg nach links folgen, das ist weiterhin der Naturerlebnispfad, Sie kommen noch an den Stationen Buchenblätterdach, Spechtbaum und Stimme des Waldes vorbei ⌇ an der folgenden Gabelung halten Sie sich rechts ⌇ auf dem schönen Weg erst bergab, dann flach dahin ⌇ an der nächsten Kreuzung geradeaus weiter ⌇ an den kleinen Häuschen vorbei ⌇ am Beachvolleyballplatz erreichen Sie Raben ⌇ an der Kreuzung links in den **Brennereiweg**.

1 [2,3] Nach wenigen Metern haben Sie die **Naturparkzentum**, den Ausgangspunkt dieser Tour, erreicht.

Raben

Bad Belzig

PLZ: 14806; Vorwahl: 033841

🛈 Tourist-Information, Marktpl. 1, ✆ 3879910, www.bad.belzig.com. In der Tourist-Information kann ein Audioguide zum Kunstwanderweg ausgeliehen werden, die Abgabe ist an drei Stationen entlang der Route möglich.

🏛 Museum Burg Eisenhardt, Wittenberger Str. 14, ✆ 42461, ÖZ: Mi-Fr 13-17 Uhr, Sa, So/ Fei 10-17 Uhr. Ausstellung zur Geschichte und Entstehung der Burg, zu historischem Handwerk und zur Landwehrschlacht Hagelberg. Der heutige Bau stammt im Wesentlichen aus dem 15. Jh. Lediglich der Bergfried ist von der ursprünglichen Burg erhalten.

🏛 Roger Loewig Haus, Flämingweg 6, ✆ 42167, ÖZ: Mitte März-Mitte Okt., Sa/So 14-17 Uhr. Der Maler, Zeichner und Dichter Roger Loewig (1930-1997) hielt sich von 1964-1972 regelmäßig in Bad Belzig auf. Die Ausstellung gibt einen Einblick in sein Leben und Werk.

🕊 Pfarrkirche St. Marien (um 1230/50), spätromanischer Feldsteinbau, Altaraufsatz (1660), Barockkanzel, Taufstein (1600), Barockgemälde. Seit 1979 erklingt wieder die spätbarocke Papenius-Orgel.

🕊 Bricciuskirche (12. Jh.), Wittenberger Straße, Friedhof. Das Gebäude ist nach dem flandrischen Märtyrer Briccius von Esche benannt, der von den um Belzig angesiedelten Flamen verehrt wurde.

⚙ Springbachmühle, (1749), Kontakt: G. Muschert, Mühlenweg 2, ✆ 769600. Die Mühle diente als Öl-, Papier-, Mahl- und Schneidemühle. Heute beherbergt Sie ein Restaurant und Hotel.

✳ Reißiger-Haus (1728), neben der St. Marienkirche. In diesem Haus wurde der Kom-

Pfarrkirche St. Marien

Burg Eisenhard

ponist und Hofkapellmeister von Dresden Carl Gottlieb Reißiger geboren.

❊ **Kursächsische Postmeilensäule** (18. Jh.), Bahnhofstraße/Ecke Wittenberger Straße. Die aus Sandstein erbauten Säulen wurden zur Entfernungsangabe errichtet.

❊ **Rathaus**, Am Markt. Im Jahr 1972 brannte das im Renaissance-Stil erbaute Rathaus ab. Bis 1991 wurde es nach historischem Vorbild wieder aufgebaut.

❊ Die **Sitznischenportale** im Stil sächsischer Renaissance findet man an einigen alten Wohnhäusern aus dem 17. Jh., z. B. in der Wiesenburger Str. 7 und an den Häusern der Straße der Einheit 2 und 10.

❊ Denkmalgeschützter **historischer Stadtkern** am Fuß des Burgberges mit Bürgerhäusern und Fachwerkbauten. Besonderer Anziehungspunkt ist der Marktplatz.

◪ **Barrierefreier Naturerlebnispfad**, bei der Burg

◪ **Freizeit- und Erlebnisbad**, Weitzgrunder Str. 8, ✆ 31011

◪ **Steintherme**, Am Kurpark 15, ✆ 38800, ÖZ: So-Do 10-22 und Fr-Sa 10-23 Uhr, mit Solebädern, LichtKlangRaum etc.

Am Fuße der ältesten Höhenburg Brandenburgs, der Burg Eisenhardt, liegt die Kreisstadt Bad Belzig. Ihr historischer Stadtkern, der auf die Zeit nach dem Dreißigjährigen Krieg zurückgeht, kann sich mit seinen Bürgerhäusern, den Fachwerken und Resten der Stadtmauer mit Stadtgraben durchaus sehen lassen.

Unumstrittenes Juwel ist jedoch die Burg Eisenhardt mit dem ältesten erhalten gebliebenen Bau, dem Berg-

Bad Belzig

Map labels:
- Puschkinstraße
- Steinstraße
- Puschkinstraße
- Scheunenweg
- Weitzgräber Straße
- Busbahnhof
- Brandenburger Straße
- Ernst-Thälmann-Straße
- Niemöllerstraße
- Straße der Einheit
- **Gertrauden-Kirche**
- Mühlenhölzchen
- Lübnitzer Straße
- Steinstraße
- Niemöllerstraße
- **St.-Marien-Kirche**
- **Reißigerhaus**
- Kirchplatz
- Reißigerstraße
- Niemegker Straße
- Freigraben
- Brunnenstraße
- **Kathol. Kirche**
- Wiesenburger Brücke
- Magdeburger Straße
- Töpferstraße
- Hirtengasse
- **Rathaus**
- Am Markt
- Straße der Einheit
- Mauerstraße
- Berliner Straße
- Wallstraße
- Wiesenburger Straße
- Blutackstraße
- Am Schlossteil
- Am Schlossteil
- Berliner Straße
- Im Winkel
- Karl-Liebknecht-Straße
- Gärtnereiweg
- Kleingärten
- **Burg Eisenhardt**
- Bahnhofstraße
- Bahnhofsgasse
- Friedrich-Engels-Straße
- Karl-Marx-Straße
- **Bricciuskirche**
- Wittenberger Straße
- Bahnhofstraße
- Am Bahnhof
- Bahnhof
- 250 m

fried, auch Butterturm genannt. Um 1200 errichtet, weist er heute eine Höhe von 24 Metern auf. Von hier aus genießen Sie einen herrlichen Blick auf die zu Ihren Füßen liegende Stadt Bad Belzig und den Hohen Fläming.

Postdistanzsäule in Bad Belzig

193

Internationaler Kunstwanderweg, Nordroute

Start: Bad Belzig, Bahnhof
Ziel: Wiesenburg/Mark, Bahnhof
Gehzeit: 5½ - 6 Std.

Aufstieg: 290 m
Abstieg: 245 m
Hartbelag: 20 %
Wanderwege: 73 %
Wanderpfade: 7 %

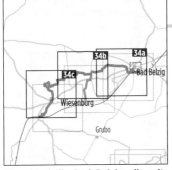

Charakteristik: Bad Belzig, die mittelalterliche Stadt mit der trutzigen Burg Eisenhardt, ist Ausgangspunkt der Wanderung durch den Naturpark Hoher Fläming. Sie kommen vorbei am Hagelberg, mit 200 Metern die höchste Erhebung im Fläming, und an 15 in die Landschaft integrierten Kunstobjekten internationaler Künstler. Am Ende der Tour sollten Sie etwas Zeit einplanen, um in Wiesenburg im schönen Schlosspark zu wandeln.

Tipp: Ein Audioguide gibt Informationen zu allen Kunstwerken und auch zu Sehenswürdigkeiten und Landschaft. Infos auf www.flaeming.net.

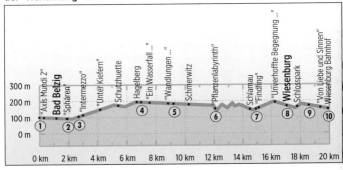

34a

Bad Belzig

"Intermezzo"

"Unter Kiefern"

Gedenkstätte

34b

"Die Jagd"

3

Chronom. Relief
Burg Eisenhardt

"Weiße Frau"
Briccuskirche

2

"Sphären"

1

"Axis Mundi 2"

"Flämisches Haus"

"Gartenbild"

Schwarzenberg
130

"Der Schwarzstorch ..."

"Fünf Kuben"

Der Kunstwanderweg lässt sich als Rundweg laufen, wenn Sie ab Hagelberg bzw. Wiesenburg auf die Südroute wechseln. Die Länge der Runde beträgt dann 19,7 bzw. 30,8 Kilometer.

Markierung: Mit dem gelben Logo des Kunstwanderweges.

Anreise: Es gibt stündliche Verbindungen mit der Regionalbahn, Fahrzeit ca. 1 Std.

Abreise: Bahnverbindungen im 2-Stunden-Takt, Fahrzeit ca. 1¼ Std.

Parkplätze: In Bad Belzig am Bahnhof. Die Rückfahrt per Bahn von Wiesenburg nach Bad Belzig ist möglich (Mo-Fr stündlich, WE stündlich im Wechsel Bahn/Bus), Fahrzeit 7 Min. (Bus 23 Min.)

Bad Belzig s. S. 191

1 0,0 Sie verlassen den **Bahnhof** und wenden sich nach links ∿ in der leichten Rechtskurve gehen Sie am Parkplatz vorbei geradeaus weiter auf den Fußweg und auf der Brücke über die **Bahngleise** ∿ nach der Brücke rechts ∿ nach wenigen Metern kommen Sie zum ersten Kunstwerk dieser Wanderung, hier verlassen Sie den Schotterweg und zweigen rechts ab auf den Weg, der an den Häusern entlang führt ∿ im Linksbogen des Weges nach rechts in Richtung „Schöne Aussicht" ∿ zwischen den Häusern hindurch bergab, hier haben Sie einen schönen Blick auf Bad Belzig ∿ über die Treppe hinunter und auf dem Weg weiter ∿ an dem breiten Weg nach rechts, dann nach rechts die Bahngleise unterqueren ∿ am Zaun entlang um das **Burgbräuhaus** herum ∿ an der Straße links ∿ an der nächsten Kreuzung bei der Burg im spitzen Winkel nach rechts in die **Schlossstraße** ∿ an der Burgmauer entlang ∿ an der nächsten Straße nach links ∿ an der T-Kreuzung links

Markierung Kunstwanderweg

in die Straße **Schlosstor** ∿ vor der Polizei biegen Sie rechts ab auf den Wanderweg ∿ an der folgenden Gabelung halten Sie sich links – hier gibt es das nächste Kunstwerk zu sehen ∿ auf dem breiten Weg geht es um die Burg herum und an der Burgmauer entlang ∿ bei der nächsten Skulptur dem Rechtsbogen des Hauptweges folgen ∿ an dem Teich und dann an dem Wasserwerk vorbei ∿ an der folgenden Gabelung halten Sie sich rechts ∿ an der geschotterten Straße nach rechts Richtung Wiesenburg.

2 2,0 An der Kreuzung bei der Naturstation zum Thema „Libelle" rechts, von links kommt die Südroute des Kunstweges ∿ an der Gabelung bei dem Backsteinturm nach links auf den schmaleren Weg ∿ am Rand der Weide entlang zur Straße, hier kurz nach rechts, dann gleich in die erste Straße nach links ∿ auf gekiestem Weg erst bergauf, dann geradeaus wieder bergab ∿ an der T-Kreuzung wandern Sie geradeaus weiter auf den Fußweg, dem Sie nach links folgen ∿ der Weg führt Sie quer durch den Wald.

3 3,0 An der Kreuzung mit dem breiten Weg geradeaus weiter.

> **TIPP** Nach rechts gelangen Sie zu der Gedenkstätte Zwangsarbeiterlager Roederhof, einem ehemaligen Außenlager des KZ Ravensbrück.

An der folgenden Kreuzung halten Sie sich links Richtung Wiesenburg ∿ immer geradeaus auf dem breiten Weg, der teilweise noch aus altem

„Unter Kiefern"

Kopfsteinpflaster besteht, und an weiteren Skulpturen vorbei ∼ zwischen Kornfeld und Wald weiter, anschließend über eine Wiese und dann wieder in den Wald hinein ∼ an der Abzweigung Richtung Bad Belzig geradeaus vorbei ∼ wenig später dem Linksbogen des Hauptweges folgen ∼ am Rastplatz dem Rechtsbogen des Weges folgen ∼ bei der Skulptur der Steinschlange geradeaus auf den breiteren Schotterweg ∼ rechts sehen Sie die ersten Häuser von Hagelberg ∼ an der Gabelung kurz vor der Vorfahrtsstraße halten Sie sich links, an der Straße dann links abbiegen.

Hagelberg

🚏 **Rufbus Kunstwanderweg**, BürgerBus 555 K, ✆ 0163/9894310, Sa und So 10-17 Uhr, Anmeldung spätestens 1 Stunde vor Abfahrtswunsch, max. 8 Fahrgäste

Der unmittelbar neben dem Ort gelegene 200 Meter hohe Hagelberg ist der dritthöchste Berg Brandenburgs und der höchste im Fläming. Oben erinnert ein Denkmal an die Kolbenschlacht während der Befreiungskriege. 1813 wurde hier ein französisches Korps mit 10.000 Mann durch ein preußisches Kontingent und russische Kosaken geschlagen.

AUSFLUG Vor dem letzten Haus können Sie rechts auf den Hagelberg laufen. Von oben haben Sie eine schöne Aussicht mit Gipfelbuch.

4 ⁷ʾ¹ Nach dem Ortsausgang biegen Sie rechts ab auf den zweispurigen Feldweg.

VARIANTE Geradeaus gelangen Sie nach 3,4 km zur Südroute und nach insgesamt 12,6 km zum Ausgangspunkt der Tour, s. Karten 34a und 35a.

Verbindung zur Südroute

Neben der ruhigen Straße nach Klein-Glien.

Klein Glien

An der Hauptstraße rechts und durch den Ort, am Gutshof vorbei ↝ am Dorfbeginn rechts abzweigen in das Wäldchen ↝ über den Gutshof zur Straße und gegenüber in den Feldweg ↝ nach 100 m rechts und hinter dem Dorf entlang ↝ am Ende des Weges links in den querenden Feldweg ↝ auf der Allee schnurgerade durch die Felder ↝ an der Gabelung nach dem Rechtsbogen des Weges links; rechts befinden sich die Kunstwerke „Weltentür im Fläming" und „Urkirche Wald – eine Medition" ↝ nun geht es quer durch den Wald ↝ den links abzweigenden Wanderweg Richtung Bad Belzig ignorieren und geradeaus weiter bis zu der Kreuzung mit dem Unterstand, hier links, Sie sind nun auf der Südroute.

Auf der Nordroute geht es schnurgerade durch die Wiesen und Felder, rechts wird der Weg von Sträuchern begrenzt ↝ direkt vor dem Acker sehen Sie die nächste Skulptur, Sie zweigen rechts ab und wandern um den Acker herum ↝ dann geradeaus am Rand des Ackers ↝ bei der nächsten Skulptur kommen Sie an einen breiteren Weg, hier nach rechts ↝ nach wenigen Metern scharf links in den Wald hinein ↝ bei der nächsten Gelegenheit rechts. **5** 9,2 Am Waldrand wieder links und erneut in den Wald hinein ↝ an der Wegekreuzung rechts nach Schmerwitz ▨ ↝ an der Straße kurz rechts, dann gleich links ab in den Fußweg Richtung Töpfercafé.

„Pflanzenlabyrinth"

Schmerwitz

PLZ: 14827; Vorwahl: 033849

🚌 Rufbus Kunstwanderweg, BürgerBus 555 K, ✆ 0163/9894310, Sa und So 10-17 Uhr, Anmeldung spätestens 1 Stunde vor Abfahrtswunsch, max. 8 Fahrgäste

☕ Töpfercafé, Schmerwitz 37, ✆ 308930 od. 30582, ÖZ: Sommer, Di-So 10-18 Uhr, Nov.-März, Fr-So 11-18 Uhr. Gäste des Cafés können in der Keramikwerkstatt kreativ tätig werden.

🏪 Hofladen Gut Schmerwitz, Schmerwitz 8, ✆ 9080, ÖZ: Mo-Fr 9-17 Uhr

⛪ Dorfkirche

🏰 Das Schloss mit dem verwilderten Schloss-garten gehört zum Objekt der Seniorenre-sidenz, ist noch unsaniert und steht leer. Die Seniorenresidenz ist in einem Gebäude hinter dem Schloss untergebracht.

✴ Töpferei Königsblau, Schmerwitz 37, ✆ 30582

Auf dem rot gepflasterten Weg zwi-schen den Häusern hindurch ⟿ an der Gabelung vor dem **Töpfercafé** halten Sie sich rechts ⟿ direkt vor der **Kirche** links und durch den Garten der Kirche ⟿ Sie kommen an dem Café

199

Kirche in Schlamau

vorbei, dann an der Straße direkt vor dem alten **Schloss** nach links ∿ bevor es steil bergab geht, biegen Sie im spitzen Winkel nach rechts ab ∿ vor dem Backsteinhaus nach links und am **Schlossgarten** vorbei ∿ 📷 am Ende des Weges links am Rastplatz vorbei und auf den Feldweg ∿ Sie folgen dem Weg leicht bergab in den Wald hinein ∿ an der T-Kreuzung rechts ∿ an der Gabelung vor dem Querweg halten Sie sich erst rechts und kreuzen dann den querenden Weg geradeaus ∿ nun immer geradeaus durch den Wald.

6 12,1 Am Waldrand sehen Sie rechts „Das Pflanzenlabyrinth", hier laufen Sie links ∿ an der nächsten Kreuzung am Ende des Feldes wandern Sie geradeaus weiter bergauf tiefer in den Wald hinein ∿ es geht erst

direkt auf einen Hügel zu, Sie sind nun in den **Schlamauer Bergen** ∿ an der nächsten Gabelung rechts und bergab um den Hügel herum ∿ auch um den nächsten Hügel herum ∿ an der Rastbank scharf rechts und um den dritten Hügel ∿ am breiten Forstweg rechts ∿ an der folgenden T-Kreuzung biegen Sie rechts ab.

VARIANTE Wenn Sie hier links abbiegen, umgehen Sie die Schleife nach Schlamau und kürzen somit den Weg ab.

Schlamau

🚌 **Rufbus Kunstwanderweg**, BürgerBus 555 K, ✆ 0163/9894310, Sa und So 10-17 Uhr, Anmeldung spätestens 1 Stunde vor Abfahrtswunsch, max. 8 Fahrgäste

🍴 **Zur frischen Quelle**, Dorfstr. 23, ✆ 033849/51414, ÖZ: Do-Sa 17-22 Uhr od. auf Anfrage

8 mittelalterliche **Feldsteinkirche**

Sie kommen bei den ersten Häusern auf die gepflasterte Straße ～ an der Vorfahrtsstraße links ～ erst am Gasthof, dann an der **Feldsteinkirche** und am Teich vorbei ～ auf dem Gehweg an der Straße leicht bergauf.

7 ¹⁴'⁸ Vor den ersten Häusern des nächsten Ortsteiles nach links ～ an der Skulptur „Findling" vorbei und in den Wald, links liegt ein Quellgebiet ～ bei der nächsten Skulptur aus dem Wald hinaus und geradeaus nach Wiesenburg/Mark ～ ⬜ auf der Schotterstraße in den Ort hinein.

Wiesenburg/Mark

PLZ: 14827; Vorwahl: 033849

ℹ️ Tourist-Information, Schlossstr. 1, ✆ 30980

🚌 Rufbus Kunstwanderweg, BürgerBus 555 K, ✆ 0163/9894310, Sa und So 9.30-17 Uhr, Anmeldung spätestens 1 Stunde vor Abfahrtswunsch, max. 8 Fahrgäste

🏰 Schloss Wiesenburg. Von der ehemaligen Burganlage sind noch Reste der Ringmauer aus dem 13. Jh. und ein 48 m hoher

Bergfried vorhanden. Nachdem die Burg Mitte des 16. Jhs. abgebrannt ist, wurde ein Schloss im Renaissancestil erbaut. Das Schloss ist in Privatbesitz und wird zu Wohnzwecken genutzt.

🅰 **Schlosspark**, die Parkanlage wurde ab 1863 durch Carl Friedrich Ernst von Watzdorf geschaffen. 110 ha des Parks stehen unter Denkmalschutz .

8 ¹⁶,⁹ An der Vorfahrtsstraße nach rechts ∼ im Rechtsbogen der Straße links in die **Schlossstraße** ∼ an der nächsten Kreuzung nach rechts, dann gleich links und an Gemeindehaus und Schloss vorbei ∼ rechts neben der Schlossschänke in den **Schlossgarten** hinein ∼ Sie wandern durch den Garten direkt vor dem **Schloss** ∼ vor dem Teich mit der Fontäne nach rechts und zwischen den beiden großen Teichen hindurch ∼ an dem steinernen Tisch auf den schmaleren Weg ∼ geradeaus über den breiteren Weg ∼ etwas später der Beschilderung Richtung Bahnhof folgend geradeaus über den nächsten breiteren Weg auf den zweispurigen Feldweg ∼ an der Gabelung links ∼ bei der folgenden Gabelung erneut links und an den Gräbern mit der Infotafel vorbei.

9 ¹⁸,⁴ Sie kreuzen den Betonplattenweg und gehen geradeaus weiter ∼ kurz bevor der Weg aus dem Wald hinausführt, biegen Sie rechts ab ∼ an der T-Kreuzung nach links an der nächsten Skulptur vorbei ∼ an der Kreuzung am Waldrand nach rechts und dem asphaltierten Fußweg zum Bahnhof folgen, dabei durchschreiten Sie das „Tor zum Fläming".

10 ¹⁹,⁹ Am **Bahnhof** haben Sie das Ende dieser Tour erreicht.
Wiesenburg, Bhf.

Schloss Wiesenburg

Tour 35   16,6 km

Internationaler Kunstwanderweg, Südroute

Start: **Wiesenburg, Bahnhof**
Ziel: **Bad Belzig, Bahnhof**
Gehzeit: **4½ Std.**

Aufstieg: **135 m**
Abstieg: **185 m**
Hartbelag: **22 %**
Wanderwege: **61 %**
Wanderpfade: **17 %**

Charakteristik: Zwölf Kunstwerke von Künstlern aus dem Fläming und aus Flandern, der Region, aus der die ersten Siedler vor ca. 850 Jahren kamen, säumen den Weg durch die leicht ge-

wellte Moränenlandschaft. Weitwanderer können Nord- und Südroute als Rundweg laufen, die Gesamtstrecke beträgt dann gut 30 Kilometer.

Tipp: Vielleicht wollen Sie Ihren Wandertag mit einem erholsamen Aufenthalt in der Steintherme in Bad Belzig krönen? In der wirklich schönen Therme gibt es ein reichhaltiges Wellnessangebot.

Markierung: Die Route ist mit dem gelben Logo des Kunstwanderweges markiert.

Anreise: Bahnverbindungen Mo-Fr stündlich, am WE im 2-Stunden-Takt, Fahrzeit ca. 1¼ Std.

Abreise: Mo-Fr stündliche, am WE zweistündliche Verbindungen mit der Regionalbahn, Fahrzeit ca. 1 Stunde.

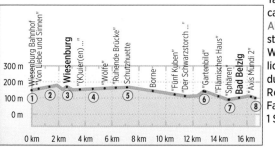

Wiesenburg/Mark - Bahnhof

1 0,0 Sie verlassen den Bahnhof und wenden sich nach rechts ~ beim Kreisverkehr links auf den asphaltierten Fußweg und vorbei am „Tor zum Fläming" ~ an dem Forstweg nach links ~ an der Skulptur, das Kunstwerk liegt etwas im Wald versteckt, zweigen Sie rechts ab ~ an der T-Kreuzung links ~ Sie folgen dem Weg durch den Wald im **Schlossgarten**.

2 1,4 Den Betonplattenweg kreuzen ~ an der Grabstelle mit der Infotafel vorbei, gleich danach rechts ~ Sie überqueren den breiten Weg und laufen auf dem etwas schmaleren Fußweg weiter ~ an dem steinernen Tisch geradeaus und zwischen den beiden großen Teichen hindurch ~ rechts am **Schloss** vorbei aus dem Schlossgarten hinaus ~ an der **Schlossschänke** vorbei ~ zwischen Schloss und Gemeindehaus hindurch, danach rechts.

Wiesenburg/Mark   s. S. 201

3 2,6 An der T-Kreuzung der Beschilderung der Südroute nach rechts folgen und auf Kopfsteinpflaster bergab ~ an der nächsten T-Kreuzung nach rechts ~ Sie kommen an der **Kirche** vorbei und folgen danach dem Linksbogen der Straße ~ im Rechtsbogen der Straße geradeaus auf den Feldweg ☒ ~ im Linksbogen des Weges wieder an den Ort heran ~ nach der nächsten Skulptur, den stilisierten Eutern, an der T-Kreuzung rechts.

4 4,5 Im folgenden Linksbogen der Straße geradeaus weiter auf den zweispurigen Feldweg ~ quer durch

`\,(K)uier(en) ... Spazierengehen ...`

die Wiesen ∿ im Linksbogen des Feldweges geradeaus ∿ Sie kommen in den Wald hinein, hier gibt es drei Kunstwerke, z. T. etwas versteckt ∿ bei der Eisenbahnbrücke biegen Sie nach links ab.

❊ Der **Viadukt** (ca. 1879) steht unter Denkmalschutz. Die heutige Bahnstrecke Berlin–Dessau gehört zur ehemaligen Wetzlarer Bahn, auch Kanonenbahn genannt. Sie wurde aus militärstrategischen Gründen gebaut. Nach dem Rechtsbogen des Weges an der T-Kreuzung links.

VARIANTE Sie können auf die Nordroute wechseln und dann zurück nach Wiesenburg laufen, diese Runde ist dann 23,4 km lang.

5 7,2 An der nächsten Kreuzung beim Unterstand rechts ∿ aus dem Wald hinaus und an der nächsten Skulptur vorbei ∿ auf der Kopfsteinpflaster-Allee geradeaus in Richtung Borne ∿ ab den ersten Häusern auf Asphalt weiter.

Borne

PLZ: 14806; Vorwahl: 033841

Map labels:

Hagelberg
"Steinschlange"
Hagelberg 200
"Die Jagd"

Schloss
Töpfercafé
"Umgreifende Form ..."
"Wandlungen ..."
Schmerwitz
"Ein Wasserfall ..."
Klein Glien

Wergberg 175

"Urkirche Wald"
"Weltentür"

35c

Borne

"Line Up"

5
"Stützen ..."

35a

4
"Wölfe"
"Porzellanbaum"

"Ruhende Brücke"

Bockwindmühle

🏠 **Flämingrose**, Gruboer Str. 1, ☎ 38606

🚌 **Rufbus Kunstwanderweg**, BürgerBus
555 K, ☎ 0163/9894310, Sa und So 10-17
Uhr, Anmeldung spätestens 1 Stunde vor
Abfahrtswunsch, max. 8 Fahrgäste

🏛 spätromanische **Feldsteinkirche** (13. Jh.),
eine der ältesten Dorfkirchen im Fläming,
mit sehenswerter Innenausstattung

🏛 **Bockwindmühle**

Geradeaus auf die Kreisstraße 〰 an
der Kreuzung gerade weiter auf die
Belziger Straße 〰 an der **Kirche**
vorbei und aus dem Ort hinaus 〰 am

„Flämisches Haus"

Ortsrand auf den Pfad nach rechts abzweigen ∿ auf dem schmalen Weg immer an den Schienen entlang ∿ am Kunstwerk „Fünf Kuben" vorbei ∿ knapp 700 m danach links zur Straße ∿ die Straße queren und über wenige Stufen wieder von der Straße weg ∿ auf dem schmalen Weg durch den Wald ∿ nach der Treppe an der T-Kreuzung links, rechts ist die Kreisstraße ∿ nach 250 m geradeaus am Waldrand entlang ∿ im Linksbogen leicht bergauf und an der folgenden Gabelung rechts.

6 12,7 An der Kreuzung nach rechts ∿ durch die Felder, dann wieder in den Wald hinein, Sie ignorieren den links abzweigenden Weg und laufen geradeaus ∿ an der nächsten Gabelung links, Sie kommen zur Skulptur „Flämisches Haus" ∿ bergab und an den einzelnen Häusern vorbei, dann aus dem Wald hinaus ∿ kurz bevor Sie auf die Nordroute stoßen, kommen Sie wieder an einer Skulptur vorbei.

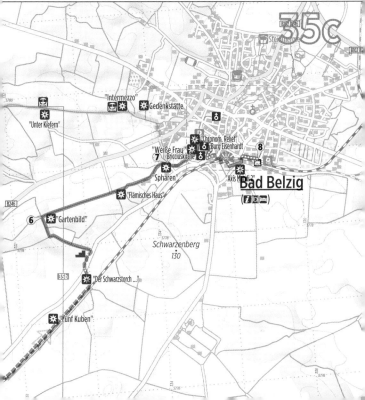

Kirche in Borne

7 ¹⁴,⁶ An der T-Kreuzung treffen Sie auf die Nordroute, hier nach rechts Richtung Bad Belzig ∾ vor der Dreieckskreuzung links auf den schmaleren Weg (Trinkwasserschutzgebiet) ∾ an einem kleinen Teich vorbei ∾ vor der Burg Eisenhardt folgen Sie dem Weg nach links.

Nach rechts auf dem Panoramaweg gelangen Sie direkt zum Eingang in die Burg, Infos s. S. 201.

An der Kreuzung bei der Skulptur biegen Sie rechts ab ∾ an der Straße bei der Polizeistation nach links ∾ an der folgenden Kreuzung rechts ∾ im Linksbogen der **Schlossstraße** wandern Sie geradeaus weiter ∾ an der Mauer der Burganlage entlang weiter ∾ an der Straße beim Burgeingang, der **Wittenberger Straße**, nach links noch vor der nächsten Kreuzung rechts auf den Fußweg, der Sie in einem Bogen um das Brauereigelände herumführt ∾ Sie unterqueren die Bahn und halten sich dann links ∾ wenig später wieder nach links auf den Fußweg und über die Holzstufen hinauf ∾ über die Wiese, es geht bergauf, dann zwischen den Gartenhäusern hindurch ∾ oben am Weg nach links ∾ bei der nächsten Skulptur links in den **Flämingweg** einbiegen, dann gleich darauf links auf der Brücke über die **Bahngleise** ∾ Sie laufen geradeaus auf die Straße und kommen schließlich zum Bahnhof.

8 ¹⁶,⁶ Am **Flämingbahnhof** von Bad Belzig sind Sie am Ende der Wanderung angekommen.
Bad Belzig

Tour 36   7,8 km

Zum Breitlingsee und nach Kirchmöser

Start:	Brandenburg, Busstation Buh-nenhaus	*Aufstieg:*	40 m
		Abstieg:	40 m
Ziel:	Kirchmöser, Bahnhof	*Hartbelag:*	89 %
Gehzeit:	2 - 2½ Std.	*Wanderwege:*	11 %
		Wanderpfade:	0 %

Charakteristik: Diese Route verläuft überwiegend auf einem geschwungenen, asphaltierten Uferweg im Kieferwald entlang des Breitlingsees und des Möserschen Sees. Es gibt reichlich Sandstrände, die zu Badepausen einladen, der Strand an der Malge ist sogar 200 Meter lang. An der Malge und in Kirchmöser ha-

ben Sie Gelegenheit, sich mit Blick auf den See in einer Ausflugsgaststätte zu stärken.

Tipp: Durch den hohen Anteil an Asphaltbelag und die vielen Badestellen können Sie diese Tour ideal für einen längeren Ausflug mit Kind und Kinderwagen ins Havelland nutzen. In der Saison (Mai bis September) fährt ab Malge ein Bus zurück nach Brandenburg.

Markierung: Gelber Balken und Havel-Radweg

Anreise: Im Halbstunden-Takt mit der Regionalbahn nach Brandenburg Hbf., dort Anschluss an Bus Linie B zum Buhnenhaus, Fahrzeit ca. 1¼ Std.

Abreise: Stündliche Verbindungen mit der Regionalbahn, Fahrzeit nach Berlin-Hbf. gut 1 Std.

Brandenburg - Buhnenhaus

🏠 Buhnenhaus, 📞 03381/6190090, ÖZ: tägl. ab 11 Uhr

Beim Buhnenhaus mündet die Havel in den Breitlingsee, dem mit 513 Hektar größten See der Seenplatte westlich der Stadt Brandenburg.

1 **0,0** Von der **Bushaltestelle** Buhnenhaus südlich der Plane gleich neben der Brücke von der Straße in den asphaltierten Weg abzweigen.

> **TIPP**
> Die erste kleine Badestelle erreichen Sie gleich hier, wenn Sie in der Linkskurve des Weges geradeaus auf dem Pfad zum See gehen.

Auf dem geschwungenen Weg durch den Wald ∿ nach einer kleinen Naturbadestelle vorbei an einem Memory-Spiel aus Holz mit Bildern der Stad Brandenburg.

2 **1,9** An der langgezogenen **Badestelle Malge** vorbei ∿ am kleiner Parkplatz nahe der Bahnschiener

Möserscher See

auf dem Asphaltweg rechts neben der Straße weiter, ein kurzes Stück können Sie dann auf einem Naturweg laufen.

Malge

🅰 **Gasthaus am See**, 📞 03381/62850, ÖZ: ab 11.30 Uhr

🅰 **Fischerstube**, 📞 03381/62850, ÖZ: tägl. 11-20 Uhr

🅱 **Bootsverleih**, Marina und Camping, 📞 0174/9802255

An der Ausflugsgaststätte vorbei, danach am **Campingplatz** links halten ↝ nun geht es rechts an einem Feuchtgebiet entlang, hier ist die Vegetation besonders üppig ↝ Sie kommen wieder etwas näher an die Bahnlinie heran.

5 ³,⁶ Über eine kleine Brücke, hier queren Sie die **Buckau** ↝ es geht an einem Rastplatz vorbei, der etwas weiter rechts im Wald liegt.

4 ⁶,³ An der Gabelung rechts, nun auf einem unbefestigten Weg nahe am Wasser nach Kirchmöser Dorf hinein ↝ am **Anglerheim** und am kleinen Hafen vorbei.

Kirchmöser Dorf

PLZ: 14774; Vorwahl: 03381

🅰 **Anglerheim**, 📞 804280, ÖZ: tägl.

🅰 **Lindenkrug**, 📞 802517, ÖZ: tägl. 11-14 Uhr und ab 17 Uhr

Nach dem Anglerheim kommen Sie zur Straße und halten sich hier links ↝ nach dem Linksbogen zweigen Sie bei der Gaststätte **Lindenkrug** rechts in die **Bahnhofstraße** ein.

5 ⁷,⁸ Am **Bahnhof** endet die Route.

Kirchmöser, Bhf.

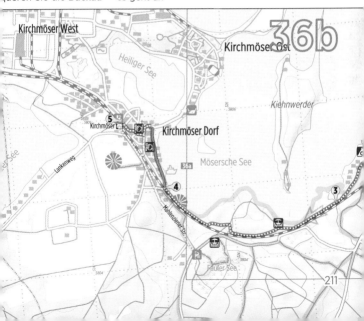

Ins Naturschutzgebiet Gränert

Start/Ziel: **Kirchmöser, Bahnhof**
Gehzeit: 3½ Std.

Aufstieg: **105 m**
Abstieg: **105 m**
Hartbelag: **28 %**
Wanderwege: **62 %**
Wanderpfade: **10 %**

12,1 km

Charakteristik: Im Gränert laufen Sie durch dichten Wald, der an manchen Stellen urwaldähnlich anmutet. Neben dem Kiefernbestand gibt es sehr artenreiche Laubmischwälder. In den Feuchtgebieten bei den Mooren und Kleingewässern kommen Sie an Erlen- und Birkenbruchwäldern vorbei. Gespenstisch wirkt der Faule See mit den abgestorbenen Baumstümpfen am gegenüberliegenden Ufer.

Der erste Teil der Route verläuft abschnittsweise auf etwas zugewachsenen Pfaden. Außerdem können die Wege wetterbedingt sehr feucht sein, sodass festes Schuhwerk und lange Hosen zu empfehlen sind.

Tipp: Sehr schön ist diese Wanderung auch im Winter bei Schnee, dann wirkt der Wald nicht ganz so düster.

Abkürzung: Bei Anreise mit dem Auto lässt sich die Tour auf den Abschnitt im Naturschutzgebiet kürzer und ist dann nur ca. 7 Kilometer lang. Parkmöglichkeit gibt es an der Straße westlich des Faulen Sees.

Markierung: Mit rotem Querstrich in Richtung Wilhelmsdorf; die Markierung ist nicht ganz zuverlässig.

Anreise/Abreise: Stündliche Verbindungen mit der Regionalbahn, Fahrzeit ab Berlin Hbf. gut 1 Std.

Parkplätze: Parkplätze gibt es am Bahnhof und im Ort **Kirchmöser Dorf.**

PLZ: 14774; Vorwahl: 03381

▣ **Anglerheim,** ℓ 804280, ÖZ: tägl.

▣ **Lindenkrug,** ℓ 802517, ÖZ: tägl. 11-14 Uhr und ab 17 Uhr

1 0,0 Vom **Bahnhof,** von Berlin kommend, durch die Unterführung und vom anderen Bahnsteig zur Straße hier links ⌇ gleich hinter der Brücke die links über die Bahn führt, am Abzweig zum **Mühlenberg** vorbei.

▓ **AUSSICHT** Bei guter Sicht empfiehlt sich ein Abstecher auf den Mühlenberg. Vom kleinen Aussichtsturm können Sie über das seenreiche Umland und bis auf die Stadt Brandenburg blicken.

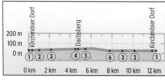

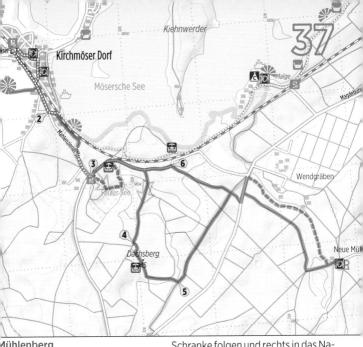

Kiehnwerder

Kirchmöser Dorf

Mösersche See

Malge

Magdebu...

Wendgräben

Fauler See

Dachsberg

Neue Mü...

Mühlenberg

Auf dem 61 Meter hohen Mühlenberg
stand 1738-1931 eine Bockwindmühle.
Weiter entlang der Straße, links können Sie nun auf einem Fußweg laufen.
↰ 1,9 An der nächsten Straße links der
Rot-Strich-Markierung folgen~ Sie laufen nun rechts an der Bahn entlang~ im
Rechtsbogen des breiten Weges geradeaus weiter ~ in den nächsten Weg
nach rechts abzweigen ~ im Linksbogen und danach an der Wegkreuzung
geradeaus ~ an der Straße links.
↰ 2,9 Vor der Rechtskurve der Straße nach links ~ der Rot-Strich-Markierung zum Faulen See durch die

Schranke folgen und rechts in das Naturschutzgebiet ~ der Weg verengt
sich zum Pfad, vor dem See laufen
Sie über einen Knüppeldamm, der bei
Regen sehr rutschig ist, leider fehlen
an einigen Stellen die Holzbohlen ~
Sie erreichen den **Faulen See**, nach
einigen Metern ist ein Blick über den
ganzen See möglich.

Fauler See

Der See mit den abgestorbenen
Baumstümpfen mutet in dieser Wild-
nis fast gespenstisch an. Das Sterben
der Bäume soll ein Biber verursacht
haben, der mit seinen Bauten den
Abfluss des Sees verstopft hat, sodass

der Erlenbruchwald am gegenüberliegenden Ufer geflutet wurde.

Der folgende Pfad kann etwas zugewachsen sein, Sie laufen links an einem Fließ entlang ∿ am Querweg beim Rastplatz nach rechts und über das Fließgewässer ∿ an der Bahnlinie entlang ∿ in den nächsten Weg nach rechts ∿ an der Gabelung beim Rastplatz geradeaus ∿ Sie kommen an Bruchwäldern und an riesigen alten Bäumen vorbei.

4 **5,4** An der Gabelung bei der Bank links, hier fehlt die Markierung ∿ beim Rastplatz im Rechtsbogen des Weges geradeaus weiter, jetzt ist der Weg schmaler ∿ nun wieder über einen Holzbohlensteg, Sie kommen durch den Diebesgrund.

Danach leicht hinauf auf den breiten Weg ∿ nun an der Silberquelle vorbei, die ausgemauerte Quelle erreichen sie nach links, sie ist leider inzwischen versiegt.

Silberquelle

5 **6,4** An dem breiten Querweg links ∿ nun immer geradeaus ∿ nach 1,4 km folgen Sie an der Wegkreuzung der Markierung nach links.

TIPP Wollen Sie die Tour noch etwas verlängern? Auf einer unkommentierten Alternative lässt sich ein ca. einstündiger Abstecher zur Ausflugsgaststätte Neue Mühle machen. Für den Rückweg können Sie wahlweise den Pfad entlang der Buckau nutzen, der teilweise etwas verwachsen sein kann.

🏠 **Neue Mühle**, eine ehem. Wassermühle, heute beliebte Ausflugsgaststätte ✆ 03381/7956575, ÖZ: tägl. ab 11 Uhr

Auf dem Weg zurück nach Kirchmöser immer weiter durch den Wald, der sich im hinteren Bereich lichtet.

6 **8,7** Am breiten Weg an der Bahn nach links ∿ Sie folgen nun immer dem breiten Weg, den Sie z. T. vom Hinweg kennen ∿ nach dem Rastplatz im Linksbogen und zur Straße ∿ auf bekanntem Weg zurück, diesmal aber beim Mühlenberg über die Brücke nach rechts in den Ort, wo Sie vielleicht im Anglerheim am Wasser oder im Lindenkrug in der **Bahnhofstraße** noch einkehren, bevor Sie die Rückreise antreten.

1 **12,1** Am **Bahnhof** ist das Ende der Tour erreicht.

Kirchmöser Dorf

Fauler See

In die Döberitzer Heide

Start: Elstal, Bahnhof
Ziel: Döberitz, Bahnhof Dallgow-Döberitz
Gehzeit: 5 - 5½ Std.

Aufstieg: 95 m
Abstieg: 95 m
Hartbelag: 32 %
Wanderwege: 67 %
Wanderpfade: 1 %

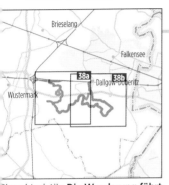

Charakteristik: Die Wanderung führt durch ein Areal, das über 100 Jahre militärisch genutzt wurde. Zu Beginn erreichen Sie das Olympische Dorf von 1936, die Gebäude stehen unter Denkmalschutz. Dann kommen Sie in die Sielmann Naturlandschaft Döberitzer Heide. Der

ehemalige Truppenübungsplatz ist heute Naturschutzgebiet. In dem Schaugehege lassen sich Wildtiere wie Wisente, Rotwild und Przewalski-Pferde ganz aus der Nähe beobachten. Diese Tiere leben in der nicht zugänglichen Wildniskernzone. Die Wanderung verläuft durch ein weitläufiges, leicht hügeliges Gelände. Hier finden Sie Heideflächen, Trockenrasen, Moore und Laubmischwälder vor. Noch sind in der Landschaft immer wieder Zeichen der militärischen Nutzung zu finden. Aus Sicherheitsgründen dürfen die durch Elektrozäune begrenzten Wanderwege nicht verlassen werden.

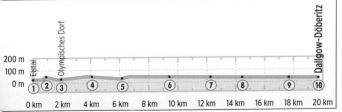

Speisesaal der Nationen im Olympischen Dorf

Tipp: Mit Start in Döberitz lässt sich eine 15 Kilometer lange Rundtour durch den besonders schönen östlichen Abschnitt in der Döberitzer Heide laufen.

Abkürzung: Die Route kann bei Sperlingshof abgekürzt werden und ist dann gut 13 Kilometer lang.

Markierung: In der Döberitzer Heide als Rundweg mit rotem Punkt markiert.

Anreise/Abreise: Stündliche Direktverbindungen mit der Regionalbahn, Fahrzeit ½ Std.

Parkplätze: Am Bahnhof Elstal. Bei Anreise mit dem Auto können Sie im Stunden-Takt mit der Regionalbahn zum Ausgangspunkt zurückkehren.

Elstal

1 0,0 Vom **Bahnhof** auf der Überführung zum Ausgang Elstal ~ an der Straße links in Richtung Olympisches Dorf, Sie laufen auf dem Rad- und Fußweg.

2 0,9 Nach der Rechtskurve links in die Straße **Zum Hakenberg** ~ am Ende der Straße halten Sie sich rechts und

laufen dann links an den Häusern entlang auf einem gesandeten Weg ~ der Weg geht in einen Pfad über.

3 2,0 Am Asphaltweg links.

> Hinter dem Zaun liegt das Gelände des ehemaligen Olympischer Dorfes. Den Eingang erreicher Sie auf dem Weg nach rechts.

Olympisches Dorf

❀ **Olympisches Dorf**, Rosa-Luxemburg-All. 70, ☎ 033094/700451, ÖZ: April-Okt 10-16 Uhr, Gruppenführungen nach Anm unter ☎ 033234/86277. Die Gebäude können nur im Rahmen einer Führung betreten werden, so auch das Zimmer des Leichtathleten Jesse Owens, der während der Olympischen Spiele 1936 vier Goldmedaillen gewann.

1931 wurde Berlin als Austragungsort für die XI. Olympischen Sommerspiele 1936 gewählt. Bereits be der Planung der Anlage stand fest dass die am Truppenübungsplatz Döberitz erbauten Häuser für die Unterbringung der ca. 4.000 Athleten aus 50 Nationen, die Empfangs und Wirtschaftsgebäude sowie die

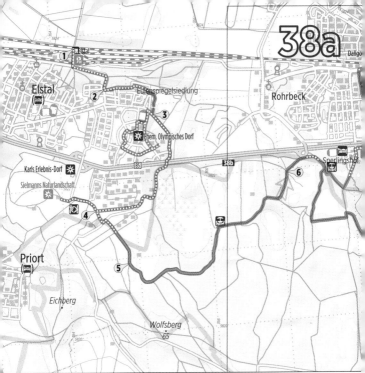

Trainigsanlagen nach der Olympiade von der Deutschen Wehrmacht übernommen werden. Die Bauten wurden in die Landschaft zwischen Waldflächen eingefügt. Ein künstlicher See und zahlreiche Tiere aus dem Zoo sollten zusätzlich eine idyllische Ausstrahlung des Dorfes schaffen. Das NS-Regime wollte so eine olympische Friedensdemonstration inszenieren. Nach dem Ende der Olympischen Spiele wurde das Speisehaus der Nationen zum Lazarett umgebaut und in dem Gelände eine Infanterieschule untergebracht. Nach dem Zweiten Weltkrieg übernahm die Rote Armee das Gelände und blieb bis 1991. Viele der ursprünglichen Gebäude wurden abgerissen, dafür sind Plattenbauten neu errichtet worden, diese wirken heute eigenartig fremd inmitten der sonstigen Bebauung und sollen nach und nach abgetragen werden. Erst seit 2004 ist das Gelände wieder für die Öffentlichkeit zugänglich. Die verbliebenen 27 Gebäude des Olympischen

Dorfes stehen unter Denkmalschutz, über eine künftige Nutzung ist noch nicht entschieden.

Weiter auf der Route zur Döberitzer Heide folgen Sie dem Asphaltweg und laufen an der Abzweigung rechts vorbei ∿ auf einer Brücke über die B 5 ∿ am Eingangsschild zur Döberitzer Heide rechts ∿ rechts vom Weg befinden sich verfallene Gebäude vom ehemaligen Truppenübungsplatz Döberitz.

Truppenübungsplatz Döberitz

Das erste große Militärmanöver fand in dem Gebiet der heutigen Döberitzer Heide bereits 1753 statt. 1885 wurde großflächig abgeholzt und ein Übungsschlachtfeld für das Militär geschaffen. Während des Zweiten Weltkrieges war Döberitz Ausbildungsstätte für Kampfpiloten, Infanteristen, Artilleristen und Flak-Soldaten. Am Ende des Krieges war die gesamte Fläche des militärisch genutzten Gebiets ca. 5.500 Hektar groß und ging in die Hände der Roten Armee über. Panzereinheiten der hier stationier-ten Garnison nahmen u. a. auch 1968 an der Niederschlagung des Prager Frühlings teil. Nach Abzug der sowjetischen Truppen wurde das Gelände zum großen Teil zum Naturschutzgebiet erklärt. Lediglich ein kleiner Bereich im Süden wird seit 1995 von der Bundeswehr als Übungsplatz zur Fahrerausbildung genutzt.

4 ^{4,1} Am Querweg rechts zum **Schaugehege**, das sich auf dem Gelände eines ehemaligen Flugplatzes befindet.

✖ **Schaugehege** der Sielmann Naturlandschaft, ✆ 033234/24890, ÖZ: April-Okt. 10-18 Uhr, Nov.-März 10-16 Uhr. Mit Wisenten, Przewalski-Pferden und Rothirschen.

Sielmanns Naturlandschaft

Im Jahr 2004 kaufte die Sielmann-Stiftung ein 3.750 Hektar großes Gelände des ehemaligen Truppenübungsplatzes. Durch die 100 Jahre andauernde vormilitärische Nutzung sind offene Landschaften entstanden, die nun durch die Beweidung durch Wildtiere erhalten werden sollen. Auf dem weiträumigen Gelände – hier gibt es neben den Heideflächen auch Trockenrasen,

In der Döberitzer Heide

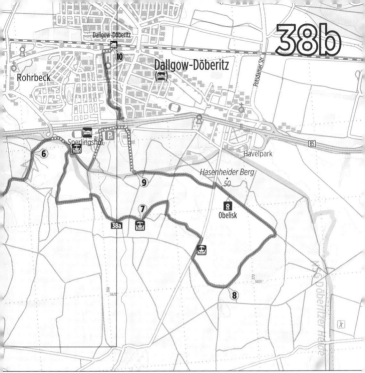

Moore, Laubmischwälder und Gewässerflächen – finden ca. 5.000 teilweise sehr seltene Tier- und Pflanzenarten ihren Lebensraum. Ein etwa 60 Kilometer langes Wanderwegenetz durchzieht das Gebiet und ermöglicht faszinierende Einblicke in die Wildniskernzone. Sie laufen auf dem Asphaltweg wieder zurück ∾ in der Linkskurve am Abzweig nach Priort vorbei ∾ hinter dem Naturschutzförderverein ist der Weg ab der Schranke nicht mehr asphaltiert und etwas sandig.

5 **6,4** Bei den Heideflächen an der Gabelung links, Sie laufen nun an der Eingewöhnungszone entlang ∾ nach knapp 2 km am Rastplatz vorbei ∾ auf dem breiten Weg immer geradeaus ∾ nach 1 km in der Nähe eines Feuchtgebietes auf einem Balkenweg.

6 **9,7** Bei den Bänken und der Informationstafel rechts ∾ an der Querstraße rechts ∾ an der Gabelung wieder rechts, weiter auf dem Rundwanderweg.

Beim Schaugehege

Der Bahnhof Dallgow-Döberitz ist 2,7 km entfernt und über die in der Karte verzeichnete Alternative zu erreichen.

Sie kommen an sehr alten, knorrigen Eichen vorbei ⤳ am Querweg links und gleich wieder rechts.

7 12,5 Am Rastplatz vorbei ⤳ bei der Bank am Querweg rechts ⤳ Sie erreichen einen sehr schönen Bereich des Heidegebiets, nach links haben Sie einen weiten Blick und können auch bereits den Obelisk in der Ferne erkennen.

8 14,7 Sie verlassen dann den Rundwanderweg und folgen dem Weg links Richtung Havelpark ⤳ am Querweg links, nun auf dem breiten Weg am **Obelisk** vorbei, ein Rundweg führt um diesen Gedenkstein herum.

❎ **Obelisk**, im Auftrag von Kaiser Friedrich II. im Jahr 1903 aufgestellt als Gedenkstein für das erste Militärmanöver in der Döberitzer Heide 1753 mit ca. 44.000 Soldaten

Nach dem Hochsitz an der Gabelung geradeaus ⤳ an der folgenden Kreuzung links und gleich danach rechts abzweigen ⤳ auf dem nun etwas schmaleren Weg über eine Wegkreuzung, Sie kommen wieder in den Wald ⤳ auch an der nächsten kleinen Kreuzung geradeaus.

9 18,0 An einer **Straßenlaterne** nach rechts abzweigen ⤳ nun kommen Sie aus dem eingezäunten Gebiet der Sielmann-Stiftung hinaus ⤳ Sie halten sich rechts, auf den Asphaltweg ⤳ an der Schranke vorbei zur Straße ⤳ auf der linken Straßenseite auf dem Fußweg unter der Unterführung hindurch ⤳ nach der Straßenquerung links auf den unbefestigten Weg ⤳ vor der Brücke rechts und am idyllischen **Schwanengraben** entlang ⤳ an der Brücke vorbei ⤳ an der Straße rechts.

10 19,8 Am **Bahnhof Dallgow-Döberitz** endet die Tour.

Döberitz

Tour 39

8,8 km

Vogelbeobachtung bei den Linumer Teichen

Start/Ziel: **Linum, Kirche**
Gehzeit: **2 - 2½ Std.**

Aufstieg: **10 m**
Abstieg: **10 m**
Hartbelag: **15 %**
Wanderwege: **83 %**
Wanderpfade: **2 %**

Tour 39

Charakteristik: Jährlich brüten etwa 15 Storchenpaare im Dorf Linum. In der wunderschönen Teichlandschaft sind tausende Kraniche und Wildgänse zu beobachten. Das Storchendorf Linum im Oberen Rhinluch ist ein ideales Ausflugsziel für die ganze Familie.

Tipp: Die beste Zeit für die Vogelbeobachtung ist das Frühjahr und ganz besonders der Herbst. Im November und Oktober sind zwar keine Störche mehr zu sehen, aber in dem Vogelschutzgebiet versammeln sich tausende Kraniche und Gänse vor der Reise in den Süden. Nehmen Sie ein Fernglas mit!

Markierung: keine einheitliche Markierung

Anreise/Abreise: Aufgrund der ungünstigen Anbindung an den ÖPNV ist eine Anreise mit Auto zu empfehlen, über die A 24.

Parkplätze: Im Ort und bei der Fischerhütte an den Teichen.

Linum

PLZ: 16833; Vorwahl: 033922

🛈 **Storchenschmiede,** Nabu-Informationszentrum, Nauener Str. 54, *C* 50500, ÖZ: Mo-Fr 10-16 Uhr, Sa, So 10-18 Uhr, es werden nach tel. Voranm. Führungen durch die Torflandschaft angeboten. Sie können in der Storchenschmiede Ferngläser ausleihen.

🏛 **Kirche** (1868), neugotischer Backsteinbau mit Staffelgiebel

🎪 **Storchenfest,** am ersten Wochenende im August

Linum liegt im Ruppiner Land im Oberen Rhinluch. Nördlich des Ortes befinden sich 36 Teiche, die das Ergebnis des jahrzehntelangen Torfstechens sind. Aus dem Linumer Moor wurde

Linum, Kirche mit Storchennest

seit dem 18. Jahrhundert der hochwertigste Torf der Berliner Umgebung gestochen. Dieser wurde nach dem Trocknen als Torfbriketts mit Kähnen nach Berlin verschifft, um dort verheizt zu werden. 1899 entstanden auf den Torfwiesenflächen die ersten Fischteiche. Auch heute noch werden die Teiche für die Aufzucht von Karpfen und Forellen genutzt.

Linum ist einer der storchenreichsten Orte Deutschlands. Neben den Störchen gibt es noch weit mehr Vögel zu beobachten, ca. 180 Arten sind im Linumer Vogelschutzgebiet zu Hause.

1 **0,0** Von der Kirche links entlang der **Nauener Straße** durch das Dorf ∿ nach der Linkskurve rechts in die

Straße **Zu den Teichen** ∿ dem Straßenverlauf folgend erreichen Sie die Teiche.

2 **1,6** An der Fischerhütte vorbei.

▣ **Zur Fischerhütte**, ✆ 033922/50408, ÖZ: Fr-So, Fei 11-20 Uhr, Mitte Sept.-Okt. tägl.

Sie folgen immer geradeaus dem Weg zwischen den Teichen, im ersten Bereich ist er sehr breit und gekiest ∿ Aussichtsürme ermöglichen einen besseren Blick über die Teichlandschaft.

3 **3,6** Nachdem Sie nach Belieben zwischen den Teichen gelaufen sind, gehen Sie wieder zurück und können nun am Beginn des gesandeten Wegs links am Turm vorbei einen Schlenker zum Untergrundkoppelteich machen

wieder auf dem Hauptweg an der Fischerhütte vorbei.

4 6,5 Vor der Brücke jetzt links ∿ immer am Wassergraben entlang ∿ am Querweg dann rechts ∿ Sie queren die Nauener Straße und laufen da-nach im Rechtsbogen ∿ am Ortsrand entlang und bei der **Kirche** auf dem Pfad nach rechts.

1 8,8 An der Kirche endet die Runde. **Linum**

Fischerhütte bei den Linumer Teichen

Zermützelsee beim Campingplatz Stendenitz

Ruppiner Schweiz

In einem breiten Endmoränengürtel gelegen erstreckt sich die Ruppiner Schweiz von Neuruppin im Süden bis nach Binenwalde im Norden. Sie ist Teil des Naturparks Stechlin – Ruppiner Land, ihr Zentrum ist das Naturschutzgebiet Ruppiner Seenrinne, in dem die Gewässer Kalksee, Binenbach, Tornowsee, Zermützelsee, Tetzensee, Molchowsee und Rhin zu finden sind. Die Berge erheben sich bis zu 50 Meter über dem Wasserspiegel der umliegenden Seen, die Landschaft ist von Mischwald geprägt.

Theodor Fontane schrieb in seinen „Wanderungen durch die Mark Brandenburg – Die Ruppiner Schweiz": „Ausgestreckt am Hügelabhang, den Wald zu Häupten, den See zu Füßen, so träumst du hier, bis die wachsende Stille dich erschreckt. Mit angespannten Sinnen lauschest du, ob nicht doch vielleicht ein Laut zu dir herüberklinge, und endlich hörst du die Rätselmusik der Einsamkeit. Der See liegt glatt und sonnenbeschienen vor dir, aber es ruft aus ihm, die Bäume rühren sich nicht, aber es zieht durch sie hin, aus dem Walde klingt es, als würden Geigen gestrichen, und nun schweigt es, und ein fernes, fernes Läuten beginnt."

Neuruppin

PLZ: 16816; Vorwahl: 03391

ℹ Tourist-Information, Karl-Marx-Str. 1, ☎ 45460, www.neuruppin.de

◑ ORP, Niederlassung Neuruppin, ☎ 400610

⛴ Fahrgastschifffahrt Neuruppin, An der Seepromenade 10, ☎ 511511, Rundtouren sowie April-Mitte Okt. Neuruppin-Boltenmühle-Neuruppin, www.schifffahrt-neuruppin.de

🏛 Museum Neuruppin, August-Bebel-Str. 15, ☎ 458060, ÖZ: April-Okt., Di-So 10-17 Uhr, Nov.-März, Di-So 11-16 Uhr. Das Museum im größten klassizistischen Bürgerhaus der Stadt beherbergt eine sehr alte und umfangreiche Sammlung zur Stadtgeschichte, mit Mobiliar aus der Schinkel- und Fontanezeit.

🏛 Handwerksmuseum, Fischbänkenstr. 3, ☎ 651747, ÖZ: Di-So 11-17 Uhr. Das Museum informiert über Handwerk im 19. Jh., u. a. mit einer historischen Druckerei.

⛪ St. Trinitatis, Niemöllerplatz. Als Klosterkirche des 1246 gegründeten Dominikanerklosters erbaut ist die Kirche das älteste Bauwerk der Stadt. Die Rekonstruktion im 19. Jh. erfolgte nach Plänen von Schinkel.

✴ historischer Stadtkern mit einer einzigartigen klassizistischen Stadtanlage

✴ Fontanehaus, Karl-Marx-Str. 84, in der ersten Etage des Hauses erblickte Theodor Fontane das Licht der Welt.

✴ Schinkel-Denkmal, Kirchplatz. Das Denkmal steht etwa an der Stelle, an der das Elternhaus Schinkels vor dem großen Stadtbrand 1787 stand. Die vom Berliner Bildhauer Max Wiese geschaffene Bronzestatue wurde 1883 hier aufgestellt.

✴ Rathaus. Der ehemalige Kasernenbau ist das größte Gebäude der Stadt.

✴ Bootsverleih Gabel, An der Seeprom. 9/Bollwerk, ☎ 033821/70568 od. 01723990280, ÖZ: April-Sept. tägl.

✴ Tempelgarten (1732), von Kronprinz Friedrich während seiner Neuruppiner Zeit angelegt. Der Apollotempel ist das Erstlingswerk des Baumeisters Georg Wenzeslaus von Knobelsdorff. Im Sommer finden im Tempelgarten regelmäßig Konzerte statt.

🌳 Wichmannlinde, 600 Jahre alter Baum vor der Klosterkirche

♨ Fontane-Therme, An der Seeprom. 21, ☎ 4032400, ÖZ: Mo-Do 9-22 Uhr, Fr, Sa 9-23 Uhr und So/Fei 9-21 Uhr. Neben dem Schwimm- und Fitnessbereich gibt es neun unterschiedliche Saunen, u. a. Deutschlands größte Seesauna, von der ein Bad im Ruppiner See genommen werden kann.

🏊 Jahnbad, ÖZ: Mai-Aug. 9-19 Uhr, mit Gastronomie

Neuruppin

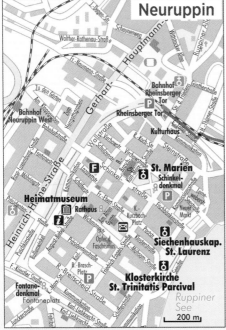

Neuruppin

Wilhelm II, veranlasste den Wiederaufbau nach einem Grundriss mit rechtwinklig angelegten Straßen, quadratischen Plätzen und überwiegend zweigeschossigen Häusern. So entstand in den Jahren 1788-1803 eine einzigartige klassizistische Stadtanlage. Das etwa 70 Hektar große Areal gilt heute als frühklassizistisches Flächendenkmal.

Auch zu DDR-Zeiten war Neuruppin Militärstandort, die Zahl der über Jahrzehnte dort stationierten Soldaten entsprach in etwa der Zahl der Einwohner der Stadt.

Neuruppin nennt sich selbst „Fontanestadt", denn der Dichter und Romancier Theodor Fontane (1819-1898) erblickte

Im 13. Jahrhundert entstand das heutige Neuruppin als planmäßige Stadtgründung der Grafen von Lindow-Ruppin. Das Stadtrecht wurde 1256 verliehen. Im Mittelalter gehörte Neuruppin zu den größten Städten Norddeutschlands.

1688 wurde Neuruppin Garnisonstadt. In der Zeit von 1732 bis 1740 absolvierte der Kronprinz Friedrich in dieser Stadt seinen Militärdienst als Stadtkommandeur. Nach dem Brand im Jahr 1787 war die Stadt zu mehr als zwei Dritteln zerstört. Der ehemalige Kronprinz Friedrich, dann König Friedrich

in dieser Stadt das Licht der Welt. Die Stadt hat noch einen weiteren berühmten Sohn hervorgebracht. Karl Friedrich Schinkel (1781-1841) verbrachte die ersten 13 Jahre seiner Kindheit hier. In dieser Zeit erlebte Schinkel den Wiederaufbau Neuruppins im Stil des Klassizismus. Später hat er nach seinem Studium der Architektur als Oberbaurat entscheidend auf die Architektur des Berliner Zentrums eingewirkt, in Neuruppin allerdings gibt es kein von Schinkel entworfenes Gebäude.

Tour 40   30,5 km

Durch die Ruppiner Schweiz nach Rheinsberg

Start:	Neuruppin, Bahnhof Rheinsberger Tor	*Aufstieg:*	455 m
Ziel:	Rheinsberg, Bahnhof	*Abstieg:*	440 m
Gehzeit:	8 - 9 Std.	*Hartbelag:*	40 %
		Wanderwege:	60 %
		Wanderpfade:	0 %

Charakteristik: Diese Wanderung ist eine Etappe auf dem Ruppiner-Land-Rundwanderweg. Sie starten im nördlichen Bereich des Ruppiner Sees – mit einer Länge von 14 Kilometern der längste See Brandenburgs. Bis zur Boltenmühle wandern Sie vorbei an insgesamt fünf Seen. Hier in der Ruppiner Seenkette zeigt sich die Endmoränenlandschaft der Ruppiner Schweiz besonders abwechslungsreich und eindrucksvoll. Im letzten Abschnitt folgen Sie dem recht geradlinigen We-gen zwischen Wiesen und Feldern nach Rheinsberg, einem der kulturellen Zentren Brandenburgs.

Tipp: Wir empfehlen, diese Tour als 2-Tages-Tour. Sie können nach gut 16 Kilometern eine Übernachtung in der Boltenmühle einplanen.

Abkürzung: Von April bis Mitte Oktober ermöglicht eine Schiffsverbindung zwischen Boltenmühle und Neuruppin (Abfahrt gegen Nachmittag, s. S. 225), die Tour in Boltenmühle zu beenden und zurück nach Neuruppin zu fahren.

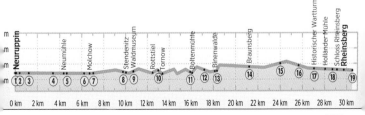

Markierung: **Als Ruppiner-Land-Rundwanderweg mit blauem Punkt und als E 10.**

Anreise: **Sie nutzen die regelmäßige Verbindungen über Spandau bzw. Hennigsdorf mit der Regionalbahn, 1½-2 Std. Fahrzeit ab Berlin-Mitte.**

Abreise: **Von April bis September regelmäßige Verbindungen, z. T. über Neuruppin oder Löwenberg, Fahrzeit 1½-2 Std.**

Neuruppin s. S. 225

1 0,0 Die Tour startet am **Bahnhof Rheinsberger Tor** in Neuruppin ~ vom Bahnhof über die Vorfahrtsstraße und links über den Bahnübergang.

2 0,4 Im Linksknick der Vorfahrtsstraße geradeaus in die **Alt-Ruppiner Allee**.

> **VARIANTE**
> Wollen Sie auf direktem Weg zum Seeufer, zweigen Sie nach wenigen Metern rechts ab in die Gartenstraße und biegen wenig später rechts ab. Durch die Kleingärten gelangen Sie zum Freibad und dort zum Uferweg. Etwas später erreichen Sie wieder die Hauptroute.

Zweigen Sie halbrechts ab auf die **Birkenallee**.

3 1,2 Über die Jahnstraße, die zum Jahnbad führt ~ durch den Stadtpark gelangen Sie zum Ufer des Ruppiner Sees, von rechts stößt die Variante hinzu ~ vorbei an mehreren Sitzbänken ~ nachdem sich der Weg etwas vom See entfernt hat, folgen Sie an der Gabelung der Wandermarkierung nach rechts ~ Sie passieren eine Reihe kleiner Quellen ~ an der Abzweigung zum **Rastplatz Inselblick** vorbei ~ an der nächsten Gabelung links halten, Sie kommen nach Alt Ruppin.

Alt Ruppin

PLZ: 16827; Vorwahl: 03391

🏨 **Grüner Baum**, Breite Str. 24, ✆ 7196

🏨 **Am Alten Rhin**, Friedrich-Engels-Str. 12, ✆ 7650

🏛 **Forstmuseum**, Friedrich-Engels-Str. 33a, ✆ 4000119 od. 75107, ÖZ: Mo-Do 8-11.30 Uhr und 12-16 Uhr, Fr 8-11.30 Uhr. Das Museum zum Anfassen und Ausprobieren zum Thema Wald.

🏰 **St. Nikolai** (1230), einschiffige, gotische Backsteinkirche, auf Granitsockeln erbaut

⛵ **Bootsverleih**, Friedrich-Engels-Str. 20, ✆ 74953 od. 0160/7313178

Bereits zu slawischer Zeit gab es eine Burg auf der Insel Poggenwerder, vor dem heutigen Alt Ruppin gelegen. Ab 1214 entstand eine neue Burganlage, um die sich der Ort entwickelte. Heute ist Alt Ruppin ein Stadtteil von Neuruppin, das im 13. Jahrhundert am Westufer des Ruppiner Sees von den in Alt Ruppin residierenden Grafen Lindow-Ruppin als Stadt angelegt wurde.

4 3,4 Sie kreuzen die **Bundesstraße** und laufen auf dem **Neumühler Weg** geradeaus weiter ~ bei der Schleuse nach rechts und über den Kanal ~ im Linksbogen an dem Backsteinhaus vorbei ~ auf der Straße, die linksseitig von einem Holzzaun begrenzt wird, weiter.

5 4,7 Am Ende des Zauns nach links auf den Privatweg ~ bei den Badehütten führt Sie der Weg nach rechts ~ an der nächsten Dreieckskreuzung rechts ~ im Rechtsbogen bei der Straße links abzweigen ~ geradeaus über einen breiten Weg, der zu einem Seegrundstück führt ~ auf einem sehr schönen Weg am Ufer des **Molchowsees** entlang.

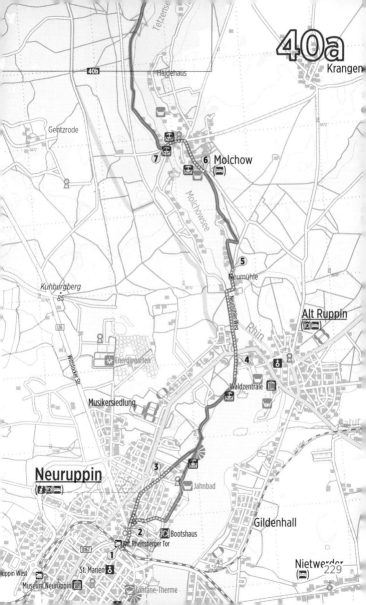

40a
Krangen

40b

Heidehaus

Tetzensee

Gentzrode

⑦
⑥ Molchow

Molchowsee

Kuhburgberg
85

L16

Energiegarten

⑤
Neumühle

Neumühler Weg

Rhin

Alt Ruppin

④
Waldzentrale

Wittstocker Str.

Musikersiedlung

Neuruppin

③

Jahnbad

② ⚓ Bootshaus
Bhf. Rheinsberger Tor

①

St. Marien

B167

Gildenhall

Nietwerder

uppin West
Museum Neuruppin 🏛

Fontane-Therme

Waldmuseum

6 **6,2** Bei der Badestelle führt der Wanderweg auf die Straße, hier nach links und in den Ortsteil Molchow hinein.

Molchow

An der Kreuzung mit der Vorfahrtsstraße nach links ∾ am Dorfplatz mit dem Kriegerdenkmal vorbei ∾ geradeaus in die Fahrverbotsstraße und auf der **Fußgängerbrücke** den Molchowsee überqueren.

7 **7,0** An der Kreuzung nach der Brücke rechts auf den geschotterten Wanderweg und an den Häuschen vorbei ∾ Sie laufen erst quer durch den Wald, wenig später können Sie rechts den Tetzensee durch die Bäume glitzern sehen ∾ an der Kreuzung geradeaus.

8 **9,8** An der Gabelung, an der links der Waldweg weiter geht, halten Sie sich zuerst rechts und biegen dann wenige Meter später der Wanderwegbeschilderung folgend rechts ab ∾ an der nächsten Kreuzung in der Nähe des Hochsitzes im spitzen Winkel nach links und kurz leicht bergauf ∾ oben am Forstweg nach

links ∾ an der Dreieckskreuzung bei den Häusern von Stendenitz gehen Sie geradeaus weiter.

Stendenitz

Zwischen dem Wald und den Häusern von Stendenitz entlang ∾ links einbiegen auf die Schotterstraße ∾ rechts liegt die Gartenkolonie Karnickelberg ∾ hinter Stendenitz folgen Sie dem Schottersträßchen.

> **TIPP** Im Rechtsbogen zweigt links ein Fußweg zum Anglergewässer Kellensee, einem naturbelassenen See mitten im Wald, ab.

9 **10,7** Am Abzweig zur Waldschenke geradeaus weiter.

> **TIPP** Empfehlenswert ist ein kleiner Abstecher nach rechts zur am Zermützelsee gelegenen Ausflugsgaststätte und zum sehenswerten Waldmuseum.

▣ **Waldschenke Stendenitz**, ☎ 03391/775119, ÖZ: 10-20 Uhr, im Sommer bis 22 Uhr

⚓ **Fahrgastschifffahrt Neuruppin**, April-Mitte Okt. Neuruppin-Boltenmühle-Neuruppin, Info unter 03391/511511

▣ **Waldmuseum**, ☎ 03391/771128, ÖZ: Mai-Okt., Mi-So 10-17 Uhr. Das vermutlich älteste Waldmuseum Deutschlands befindet sich in

n-Glienicke

13 Binenwalde

Kalksee

12

Boltenmühle

40c

Weilickenberg
85

11

Steinberge

Künster

Künsterspring

pfad

Tornowsee

Tornow

Teufelssee

Rottstiel **10**

Zermützelsee

Grafendamm

9 Waldmuseum

Kellensee

Stenden

8

40a

231

Heidehaus

Braunsberg

40d

einem Blockhaus am Zermützelsee. Es gibt Informationen zur heimischen Artenvielfalt, über die Besonderheiten der Ruppiner Seenkette und auch zur Geschichte des Museums.

🄰 Der 1,4 km lange **Naturlehrpfad** beginnt am Waldmuseum, verläuft dann nördlich und führt auf seiner Runde am Kellensee vorbei. Auf dem weiteren Weg halten Sie sich links 〰 an der Kreuzung geradeaus auf die gepflasterte Straße 〰 neben dem **Rottstielfließ** bergab Richtung Norden weiter.

Rottstiel

Aus dem Jahr 1602 stammt die erstmalige Benennung der Wassermühle, die am südlichen Abfluss des Tornowsees als Schneidemühle eingerichtet war. Die ehemalige Mühle wurde im 19. Jahrhundert zum Forsthaus umgebaut, heute ist hier ein Gasthaus untergebracht.

In Rottstiel bei den Holzhütten an der Kreuzung nach rechts, ignorieren Sie die Beschilderung nach links Richtung Boltenmühle!

AUSFLUG Nach links können Sie einen Abstecher in das Dorf Kunsterspring zum 5 km westlich gelegenen Tierpark unternehmen. Diese unkommentierte Route ist in Karte 40b verzeichnet.

Kunsterspring

PLZ: 16818; Vorwahl: 033929

🄳 **Waldgaststätte Eichkater**, neben dem Tierpark, ✆ 70112, ÖZ: April-Sept. 11-20 Uhr, Nov.-März 11-18 Uhr

✳ **Wasserfall der Kunster**

🄴 **Tierpark**, Kunsterspring 4, ✆ 70271, ÖZ: April-Sept. 9-19 Uhr und Okt.-März 9-17 Uhr. Auf einem Gelände von 16 ha sind über 500 Tiere 90 verschiedener Arten in einer naturbelassenen Anlage untergebracht. Beliebte Attraktionen sind z. B. die Großfluganlage für Uhus und das Terrarium für Schlangen, Schildkröten und Eidechsen.

Auf dem Hauptweg laufen Sie an der Wanderreitstation vorbei und über das Fließ 〰 Sie passieren den **Campingplatz**.

10 **13,0** Am östlichen Ende des Tornowsees biegen Sie an der Gabelung links ab auf den **Fontaneweg** Richtung Boltenmühle 〰 an der Schranke vorbei und für die nächsten 2,5 km auf dem Weg am Ufer des Sees.

Boltenmühle

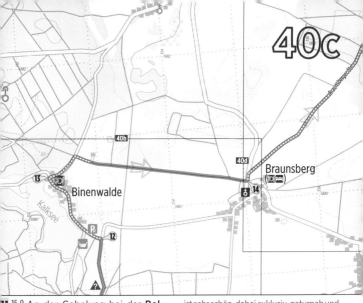

11 ^{15,9} An der Gabelung bei der **Boltenmühle** verläuft die Fortsetzung des Wanderwegs nach rechts, links kommen Sie zur Boltenmühle.

TIPP

Empfehlenswert ist ein Besuch der Boltenmühle, einer beliebten Ausflugsgaststätte mit herrlichem Blick über den Tornowsee. In der Saison kann es hier recht voll werden, wenn Reisebusse Gäste bringen, die zur Kaffeezeit einkehren wollen.

Boltenmühle

- **Gasthof Boltenmühle**, ☎ 033929/70500, ÖZ: ab 10 Uhr
- **Fahrgastschifffahrt Neuruppin**, April-Mitte Okt. nachmittags Boltenmühle-Neuruppin (Dauer 2 h), Info unter 03391/511511
- **Wellnessbereich des Hotels**, ÖZ Solebad: 8-21 Uhr, ÖZ Sauna: 16-21 Uhr. Der Bereich

ist sehr schön, dabei exklusiv, naturnah und ausgefallen gestaltet.

- **Fahrradverleih und Bootsverleih**

Die Boltenmühle liegt am Tornowsee und inmitten eines Natur- und Landschaftsschutzgebietes, in dem Altbuchenbestände und eine vielfältige Feuchtvegetation zu finden sind. Die erste Mühle wurde 1718 errichtet. Nachdem das Gebäude der alten Mahl- und Schneidemühle 1992 vollständig abgebrannt war, wurde die Boltenmühle anschließend nach altem Vorbild neu aufgebaut. Vor dem Haus dreht sich wie früher das Mühlrad. Besondere Attraktion ist der durch einen Gastraum plätschernde Binenbach, ein kleiner Wildbach, der auf seinem Weg vom Kalksee kurz hinter

233

der Boltenmühle in den Tornowsee mündet.

Von der Boltenmühle kommend folgen Sie dem Linksbogen des sandigen Weges in den Wald ⌇ an der Grabstätte des ehemaligen Mühlenbesitzers vorbei ⌇ an der nächsten Kreuzung geradeaus ⌇ ⚠ nach 400 m an der Kreuzung ignorieren Sie die Beschilderung nach rechts Richtung Rheinsberg und laufen weiter geradeaus ⌇ auf dem breiten Forstweg durch den Wald.

12 ¹⁷,² An der Straße biegen Sie links ab und wandern am Parkplatz vorbei bergab ⌇ auf dem Sträßchen am Ufer des **Kalksees** entlang und in die kleine Siedlung.

Binenwalde

🏞 **Gasthaus Hacker**, Seestr. 42, ✆ 033929/70258, ÖZ: Do-Di 11-20 Uhr. Das Gasthaus besteht seit 1859.

Der Ort verdankt seine Entstehung der Kolonisationsphase unter König Friedrich II. 1753 wurde der Förster Ernst Ludewig Cusig mit der Gründung der Siedlung beauftragt.

Gegenüber vom Gutshof führt eine Treppe zum **Sabinendenkmal**.

Die schöne Sabine

Der junge Kronprinz Friedrich soll mit der schönen Förstertochter Sabine eine Romanze gehabt haben. Ein erstes Sabinen-Denkmal wurde 1843 von Schulze-Schulzenstein gestiftet, 1945 aber zerstört. Seit 2007 gibt es nun im Ort ein neues Sabinendenkmal.

13 ¹⁸,³ Gleich nach dem Gasthaus Binenwalde biegen Sie rechts ab auf

Sabinendenkmal

die Kopfsteinpflasterstraße ⌇ durch den Wald bergauf ⌇ oben kurz am Waldrand entlang, wenig später beim Hochsitz rechts in Richtung Rheinsberg ⌇ auf dem Feldweg schnurgerade zwischen Wiesen und Äckern weiter, rechts können Sie die Fachwerkkirche vom nächsten Örtchen sehen.

Braunsberg

14 ²¹,² Am Ortsrand zur Straße, hier erst nach links, dann gleich nach rechts auf die Kopfsteinpflasterstraße.

15 ²⁴,⁰ Nach 2,7 km an der Kreuzung im Wald geradeaus ⌇ Sie verlassen den Wald und es geht auf einer Allee weiter, links können Sie einen Sendemast sehen ⌇ an der Kreuzung vor dem Waldrand rechts auf den Wiesenweg Richtung Rheinsberg, links geht es zum Aussichtspunkt

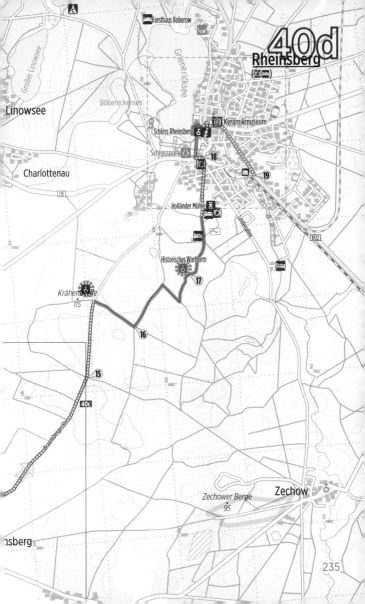

Forsthaus Boberow

Großer Linowsee

Grienericksee

Linowsee

Böbereckensee

Keramikmuseum

Schloss Rheinsberg

Charlottenau

Schlosspark

18

115

19

Holländer Mühle

Lindenallee

B122

Historischer Wartturm

17

Krähenberge
115

16

15

40c

Braunsberger Str.

...sberg

Zechower Berge
95

Zechow

Krähenberge ～ der Weg führt Sie durch lichten Wald, dann für wenige Meter steil bergab.

16 ^{25,6} An der Gabelung, an der es rechts zu den Hellbergen geht, halten Sie sich links Richtung Rheinsberg ～ Sie kommen aus dem Wald und es

Wartturm

eröffnet sich ein schöner Blick über weite Wiesen ～ gleich hinter dem Hochsitz nach rechts auf den Wiesenweg, die Beschilderung ist hier nicht gleich zu sehen ～ bevor es beim nächsten Hochsitz in den Wald geht, biegen Sie im spitzen Winkel links ab.

17 ^{27,0} Sie kommen zum Wartturm von Rheinsberg.

✪ **Wartturm** (18. Jh.), der 18,93 m hohe gotische Sechseckturm auf dem 117 m hohen Krähenberg wird auch Leuchtturm genannt, er bietet einen herrlichen Blick auf Rheinsberg. Den Schlüssel erhält man in der Pension & Kutscherstube am Fuße des Krähenberges, 750 m weiter nördlich.

Sie folgen dem Weg bergab Richtung Rheinsberg ～ an der Kreuzung am Waldrand, wo die ersten Häuser zu sehen sind, geradeaus weiter ～ an dem Reiterhof vorbei ～ rechts vom Weg sehen Sie die **Holländer-Windmühle** ～ geradeaus auf den Gehweg an der **Schwanower Straße** ～ an der kleinen Kreuzung nach links.

18 ^{28,7} An der Vorfahrtsstraße biegen Sie links ab ～ nach rechts in den **Schlosspark** ～ vom Parkeingang geradeaus zum **Schloss** ～ links um den prachtvollen Bau herum, dahinter dann nach rechts ～ Sie verlassen den Schlossgarten und kommen auf den **Markt** ～ um zum Bahnhof von Rheinsberg zu kommen, folgen Sie vom Markt der **Schlossstraße** ～ nach rechts in die **Berliner Straße**.

19 ^{30,5} Nach etwa 700 m haben Sie den **Bahnhof** und damit das Ende dieser Tour erreicht.

Rheinsberg

Rheinsberg

PLZ: 16831; Vorwahl: 033931

🛈 Tourist-Information, Markt/Kavalierhaus, ✆ 2059, www.rheinsberg.de

🚌 Bus 764 nach Neuruppin und April-Sept. Regionalbahnanschluss nach Berlin

⚓ Fahrgastschifffahrt: Reederei Halbeck, Markt 11, ✆ 38619

🏛 Kurt-Tucholsky-Literaturmuseum, Schloss, ✆ 39007 ÖZ: Di-So 9.30-12.30 Uhr und 13-17 Uhr, Sonderausstellungen, **Galerie für moderne Kunst**

🏛 Keramikmuseum, Kirchplatz, ✆ 37631, ÖZ: Di-Sa 10-18 Uhr, So 12-17 Uhr. Das Museum im ehemaligen Spritzenhaus beschäftigt sich mit der Geschichte der Rheinsberger Keramikproduktion.

⛪ St.-Laurentius-Kirche (offene Kirche)

🏰 Schloss Rheinsberg mit Schlossmuseum, ✆ 7260, ÖZ: April-Okt. 10-18 Uhr, Nov.-März 10-17 Uhr. Das Schloss weist frühe Formen des Rokoko auf; besonders sehenswert ist der Spiegelsaal mit Deckenbild. Das **Schlossmuseum** behandelt hauptsächlich die Zeit Friedrichs II.

🎭 Schlosstheater, Schlossanlage, ✆ 39296. Die Musikakademie Rheinsberg bespielt dieses Theater als „Haus für junge Künstler" mit wöchentlichen Konzerten und Aufführungen. Im Sommer findet das internationale Festival „Kammeroper Schloss Rheinsberg" statt.

❀ historischer Stadtkern

❀ Kronprinzendenkmal, vor dem stadtseitigen Eingang zum Schloss.

Schloss Rheinsberg

Rheinsberg liegt inmitten der gleichnamigen Seenkette, einem südlichen Ausläufer der Mecklenburgischen Seenplatte. Im 18. Jahrhundert war Rheinsberg Residenzstadt. 1734 schenkte Friedrich Wilhelm I. seinem Sohn Friedrich, dem späteren Preußenkönig Friedrich II., die Schlossanlage in Rheinsberg. Zwei Jahre dauerte der Umbau nach Plänen von Knobelsdorff, einem Freund des Kronprinzen. Frisch vermählt bezog der Prinz 1736 zusammen mit seiner Frau Elisabeth Christine von Braunschweig-Bevern das neue Domizil. Hier wohnte er bis zu seinem Regierungsantritt im Jahre 1740 weit weg von seinem Vater, zu dem er kein gutes Verhältnis hatte. Über seine Rheinsberger Zeit soll der „Alte Fritz" gesagt haben, sie sei die schönste seines Lebens gewesen. Aber nicht nur königliche Häupter genossen die landschaftlichen Reize und die Ruhe der Natur in und um Rheinsberg, einem größeren Publikum wurde dieser Teil Brandenburgs durch Fontanes „Wanderungen durch die Mark Brandenburg" und durch Tucholskys Liebesgeschichte von Claire und Wölfchen „Ein Bilderbuch für Verliebte" bekannt. In den letzten Jahren hat sich Rheinsberg zu einem Zentrum erstklassiger Konzert-, Opern- und Theaterdarbietungen entwickelt.

❌ **Historischer Wartturm** (Mitte des 18. Jhs.), Krähenberge

❌ **Gasthausbrauerei Rheinsberg**, Rhinhöher Weg 1, ☎ 72088, kleinste Brauerei im Land Brandenburg, mit monatlichen Veranstaltungen.

❌ **Rheinsberger Töpfermarkt**. Jährlich am zweiten Oktoberwochenende findet ein Töpfermarkt statt, bei dem ca. 70 Aussteller ihre Keramik präsentieren. In Rheinsberg gibt es zwei Keramikmanufakturen mit Werksverkauf.

❌ **Stadtschreiber**. Die Stadt pflegt die alte Tradition des Stadtschreibers. Jährlich werden zwei Stipendien von je sechsmonatiger Laufzeit an Schriftsteller vergeben, die das Alltagsgeschehen und ihre Eindrücke zu Papier bringen. Aus diesen Aufzeichnungen wird regelmäßig vorgelesen.

🏰 **Schlosspark**. In dem beim Schloss gelegenen Park gibt es einiges zu sehen wie z. B. die Grabpyramide, das Heckentheater, Malesherbes-Säule, den Obelisken, den Orangeriepavillon.

Ortsindex

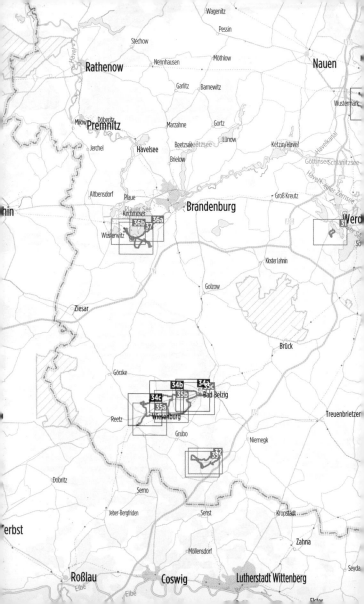